바람직한 양형조사제도

— 기관갈등의 분석과 출구 —

김 일 수

세창출판사

이 도서의 국립중앙도서관 출판시도서목록(CIP)은 e-CIP 홈페이지(http://www.nl.go.kr/ecip)에서 이용하실 수 있습니다.(CIP제어번호: CIP2010003755)

▍서 문▍

지난 참여정부 시절, 주로 사법부의 주도하에 수행된 몇 가지 사법개혁을 위한 조치들 중 하나가 양형제도개혁이었다. 양형위원회와 양형기준제 및 양형조사를 위한 제도와 절차가 양형제도개혁의 세부사항이다. 양형위원회와 양형기준제는 지난 2006년 말 입법을 거쳐 2007년부터 시행에 들어갔다. 하지만 양형조사를 위한 제도와 절차는 아직도 입법과정에서 논의 중이다.

들쭉날쭉한 법원의 양형 때문에 국민들의 법에 대한 신뢰가 저하된다는 목소리는 어제 오늘의 일이 아니다. 어떻게든 국민이 신뢰할 만한 공정하고 객관적인 양형을 실현하려면 양형위원회와 양형기준제 외에도 양형조사제도가 유기적으로 맞물려 돌아가야 한다. 그러나 양형조사를 위한 제도와 절차규정을 담은 형사소송법 개정안은 관계기관들의 이견으로 국회에 계류 중 제17대 국회의 임기종료로 폐기되고 말았다. 이에 관한 입법미비로 새로 출발한 양형합리화방안이 제대로 굴러가지 못하고 굉음을 내는 것은 필연적이다. 제18대 국회 개원 후 국회의원 이주영 의원 외 11인 명의로 이 제도에 관한 규정을 담은 형사소송법 일부개정 법률안이 제출되어 있지만, 아직도 기관 간의 이해가 팽팽히 맞서서 결론에 이르지 못하고 있는 실정이다.

이 문제를 놓고 이해관계가 상충하는 기관이란 두말 할 것도 없이 대검찰청과 법원행정처, 더 넓게는 법무부와 사법부를 지칭한다. 그리하여 이 책에서 저자는 양형조사제도를 둘러싼 양 기관 간의 팽팽한 주장들을 그 문제의 생성사에서부터 연혁적으로 살펴본 뒤, 바람직한 양형조사를 위한 출구가 과연 어디인지를 밝혀보려고 했다. 이를 위해 저자는 먼저 지난 정권하의 사개추위의 논의과정과 학계의 연구동향과 다양한 목소리 그리고 법무부·검찰과 법원의 입장을 정리하는 작업에 나섰다. 이어서 그 팽팽한 대척점을 돌파하고 출구를 찾기 위해 비교법적 연구의 방법론과 비교법적 고찰에 많은 지면을 할애했다. 마지막으로 한국적 모델을 모색하기 위해 보호관찰관의 판결전조사와 법원조사관에 의한 양형조사의 실태를 비교분석한 뒤, 보호관찰관에 의한 판결전조사제도가 한국적 모델의 출발신호로서 충분히 신뢰할 만한 가치가 있음을 논증했다.

천학비재한 저자가 제시한 결론이 마치 「고르디우스의 매듭」과 흡사한 현안을 해결할 쾌도난마라고 감히 주장할 생각은 없다. 하지만 현명한 독자라면, 이 문제를 국민의 입장에서 그리고 효율성과 실용성 및 제도도입에 투입될 국고의 부담 차원에서 기관갈등 당사자 중 어느 쪽에 기관이기적인 계산이 더 깔려 있는지를 이 책을 읽으면서 가늠할 수 있을 것으로 기대한다.

이 책의 출간을 맡아 힘써준 세창출판사 이방원 사장과 임길남 상무께 깊은 감사를 드린다. 원고정리와 교정 그리고 색인작업에 수고를 아끼지 않은 연구실의 김진 군과 고비환 법학석사에게도 고마운 뜻을 전하는 바이다.

2010년 10월

고려대학교 법학전문대학원 연구실에서

김 일 수

▍차　　례▍

Ⅳ. 비교법적 고찰 / 148

I 서 론

지난 참여정부 시절, 주로 사법부의 주도하에 수행된 사법개혁은 이 땅에서 사법정의의 실현에 의미 있는 몇 가지 제도들을 남겼다. 법학전문대학원제도 도입, 낡은 법제의 개혁, 그 밖에도 다양한 사법제도의 새로운 틀들이 마련되었다. 형사사법제도와 관련해서는 조서재판에서 직접주의·구두변론주의·집중심리주의를 강화한 공판중심주의로의 전환, 공판준비절차의 확충, 증거법상의 몇 가지 새로운 조치 그리고 국민참여재판의 시험적 도입 등이 그 실례들이다.

그 밖에도 양형제도개혁을 위한 다양한 논의가 있었다. 사법개혁추진위원회 산하 전문가 그룹의 불붙는 논쟁을 불러온 사법개혁위원회의 양형제도 개선방안에 관한 건의는, ① 양형자료조사제도, ② 양형데이터베이스 시스템구축, ③ 양형기준제의 도입, ④ 양형위원회 설치 등이었다. 격렬한 논쟁을 거쳐 사법개혁추진위원회가 마련한 양형개혁법안들은 법원조직법 일부개정법률안, 형사소송법 일부개정법률안 그리고 「보호관찰 등에 관한 법률」(이하 '보호관찰법'이라 한다) 일부개정법률안 등이었다. 이들 법률안 중 먼저 국회를 통과한 것은 법원조직법 일부개정법률안이었다.

양형위원회와 양형기준제도를 최초로 도입한 이 법률안은 2006. 12. 22. 국회를 통과하고 2007. 1. 26. 공포된 뒤 3개월이 경과한 날로부터 시행에 들어갔다. 이 법률안 부칙에 따르면, “양형위원회는 이 법 시행 후 2년 이내에 국민적 관심, 범죄의 발생빈도 등을 고려하여 제81조의6(양형기준의 설정 등)의 개정규정에 따른 최초의 양형기준을 설정하여야 한다”고 되어 있었다. 이에 따라 2009. 4. 24. 양형위원회는 우선 살인, 뇌물, 성범죄, 횡령·배임, 위증, 무고 등 8개 범죄군에 대한 최초의 양형기준을 마련하였다.

이와 나란히 마련되었던 양형조사를 위한 제도와 절차를 규정한 형사소송법 개정안과 보호관찰법 개정안은 관계기관들의 이해상충으로 국회에 계류 중 제17대 국회의 임기종료로 그 결실을 보지 못했다. 국민이 신뢰할 수 있는 공정하고 객관적인 양형을 실현하려면 양형위원회와 양형기준제 외에도 공판절차 이분 등 공판절차의 획기적 개혁, 원탁형 양형심리제도 도입, 무엇보다도 양형조사제도의 도입이 유기적으로 함께 이루어져야만 했다. 그러나 이에 관한 입법미비로 새롭게 출발한 양형합리화 방안이 만족스러운 결과에 이를 수 있을지 의문이다.

특히 양형조사제도에 다시 불을 지핀 것은 2009. 2. 2. 국회의원 이주영 외 11인 명의로 발의된 형사소송법 일부개정법률안이다. 이 법안은 현재 국회에 계류 중에 있어서 기회만 오면 이 제도를 둘러싼 관계기관들의 논쟁이 다시 폭발할 수 있는 뇌관이 되기에 충분해 보인다. 그런데 뜻밖에도 그 재연에 발단을 제공한 쪽은 대법원이었다.

지난 2009. 7. 20. 대법원은 종래의 사법조사관제도의 예에 따라, 형사소송법 개정을 거치지도 않은 채, 법원직원 21명을 양형조사관으로 선발하여 전국 7개 지방법원에 분산·배치하여 양형조사업무에 임하도록 하였다.[1) 이에 대하여 대검찰청은 법적 근거 없는 법원의 양형조사관 배치는 사법권남용이며, 이들의 양형조사는 검찰의 수사권에 대한 침해라고 반발하였다. 더 나아가 구속된 피고인에 대한 조사를 위해 조사관들이 구치소에서 이들을 접견하는 것조차 봉쇄할 뜻을 내비쳤다. 대한변호사협회도 이것이 변호인의 고유한 변론권침해에 해당한다며 반발하였다. 일반언론들은 법원과 검찰이 양형조사관 문제를 둘러싸고 본격적인 힘겨루기에 들어갔다고 보도하는가 하면, 관계기관들의 밥그릇 싸움이라고 보도하기도 하였다.[2)]

국민의 눈에 비칠 이 같은 법조3륜의 갈등은 바람직한 일이 결코 아니다. 그렇다면 이 문제를 어떻게 합리적으로 풀어갈 수 있을 것인가? 하나의 해결점을 모색하기 위해 필자는 양형조사의 주체 및 방식에 관한 이론적 연구와 비교법적 연구 그리고 현재 우리나라 양형조사 실태분석 등을 통하여 우리나라 현실에 맞는 양형조사 주체와 방식을 찾아보고자 한다. 물론 이같은 양형조사 제도는 합리적인 양형을 실현하기 위해 일찍부터 서구 여러 나라의 형사사법절차에서 활용되어 왔던 것이 사실이다. 그러나 그에 관한 사회문화적 인프라가 전혀 구축되어 있지 않은 우리나라의 형사사법 실제에 비추어 볼 때, 이 제도는 우리에게 다분히 이상과 현실 사이의 딜레마적 성격을 띨 수 있다는 점이다.

물론 이 제도는 합리적인 양형을 실현하기 위한 이상적인 요소를 갖고 있다. 하지만 지금 우리의 양형이 어떻게 흘러왔고, 지금 우리의 양형실태는 어떤 형편인지, 그리고 보다 더 나은 내일의 양형개선을 위해 우리는 어디로, 어떻게 발걸음을 내딛는 것이 합리적인지를 냉정히 성찰해보아야 할 것이다. 제도만 만들어놓고

1) 서울중앙지방법원 5명, 부산지방법원 4명, 인천지방법원·수원지방법원 각 3명, 대전지방법원·대구지방법원·광주지방법원 각 2명씩 하여 도합 21명.

2) 동아일보 2009. 8. 1.; 조선일보 2009. 8. 1.; 법률신문 2009. 8. 13.

그 활용을 제대로 안 할 경우 생겨날 수 있는 사회적 비용도 고려해야 한다. 실제로 양형조사를 위한 전문인력 확보 등의 인프라가 구축되어 있지 않은 현실에서 우선 법률과 제도만 갖추면 되리라고 생각하는 것은 일종의 주먹구구에 해당한다. 더욱이 양형조사기구를 어떻게 구축하고 그 인력을 어디에 구조적으로 배치해야 하며, 또한 그 조사방식의 합리성과 공정성을 확보하기 위한 절차는 어떻게 해야 할 것인지를 선택하고 결정하려면, 우리는 현실인식을 바탕으로 하여 비교법적 연구결과를 우리의 실정에 맞게 창조적으로 재구성하는 작업이 필요하다. 합리적인 양형의 지평을 향해 발걸음을 내디디려고 하면서 다분히 비합리적인 제도를 구축한다면 그것이야말로 공상적 유토피아의 전형이 아닐 수 없다.

어쨌든 이 문제는 참여정부의 사법개혁추진위원회의 격렬한 쟁점사항 중 하나로서 우여곡절 끝에 입법안으로 성안되었으나 국회의 입법과정에서 좌절되었고, 다시 국회의 입법적 논쟁을 앞두고 있는 상황이다. 이 제도에 대해 특히 대법원이 지금까지 보여준 지대한 관심의 속뜻이 무엇인지를 알 길이 없다. 만약 우선 제도부터 만들어 놓으면 사람은 채워지게 마련이고, 그렇게 되면 어떻게든 굴러가다가 정상궤도에 이르게 될 것이라는 믿음이 전제되어 있다면, 너무나 한국적인 사고라고 아니할 수 없다. 예상되는 시행착오를 최소화하려면 정책수립에 앞서 좌우를 둘러보는 여유와 겸손이 필요하다.

필자에게 이 문제를 둘러싼 법조3륜의 의견대립은 마치 2005년 검·경 수사권 조정문제를 둘러싼 기관들 간의 논의과정과 그 실패의 경험을 떠올리게 한다. 그와 유사한 실패를 거듭하지 않으려면, 무엇보다도 사법개혁의 일환으로 논의해 왔던 이 제도의 도입과 실현을 위해서, 먼저 우리 현실에서 어떤 관행과 제도가 축적되고 운영되어 왔는지, 민주적인 헌법질서이념에 어떤 정책이 더욱 합치되는지, 그리고 어떤 내용들이 우리의 실현가능한 개혁에 적합한 것인지를 찾아가는 노력이 전제되어야 할 것이다.

윤리적인 논증으로 풀어가야 할 과제들은 결코 독백적이거나 권위주의적으로 접근해서는 풀리지 않는다. 갈등만 심화시킬 뿐이다. 그와 같은 미성숙상태를 벗어나려면, 하버마스(Habermas)가 일찍이 언급했던 것처럼 상호협동적인 노력이 필요하고,[3] 이에 대화윤리적인 덕목 하나를 덧붙이자면 "나보다 남을 낫게 여김(빌립보서 2 : 3)"이리라.

3) Habermas, Vorstudien und Ergänzungen zur Theorie des kommunikativen Handelns, 1984, S.127ff.

Ⅱ 양형조사제도를 둘러싼 우리나라의 문제상황

1. 문제의 생성사

2003. 10. 28. 대법원에 사법개혁위원회가(이하 '사개위')가 설치되었다. 이 위원회는 그 후 25차례에 걸쳐 분과위원회를 개최하면서 사법개혁 전반에 관한 논의를 거친 뒤, 2004. 12. 13. 사법개혁 건의문을 채택했다. 거기에는 양형자료조사제도의 도입, 양형 데이터베이스시스템의 구축, 참고적 양형기준제 도입과 양형위원회 설치 등 양형합리화 관련내용들이 포함되어 있었다.[1] 사개위의 이

---

1) 양형제도의 개선방안에 관한 사개위의 건의문은 다음과 같다:

<양형자료조사제도의 도입>

— 법원조직법 제54조에 의하면 양형자료조사를 위한 법원조사관을 임명하여 활용할 수 있으나, 양형자료조사를 위한 절차에 관한 규정이 마련되어 있지 않으므로 이를 신설하는 등 양형자료조사제도의 도입을 위한 조치 필요.

— 양형조사관은 법관의 보조자로서 피고인의 경력, 성격, 환경 등 법관이 구체적인 양형을 정하기 위한 기초자료를 조사하게 됨.

— 다만, 양형조사관의 양형자료조사결과에 대하여는 검사와 피고인 측에서 이의를 제기하고 다툴 수 있는 절차가 보장되어야 함.

<양형 데이터베이스시스템의 구축>

같은 건의사항을 구체적으로 실행하기 위해 2005. 1. 1.에 사법제도개혁추진위원회(이하 사개추위)가 설치되었으며, 사개추위는 2006. 12. 31.까지 한시적으로 활동하도록 되어 있었다. 사개추위는 위원장 한승헌을 포함하여 김금수, 송상현, 장명수, 천기흥, 신인령, 박삼구, 김효신, 법무부장관, 법원행정처장, 국무조정실장, 법제처장, 대통령비서실 민정수석비서관 등 총 13명으로 구성되었다. 사개추위에서 논의를 거쳐 의결된 안건은 순차적으로 법률의 제정 또는 개정작업을 통해 추진될 예정이었다.

양형자료조사제도 관련사항은 2005. 1. 14. 이동조 판사의 "법원의 양형제도 개선계획"이라는 전문가견해의 발표를 필두로, 2005. 10. 12. 김재봉 교수, 한영수 교수, 김형두 판사, 이종철 검사, 민경식 변호사의 양형조사제도 전반에 관한 전문가토론회가 열렸고, 2005. 11. 2. 사개추위 대회의실에서 실무위원 간담회가 열려 김선수 기획추진단장, 홍기태 팀장, 이석수 팀장, 서보학 팀장, 김진욱 기획추진단원, 이인규 대검 미래기획단장, 김형두 사법정책심의관 그리고 신동운, 박상기, 정미화, 신종원, 박병대, 이준보 위원 사이에 ① 기소전 양형조사, ② 조사개시의 요건 및 대상사건, ③ 조사착수시기 및 보고서제출시기, ④ 양형조사결과에 대한 이의제기 권한, ⑤ 양형조사관의 권한, ⑥ 양형조사관의 소속 등 쟁

— 대법원은 양형 데이터베이스시스템을 구축할 필요가 있음.

<참고적 양형기준제의 도입과 양형위원회의 설치>

— 법관별 양형 격차를 줄이고 양형에서의 투명성을 제고하기 위하여 계량화가 가능하고 정형적인 형사사건부터 가능한 한 많은 양형인자를 추출하여 분석한 다음 법관이 합리적인 양형을 도출하는 데 참고할 수 있도록 구체적이고 객관적인 양형기준을 제공할 필요가 있음.

— 이러한 양형기준은 법적 구속력을 갖지 아니하되, 공개되는 것이 바람직함.

— 참고적 양형기준제의 정립과 양형정책 수립 등을 위하여 양형위원회를 설치할 필요가 있음.

점사항에 관한 심도 깊은 토론이 있었다.[2] 이 자료를 근거로 2005. 11. 14. 제8차 실무위원회가 열렸다. 위 실무위원회는 신동운, 박상기 교수를 비롯하여 진봉헌, 정미화, 남인순, 신종원, 김이택, 김영식 교육인적자원부 차관, 김희옥 법무부차관, 이동흡 수원지법원장, 박병대 법원행정처 사법정책실장, 이준보 대검기획조정부장, 김기표 법제처 정책홍보관리실장 등 총 13명의 위원으로 구성되었다. 이 날의 토론에서 법원과 법무부·검찰은 영향조사관의 소속과 양형조사제도의 구조를 놓고 팽팽한 견해차이를 보였다.

법원측에서 제시한 제1안(형사소송법 개정안)과 검찰측에서 제시한 제2안(형사소송법 및 보호관찰 등에 관한 법률개정안)을 놓고, 다양한 논증을 동원하여 격론을 벌였으나, 대세는 법원쪽으로 기울어, 제1안이 다수의견의 지지를 받아 확정되었으며, 이를 사개추위 본위원회에 상정하기로 결정하였다. 그 요지는 첫째, 양형조사관은 법원소속 조사관으로 일원화하고, 둘째, 검사의 기소전 양형조사요구는 인정하지 않기로 하며, 셋째, 양형조사에 대한 피고인의 동의는 필요 없고 진술거부권만 인정한다는 것이었다.[3]

여기에서 확정된 개선안은 2005. 11. 21. 제8차 사개추위 본위원회에 상정되었다. 그 자리에서 천정배 법무부장관은 양형조사를 검찰·법원으로 이원화하는 수정안을 강력히 제안했다. 이 논의과정에서 검찰의 양형조사를 인정하지 않는 원안과 법무부·검찰 수정안(원안+검사의 기소전 양형조사 추가) 그리고 법원 수정안(법원 양형조사의 보충성 폐지+검찰양형조사 추가) 등 세 가지 안이 새로운 쟁점으로 떠올랐으며, 논의결과 법무부·검찰 수정안이 9명 찬성이라는 압도적 다수로 의결되었다.[4] 이 논의결과를 중심으로 사개추위는 양형자료조사제도 관련 형사소송법 개정안을 마련하여

---

2) 검찰, 사개추위 형사소송법 등 개정 백서Ⅲ, 2006. 6., 139면 이하.

3) 앞의 책, 271면 이하 참조.

4) 앞의 책, 318면.

법무부로 넘겼고, 법무부는 이 안의 골격을 그대로 유지한 채 약간의 자구수정을 가한 뒤 2006. 3. 7. 법무부안으로 국무회의의 심의에 부쳐 의결로 통과시켰다. 그리고 2006. 4. 10. 이 형사소송법 개정법률안은 국회에 제출되었으나, 관계기관의 이해상충이 도져 그 결말을 보지 못하다가, 제17대 국회회기만료로 자동폐기되고 말았다.

양형조사제도 도입을 둘러싸고 법원과 검찰이 대립하는 이 같은 현상을 일반인들이 소박하게 생각하듯 단지 양형조사제도의 주도권 다툼이라고만 속단할 일이 아니다. 거기에는 외국의 법제도를 도입할 때 조우하게 되는 단순모방과 응용모방의 차이, 그리고 우리의 현실에 맞는 이상형에 대한 거리감과 관점의 차이, 비교법적 방법론의 차이, 개혁의 보폭과 정도의 차이 등이 복잡하게 얽혀 있다는 점을 간과해서는 안 될 것이다. 갈등과 의견대립의 첫 출발은 우리의 기존 법현실에 대한 성찰과 평가의 관점 차이에서 발견할 수 있다.

이미 잘 알려진 바와 같이 우리나라에서 판결전조사제도는 1988. 12. 31. 보호관찰법 제정과 함께 도입된 소년형사법에 대한 보호관찰소의 판결전조사가 그 효시인 셈이다(동법 제19조). 물론 성인형사범에 대한 판결전조사에 관한 규정은 없었다. 그러나 1997. 1. 1. 형법의 개정으로 성인을 포함한 형사범 전체에 대하여 보호관찰이 확대실시됨에 따라, 학계에서는 법원판결에서 양형적 정화와 피고인의 승복률 제고, 사회내처우의 적정성 확보를 위해서 성인범에 대해서도 판결전조사가 확대되어야 한다는 주장이 끊임없이 제기되어 왔다.[5)]

실무에서도 성인형사범에게 보호관찰, 사회봉사 또는 수강명

5) 김혜정, 「성인에 대한 판결전조사제도의 필요성」, 보호관찰 제2호, 한국보호관찰학회, 2002, 276면; 서보학, 「판결전조사제도의 성인범 확대실시 방안」, 보호관찰 제4호, 한국보호관찰학회, 2004, 129면.

령이 집행유예 등의 부담부조건으로 과하여질 수 있도록 한 1997년 형법개정 이후 법원의 요청에 따라 보호관찰관이 성인형사범에 대한 판결전조사를 관행적으로 실시해 왔었다. 성인을 대상으로 한 판결전조사에 관한 명문규정이 없었음에도 불구하고 상당수의 법관들이 양형조건에 관하여 형사소송상 증거조사의 한 방법으로 판결전조사를 의뢰하여 왔었다. 1997년부터 2008년까지 지난 11년간 무려 16,056건이 법원의 요구에 따라 성인범에 대하여 실시한 보호관찰소의 총 판결전조사 실행건수이다. 심지어 2004년 이후부터 성인범에 대한 판결전조사가 소년범에 대한 판결전조사를 능가하여, 2007년에 시행된 판결전조사 총 6,817건 중 3,745건(54.9%)이 성인에 대한 판결전조사였다.[6)]

성인범에 대한 판결전조사 의뢰건수 중 실형선고 건수는 2003년 38.5%, 2004년 35.5%, 2005년 29%, 2006년 38%, 2007년 40%, 2008년 31.5%에 달하여 평균 35% 정도인 점을 감안할 때 보호관찰소가 사실상 성인범에 대한 실질적인 양형조사기능을 수행해 왔다고 말할 수 있을 것이다. 현재 전국 보호관찰소 54곳은 행정, 관찰, 봉사 팀장이 조사업무를 겸하고 있어, 그 활동에 제약이 생길 수 있음이 예상되지만, 서울, 인천, 수원, 대전, 대구, 부산, 광주, 창원, 전주 등 9개 보호관찰소에는 조사전담팀이 설치되어 있다. 이 조사팀에는 임상심리학, 심리학, 사회복지학 등을 전공한 전문가들이 조사업무에 종사하고 있고, 또한 특화된 교육과정을 정기적으로 이수하여 조사의 전문성까지 갖추고 있다. 그 밖에도 실무적인 필요에 따라 보호관찰소는 보호소년에 대한 결정전조사도 명문규정이 없음에도 불구하고 법원의 요청에 따라 관행상 실시해 왔던 것이다.

양형조사제도에 관한 형사소송법 개정안이 제17대 국회와 함

---

6) 법무부, 보호관찰 통계연보 통권 제7호, 2008, 66면 참조.

께 종식된 후, 제18대 국회에 들어와 성인형사범에 대한 판결전조사와 보호소년에 대한 결정전 조사에 관한 법적 근거가 보호관찰 등에 관한 법률 제9차 개정에서 마련되었다. 즉 2008. 12. 26. 개정되어 2009. 3. 27.부터 시행에 들어간 제9차 개정 보호관찰 등에 관한 법률은 성인형사범에 대한 판결전조사와 보호소년에 대한 결정전 조사를 명시하고 있다(동법 제19조, 제19조의2). 사실 이들 제도는 이론과 실무 양쪽으로 그 유용성이 크게 인정되어 왔지만, 우리나라에서는 이에 대한 법률적 근거가 미비하여 다소 소극적으로 활용된 점이 없지 않았었다. 그러나 이같은 최근의 보호관찰법 개정으로 그에 대한 법적 근거가 마련되었으므로 이 제도들은 앞으로 더욱 활성화될 것으로 기대된다.7)

1997년 형법개정 이후 성인형사범에 대한 판결전조사가 법원의 요구에 따라 보호관찰소 시스템에 의해 10여년 이상 활용되어 온 실무관행을 그대로 반영하여, 2009. 3. 27. 시행에 들어간 보호관찰 등에 관한 법률 제19조 제1항도 "법원은 피고인에 대하여 형법 제59조의2 및 제62조의2에 따른 보호관찰, 사회봉사 또는 수강을 명하기 위하여 필요하다고 인정하면 그 법원의 소재지 또는 피고인의 주거지를 관할하는 보호관찰소의 장에게 범행동기, 직업, 생활환경, 교우관계, 가족상황, 피해회복 여부 등 피고인에 관한 사항의 조사를 요구할 수 있다"라고 명시하고 있다. 이것이 양형조사제도에 관한 우리나라의 모형이며, 10여년간 축적되어 온 보호관찰소 시스템에 의한 양형자료조사제도가 우리나라의 현실태 내지 현실기반이라고 말할 수 있을 것이다.

이 같은 현실기반을 염두에 두고 논의를 계속하자면, 2005.

7) 김일수, 「보호관찰제도의 과제와 발전방향」, 보호관찰 제4호, 한국보호관찰학회, 2004, 16면 이하; 한영수, 「보호관찰 관련법률의 제·개정의 역사와 보호관찰제도의 발전」, 보호관찰 제9권 제1호, 한국보호관찰학회, 2009, 34면.

11. 14. 제8차 실무위원회에서 채택한 양형조사관제 도입안은 과거로부터 축적되어 온 현실기반을 일단 도외시하고 법원의 접근성과 편의성에 초점을 맞춘 새로운 모델의 창설이라고 말해도 좋을 것이다. 이에 비해 당시 검찰측의 발의안은 이 현실기반을 반영하여 이를 한 단계 더 발전시킨 착상이라고 할 수 있다. 우리가 지금 어디에 서 있는지를 인식하지 못한 채 멀리 날아보려는 개혁착상은 분명 추상적 유토피아일 위험성이 높다.

현실적으로 작동하는 어떤 제도를 두고 새로운 제도를 창설하려 한다면, 적어도 그 새로운 제도가 기존의 제도보다 제도의 목적실현에 더 적합하며 그 제도 자체가 가지는 구조・절차・수단 등이 합리성과 신뢰성 면에서도 우월하다는 점이 입증되어야 옳다. 물론 그에 대한 입증책임은 그것을 주장하는 쪽에 있음은 두말 할 것도 없다. 하지만 우월성을 입증할 만한 정도에 이르지 못했음에도 불구하고 새로운 제도 창설 쪽에 무게를 둔 법원측의 견해가 그 논증에서 다수의 우위를 점했다. 그 까닭은 어디에 있었을까? 주목할 점은 법원측에서 합리적인 논증보다는 기회가 있을 때마다 공통적으로 최상위기관으로 상정한 사개위의 건의문으로부터 상대측을 압박하는 논리를 전개했다는 것이다.[8] 하버마스(Habermas)가 "이상적인 담론상황"의 조건 중 하나로 제시했던 '비우월성(keine Privilegien)'은 "사개위의 건의문으로부터의 추론"논증의 등장과 함께 그 입지를 잃어버렸다고 해도 과언이 아닐 것이다.[9]

그러나 더 근본적인 문제점은 참여정부시절 대법원의 주도로 추진된 사법개혁은 그 출범부터 역사적 청산과제 중 하나인 사법

---

8) 박병대 법원행정처 사법정책실장의 토론자료, 검찰측 백서Ⅲ, 142면; 김형두 판사의 토론자료, 검찰측 백서Ⅲ, 150면; 김현석 판사의 토론자료, 검찰측 백서Ⅲ, 151면 참조.

9) Habermas, Vorstudien(Fn.O), S.127ff.

개혁의 대상과 주체를 뒤범벅으로 만들면서 착시현상을 조장했다는 것이다. 그 결과 실제 사법개혁의 대상이 되어야 할 사법부와 그 관련제도들의 개혁 자체를 왜곡시키거나 변질시켜 버렸다.[10] 양형합리화 제도 하나만 놓고 보아도 그간 누적되어 온 사법부의 양형불신 해소가 주요 타깃이었음에도 불구하고, 오히려 당시의 정치적 상황 속에 침전되어 있던 검찰불신과 용해되면서 오히려 사법부의 양형권력 강화쪽으로 변형된 결과를 낳았다는 점이다.

그 배경 중 하나는 노무현 정권에서 검찰개혁을 시발점으로 삼고 추진하고자 했던 권력개혁드라이브가 TV로 생중계된 대통령의 「검사들과의 대화」 이후 한계에 부딪히자, 개혁강박증에 사로잡힌 참여정부가 Law School 제도 도입 등 사법부의 주도적인 사법개혁 제안을 순진하게 받아들여, 사법개혁의 개혁대상을 개혁주도세력으로 승인해 준 데서 찾을 수 있을 것이다.[11] 또 다른 하나의 원인은 법원행정처를 중심으로 한 사법의 정치권력화가 이미 대검찰청의 정치권력화를 능가할 정도로 심화되었다는 데서 찾을 수 있다. 전통적인 「민사판례연구회」를 통한 사법부 엘리트의 권력화 구도가 참여정부 들어오면서 「우리법연구회」를 통해 직접적으로 그리고 더욱 대담하게 강화되었다는 점이다. 사법연수원 수료자 중 상위인력의 일방적인 법원쏠림 현상과 그 누적양태가 그에 대한 방증이라고 말해도 좋을 것이다. 끝으로 이와 같은 지적 엘리트 집단으로서 법원행정처가 발휘한 지식의 간계와 책략적 전술이 정치권을 비롯한 법학계와 시민사회의 여론 주도세력을 사법

---

10) 이에 관하여는 필자의 개혁과 민주주의(교육과학사, 1996)에 실린 「사법개혁, 무엇이 문제인가」(348면 이하), 「사법제도의 개혁」(351면 이하), 「사법부의 인적 청산」(359면 이하), 「5공의 인권과 사법부」(379면 이하) 등의 글을 참조.

11) 이에 관하여는 김일수, 선진법치사회 진입을 위한 검찰의 사명과 역할, 대검찰청 용역과제, 2009, 63면.

부의 우군으로 만들었고, 그 결과 논증의 빈약성에도 불구하고 사법부의 주장을 관철시킬 수 있는 분위기를 형성했다는 점을 언급해 두고자 한다.[12)]

이와 같은 구도에서 진행되었던 사법개혁 작업은 진원지가 된 사개추위와 그 실무위원회의 인적 구성부터 사법부에 우호적인 분위기가 지배하도록 조율된 측면이 없지 않다. 따라서 법원측 안과 검찰측 안이 대립하는 국면에서는 법원측 안이 우위를 점할 수밖에 없었다. 거기에는 순진한 노무현 정권의 권력적 특성이 작용했음을 부인할 수 없지만, 당시의 사법개혁 분위기를 검찰개혁 측면으로 교묘히 끌고 가 제도개혁에서 검찰안과 부딪힐 때마다 친사법부쪽으로 흘러가도록 엮어낸 사법부 권력엘리트들의 지적 간계를 눈여겨 볼 필요가 있다.

어쨌거나 이렇게 실무위원회에서 기본골격이 갖추어진 양형조사제도는 2005. 11. 21. 제8차 사개추위 본 위원회에 상정되었고, 법무부장관의 수정안(원안+검사의 보호관찰소를 통한 기소전 양형조사 추가)이 본위원회를 통과했으나, 고식적인 봉합에 불과했다. 법원쪽에서 제시했던 원안은 다시 원점으로부터 검토될 대상에서 이미 벗어나 있었기 때문이다. 이 점은 결국 새로운 양형조사관제도의 창설을 뜻한다. 기존의 보호관찰소시스템에 의한 양형자료조사는 단지 기소전 검사의 양형판단을 돕는 보조제도로서의 지위로 물러앉게 된 셈이다. 2006. 4. 10. 국회에 제출된 형사소송법 개정법률안은 바로 법원의 독립된 양형조사를 주로 하고, 검사의 기소전 양형조사를 부차적인 제도로 삼는 이원적 구조를 띠게 되었다.

---

12) 이를테면 사개추위가 권력의 개혁 코드에 맞는 일부 젊은 법률가들에게 독점됨으로써, 형사소송법 개정도 급진적인 방향으로 치닫는 경향을 띠었던 점을 들 수 있다. 형사소송법 분야에서 이미 일가를 이루어, 학문적 업적을 널리 평가받아 온 원로급 인사들은 그 논의과정에 초대받지 못했을 뿐 아니라 배제된 듯한 인상을 받았기 때문이다.

이것이 제17대 국회의 만료로 자동폐기된 점은 단순한 아이러니라고 말하기보다 우리들에게 방법론적으로 진지한 성찰의 과제를 던져준 것으로 이해하고 싶다.

2009. 2. 2. 국회의원 이주영 발의안은 종전 제8차 실무위원회안을 대부분 고수한 것으로서, 약간의 변경과 자구보완, 그리고 조문의 배열만 바꾼 것이다. 그러나 이 발의안을 계기로 우리는 이제 양형합리화라는 목표를 두고 원점에 서게 된 것이나 다름없다. 참여정부의 개혁강박증이 엮어냈던 점령군적 분위기를 벗어나 이제 우리는 의사소통과 대화의 원탁에 마주앉아 문제를 원점으로부터 합리적으로 다시 논의해 나갈 수 있는 자리에 이른 셈이다.

2. 사개추위의 양형조사제도 관련 형사소송법 개정안의 생성·소멸 과정과 최근 의원발의안의 비교 검토

(1) 제8차 실무위원회 검토안 비교

■ 형사소송법 개정안

〈제1안 (법원측 안)〉	〈제2안 (검찰측 안)〉
1) 제25조 (법원서기관 등에 대한 제척, 기피, 회피) 현행 형사소송법 규정에 조사관 추가 ① 본장의 규정은 제17조 제7호의 규정을 제한 외에는 법원의 서기관, 서기와 통역인, <u>조사관에</u> 준용한다. ② 전항의 서기관, 서기와 통역인, <u>조사관에</u> 대한 기피재판은 그 소속 법원이 결정으로 하여야 한다. 단,	1) 현행법 유지(신설 불요)

〈제1안(법원측 안)〉	〈제2안(검찰측 안)〉
제20조 제1항의 결정은 기피당한 자의 소속법관이 한다.	
2) 신설 불요	2) 제195조의2 (검사의 양형의 조건에 대한 수사) ① 검사는 형법 제51조의양형의 조건에 관한 사항에 대하여도 조사하여야 한다. 이때 검사는 피의자 또는 변호인의 동의를 얻어 소속 검찰청의 소재지 또는 피의자의 주거지를 관할하는 보호관찰소 또는 지소의 장에게 필요한 사항의 조사를 요구할 수 있다. ② 제297조의3 제2항, 제297조의4, 제297조의5는 제1항 후문의 경우에 준용한다.
3) 제297조의3 (양형자료조사) ① 법원은 공소가 제기된 사건에 대하여 검사, 피고인 또는 변호인이 제출한 자료 등에 의하여 형을 정하기에 충분하지 않거나 그 진위의 조사가 필요하다고 인정하는 때에는 조사관에게 형법 제51조에 규정된 사항 등 형을 정함에 있어서 참작하여야 할 사항에 관한 자료(이하 "양형자료"라 한다)의 조사를 명할 수 있다. 다만, 피고인의 자백여부, 소송지연의 가능성, 검사, 피고인 또는 변호인의 양형에 관한 입증계획 등을 종합적으로 고려하여 상당한 이유가 있는 경우에는 자료 등의 제출 이전에도	3) 제297조의3 (양형자료조사) ① 법원은 공소가 제기된 사건에 대하여 필요하다고 인정하는 때에는 그 법원의 소재지 또는 피고인의 주거지를 관할하는 보호관찰소 또는 지소의 장에게 형법 제51조에 규정된 사항 등 형을 정함에 있어서 참작하여야 할 사항의 조사를 요구할 수 있다.

〈제1안(법원측 안)〉	〈제2안(검찰측 안)〉
양형자료의 조사를 명할 수 있다. ② 제1항의 경우 법원은 조사하여야 할 양형자료의 내용과 범위, 조사의 방법 등을 정할 수 있다. ③ 법원이 조사관에게 양형자료의 조사를 명한 경우에는 검사, 피고인 또는 변호인에게 지체 없이 서면으로 그 취지를 통지하여야 한다. ④ 조사관은 양형자료의 조사를 명령받은 사항에 관하여 공정하고 객관적으로 조사하여야 한다.	② 제1항의 경우 법원은 조사하여야 할 양형자료의 내용과 범위, 조사의 방법 등을 정할 수 있다. ③ 법원이 보호관찰소 또는 지소의 장에게 제1항의 조사를 요구한 때에는 검사, 피고인 또는 변호인에게 지체 없이 서면으로 그 취지를 통지하여야 한다.
4) 제297조의4 (조사의 방법과 절차) ① 조사관은 피고인 기타 필요한 사람에 대하여 면접, 관찰 또는 질문 등 필요한 조사를 할 수 있다. ② 조사관이 피고인에 대하여 조사할 때에는 미리 피고인에게 진술을 거부할 수 있음을 알려야 한다. 변호인은 피고인에 대한 조사에 참여할 수 있다. ③ 조사관은 소송계속중의 관계서류 또는 증거물을 열람 또는 등사할 수 있고, 필요한 때에는 법원의 허가를 받아 공공기관·학교, 그 밖의 단체·개인 또는 외국의 공공기관에게 그 업무에 속하는 사항에 관하여 필요한 사항의 회신 또는 보관중인 문서의 열람, 등본·사본의 송부를 요청할 수 있다. ④ 제1항의 조사대상자를 수용 또는	4) 제297조의4 (조사의 방법과 절차) ① 보호관찰소 또는 지소의 장은 제297조의3 제1항의 요구를 받은 경우에 당해 사건을 조사할 보호관찰관을 지명하여야 한다. 이 경우 지명을 받은 보호관찰관은 당해 사건에 관하여 법원의 지시에 응하여야 한다. ② 보호관찰관은 양형자료의 조사를 명령받은 사항에 관하여 공정하고 객관적으로 조사하여야 한다. ③ 보호관찰관은 피고인 기타 필요한 사람에 대하여 면접, 관찰 또는 질문 등 필요한 조사를 할 수 있다. ④ 보호관찰관이 피고인에 대하여 조사할 때에는 미리 피고인에게 진술을 거부할 수 있음을 알려야 한다. 이 때 변호인은 피고인에

〈제1안(법원측 안)〉	〈제2안(검찰측 안)〉
보호하고 있는 시설이나 기관의 장은 조사관으로부터 조사대상자와의 면접 또는 관계자료의 열람 등 필요한 요청을 받은 때에는 이에 협조하여야 한다. ⑤ 조사관의 양형자료의 조사 방법과 절차에 관한 그 밖의 사항은 대법원규칙으로 정한다.	대한 조사에 참여할 수 있다. ⑤ 보호관찰관은 소송계속중의 관계서류 또는 증거물을 열람 또는 등사할 수 있고, 필요한 때에는 법원의 허가를 받아 공공기관·학교, 그 밖의 단체·개인 또는 외국의 공공기관에게 그 업무에 속하는 사항에 관하여 필요한 사항의 회신 또는 보관중인 문서의 열람, 등본·사본의 송부를 요청할 수 있다. ⑥ 제1항의 조사대상자를 수용 또는 보호하고 있는 시설이나 기관의 장은 보호관찰관으로부터 조사대상자와의 면접 또는 관계자료의 열람 등의 요청을 받은 때에는 이에 협조하여야 한다.
5) 제297조의5 (조사보고서 등) ① 조사관이 양형자료조사를 마친 경우에는 조사보고서를 작성하여 법원에 제출하여야 한다. ② 법원은 필요하다고 인정하는 때에는 조사관에게 조사보고서의 보완 등을 명할 수 있다. ③ 조사보고서가 제출된 경우 법원은 검사, 피고인 또는 변호인에게 즉시 통지하고, 열람 또는 등사의 기회를 부여하여야 한다. ④ 검사, 피고인 또는 변호인은 조사보고서에 대하여 의견을 제시하고 필요한 자료를 제출할 수 있다. ⑤ 법원은 제4항의 의견 제시가 있는	5) 제297조의5 (조사보고서 등) ① 보호관찰관이 양형자료조사를 마친 경우에는 조사보고서를 작성하여 법원에 제출하여야 한다. ② 법원은 필요하다고 인정하는 때에는 양형조사관에게 조사보고서의 보완 등을 명할 수 있다. ③ <좌동> ④ <좌동> ⑤ <좌동>

〈제1안(법원측 안)〉	〈제2안(검찰측 안)〉
경우에는 공판기일에 필요한 양형 심리를 할 수 있다. ⑥ 조사보고서는 유죄의 증거로 하지 못한다.	⑥ <좌동>

■ 보호관찰 등에 관한 법률개정안

〈제1안(법원측 안)〉	〈제2안(검찰측 안)〉
1) 현행법 유지(신설 불요)	1) 제19조 (양형조사) ① 법원 또는 검사는 필요하다고 인정하는 때에는 그 법원 또는 검사 소속의 검찰청 소재지 또는 피고인(피의자를 포함한다)의 주거지를 관할하는 보호관찰소 또는 지소의 장에게 형법 제51조에 규정된 사항 등의 조사를 요구할 수 있다. ② 보호관찰소 또는 그 지소의 장은 제1항의 조사 요구를 받은 경우에 당해 사건을 조사할 보호관찰관을 지명하여야 한다. ③ 제2항에 의해 지명된 보호관찰관은 지체없이 필요한 사항을 조사하여 그 보고서를 조사를 요구한 검사 또는 법원에 제출하여야 한다. 이 경우 보호관찰관은 양형조사관으로서 당해 사건에 관하여 검사 또는 법원의 지시에 응하여야 한다. ④ 보호관찰관이 제3항의 지시에 위반하거나 직무집행에 관하여 부

〈제1안(법원측 안)〉	〈제2안(검찰측 안)〉
	당한 행위를 하는 등 그 업무를 수행함에 부적합한 때에는 관할 법원 또는 검찰청의 장은 당해 사건의 조사중지를 명하고, 보호관찰관 소속 보호관찰소 또는 지소의 장에게 그 교체임용 또는 징계를 요구할 수 있다. ⑤ 제4항의 교체임용요구가 있는 때에 보호관찰소 또는 지소의 장은 정당한 이유를 제시하지 아니하는 한 교체임용의 요구에 응하여야 하고, 징계에 관한 처리결과를 통지하여야 한다.

(2) 제8차 실무위원회 확정안

형사소송법 개정 및 보호관찰 등에 관한 법률개정안에서 <제1안> 채택, 이를 본위원회에 상정키로 함:

— 양형조사관은 법원소속 조사관으로 일원화

— 검사의 기소전 양형조사 요구 봉쇄

— 양형조사에 대한 피고인의 동의 필요없고, 진술거부권만 인정

(3) 제8차 본위원회 수정안 비교

■ 형사소송법 개정안

제8차 실무위원회 확정안	제8차 본위원회 수정안
1) 제25조 (법원서기관 등에 대한 제척, 기피, 회피) ① 본장의 규정은 제17조 제7호의 규정	1) 제25조 (법원서기관 등에 대한 제척, 기피, 회피) <좌 동>

제8차 실무위원회 확정안	제8차 본위원회 수정안
을 제한 외에는 법원의 서기관, 서기와 통역인, 조사관에 준용한다. ② 전항의 서기관, 서기와 통역인, 조사관에 대한 기피재판은 그 소속법원이 결정으로 하여야 한다. 단, 제20조 제1항의 결정은 기피당한 자의 소속법관이 한다.	
	2) 제195조의2 (검사의 양형의 조건에 대한 조사) ① 검사는 형법 제51조의양형의 조건에 관한 사항에 대하여 조사하여야 한다. 이때 검사는 피의자 또는 변호인의 동의를 얻어 소속 검찰청의 소재지 또는 피의자의 주거지를 관할하는 보호관찰소 또는 지소의 장에게 필요한 사항의 조사를 요구할 수 있다. ② 제297조의3 제2항, 제297조의4 제1항 내지 제4항, 제297조의5는 제1항 후문의 경우에 준용한다.
3) 제297조의3 (양형자료조사) ① 법원은 공소가 제기된 사건에 대하여 검사, 피고인 또는 변호인이 제출한 자료 등에 의하여 형을 정하기에 충분하지 않거나 그 진위의 조사가 필요하다고 인정하는 때에는 조사관에게 형법 제51조에 규정된 사항 등 형을 정함에 있어서 참작하여야 할 사항에 관한 자료(이하 "양형자료"라 한다)의 조	3) 제297조의3 (양형자료조사) ① <좌 동>

제8차 실무위원회 확정안	제8차 본위원회 수정안
사를 명할 수 있다. 다만, 피고인의 자백여부, 소송지연의 가능성, 검사, 피고인 또는 변호인의 양형에 관한 입증계획 등을 종합적으로 고려하여 상당한 이유가 있는 경우에는 자료 등의 제출 이전에도 양형자료의 조사를 명할 수 있다.	
② 제1항의 경우 법원은 조사하여야 할 양형자료의 내용과 범위, 조사의 방법 등을 정할 수 있다.	② <좌 동>
③ 법원이 조사관에게 양형자료의 조사를 명한 경우에는 검사, 피고인 또는 변호인에게 지체 없이 서면으로 그 취지를 통지하여야 한다.	③ 법원이 조사관에게 양형자료의 조사를 명한 경우에는 검사, 피고인 또는 변호인에게 지체 없이 서면으로 그 취지를 통지하여야 하고, 검사, 피고인 또는 변호인은 조사할 사항에 관하여 의견을 진술할 수 있다.
④ 조사관은 양형자료의 조사를 명령받은 사항에 관하여 공정하고 객관적으로 조사하여야 한다.	④ <좌 동>
4) 제297조의4 (조사의 방법과 절차) ① 조사관은 피고인 기타 필요한 사람에 대하여 면접, 관찰 또는 질문 등 필요한 조사를 할 수 있다. ② 조사관이 피고인에 대하여 조사할 때에는 미리 피고인에게 진술을 거부할 수 있음을 알려야 한다. 변호인은 피고인에 대한 조사에 참여할 수 있다. ③ 조사관은 소송계속중의 관계서류 또	4) 제297조의4 (조사의 방법과 절차) ①~⑤ <좌 동>

제8차 실무위원회 확정안	제8차 본위원회 수정안
는 증거물을 열람 또는 등사할 수 있고, 필요한 때에는 법원의 허가를 받아 공공기관·학교, 그 밖의 단체·개인 또는 외국의 공공기관에게 그 업무에 속하는 사항에 관하여 필요한 사항의 회신 또는 보관중인 문서의 열람, 등본·사본의 송부를 요청할 수 있다. ④ 제1항의 조사대상자를 수용 또는 보호하고 있는 시설이나 기관의 장은 조사관으로부터 조사대상자와의 면접 또는 관계자료의 열람 등 필요한 요청을 받은 때에는 이에 협조하여야 한다. ⑤ 조사관의 양형자료의 조사 방법과 절차에 관한 그 밖의 사항은 대법원규칙으로 정한다.	
5) 제297조의5 (조사보고서 등) ① 조사관이 양형자료조사를 마친 경우에는 조사보고서를 작성하여 법원에 제출하여야 한다. ② 법원은 필요하다고 인정하는 때에는 조사관에게 조사보고서의 보완 등을 명할 수 있다. ③ 조사보고서가 제출된 경우 법원은 검사, 피고인 또는 변호인에게 즉시 통지하고, 열람 또는 등사의 기회를 부여하여야 한다. ④ 검사, 피고인 또는 변호인은 조사보고서에 대하여 의견을 제시하고 필요한 자료를 제출할 수 있다. ⑤ 법원은 제4항의 의견 제시가 있는 경우에는 공판기일에 필요한 양형심리를 할 수 있다.	5) 제297조의5 (조사보고서 등) ① ~ ⑥ <좌동>

제8차 실무위원회 확정안	제8차 본위원회 수정안
⑥ 조사보고서는 유죄의 증거로 하지 못한다.	

본 위원회의 수정안에 제195조의2가 신설되었다면, 그에 발맞추어 보호관찰 등에 관한 법률개정안도 실무위원회 검토안 제2안과 같은 내용으로 함께 상정되었어야 함에도 불구하고, 당시 제8차 사개추위 본회의와 그 후의 후속조치들은 그것을 차분히 담아낼 수 있는 분위기가 아니었음을 엿볼 수 있다.

(4) 법무부안으로 국회에 제출된 형사소송법 개정안 비교

사개추위 개정안	법무부 제출 개정안
1) 제25조 (법원서기관 등에 대한 제척, 기피, 회피) ① 본장의 규정은 제17조 제7호의 규정을 제한 외에는 법원의 서기관, 서기와 통역인, 조사관에 준용한다. ② 전항의 서기관, 서기와 통역인, 조사관에 대한 기피재판은 그 소속법원이 결정으로 하여야 한다. 단, 제20조 제1항의 결정은 기피당한 자의 소속법관이 한다.	1) 제25조 (법원서기관 등에 대한 제척, 기피, 회피) ① 본장의 규정은 제17조 제7호의 규정을 제한 외에는 법원의 서기관, 서기와 통역인 및 조사관에 준용한다. ② 전항의 서기관, 서기와 통역인 및 조사관에 대한 기피재판은 그 소속법원이 결정으로 하여야 한다. 단, 제20조 제1항의 결정은 기피당한 자의 소속법관이 한다.
2) 제195조의2 (검사의 양형의 조건에 대한 조사) ① 검사는 형법 제51조의양형의 조건에 관한 사항에 대하여 조사하여야 한다. 이때 검사는 피의자 또는 변호인	2) 제195조의2 (검사의 양형의 조건에 대한 조사) ① 검사는 형법 제51조에 규정된 사항에 대하여 조사하여야 한다. 이 경우 검사는 피의자 또

사개추위 개정안	법무부 제출 개정안
의 동의를 얻어 소속 검찰청의 소재지 또는 피의자의 주거지를 관할하는 보호관찰소 또는 지소의 장에게 필요한 사항의 조사를 요구할 수 있다.	는 변호인의 동의를 얻어 「보호관찰등에 관한 법률」에 의한 보호관찰관이 양형의 조건에 관하여 조사할 수 있도록 소속 검찰청의 소재지 또는 피의자의 주거지를 관할하는 보호관찰소 또는 지소의 장에게 필요한 사항의 조사를 요구할 수 있다.
② 제297조의3 제2항, 제297조의4 제1항 내지 제4항, 제297조의5는 제1항 후문의 경우에 준용한다.	② 제297조의3 제2항, 제297조의4 제1항 내지 제4항, 제297조의5는 제1항 후단의 경우에 준용한다.
3) 제297조의3 (양형자료조사) ① 법원은 공소가 제기된 사건에 대하여 검사, 피고인 또는 변호인이 제출한 자료 등에 의하여 형을 정하기에 충분하지 않거나 그 진위의 조사가 필요하다고 인정하는 때에는 조사관에게 형법 제51조에 규정된 사항 등 형을 정함에 있어서 참작하여야 할 사항에 관한 자료(이하 “양형자료”라 한다)의 조사를 명할 수 있다. 다만, 피고인의 자백여부, 소송지연의 가능성, 검사, 피고인 또는 변호인의 양형에 관한 입증계획 등을 종합적으로 고려하여 상당한 이유가 있는 경우에는 자료 등의 제출 이전에도 양형자료의 조사를 명할 수 있다. ② 제1항의 경우 법원은 조사하여야 할 양형자료의 내용과 범위, 조사의 방	3) 제297조의3 (양형자료조사) ① 법원은 공소가 제기된 사건에 대하여 검사, 피고인 또는 변호인이 제출한 자료 등에 의하여 형을 정하기에 충분하지 아니하거나 <이하 좌동> ② <좌 동>

사개추위 개정안	법무부 제출 개정안
법 등을 정할 수 있다. ③ 법원이 조사관에게 양형자료의 조사를 명한 경우에는 검사, 피고인 또는 변호인에게 지체 없이 서면으로 그 취지를 통지하여야 하고, 검사, 피고인 또는 변호인은 조사할 사항에 관하여 의견을 진술할 수 있다. ④ 조사관은 양형자료의 조사를 명령받은 사항에 관하여 공정하고 객관적으로 조사하여야 한다.	③ <좌 동> ④ <좌 동>
4) 제297조의4 (조사의 방법과 절차) ① 조사관은 피고인 기타 필요한 사람에 대하여 면접, 관찰 또는 질문 등 필요한 조사를 할 수 있다. ② 조사관이 피고인에 대하여 조사할 때에는 미리 피고인에게 진술을 거부할 수 있음을 알려야 한다. 변호인은 피고인에 대한 조사에 참여할 수 있다. ③ 조사관은 소송계속중의 관계서류 또는 증거물을 열람 또는 등사할 수 있고, 필요한 때에는 법원의 허가를 받아 공공기관·학교, 그 밖의 단체·개인 또는 외국의 공공기관에게 그 업무에 속하는 사항에 관하여 필요한 사항의 회신 또는 보관중인 문서의 열람, 등본·사본의 송부를 요청할 수 있다. ④ 제1항의 조사대상자를 수용 또는 보호하고 있는 시설이나 기관의 장은 조사관으로부터 조사대상자와의 면접	4) 제297조의4 (조사의 방법과 절차) ① <좌 동> ② 조사관이 피고인에 대하여 조사할 때에는 미리 피고인에게 진술을 거부할 수 있음을 알려야 하며, 변호인은 피고인에 대한 조사에 참여할 수 있다. ③ <좌 동> ④ <좌 동>

사개추위 개정안	법무부 제출 개정안
또는 관계자료의 열람 등 필요한 요청을 받은 때에는 이에 협조하여야 한다. ⑤ 조사관의 양형자료의 조사 방법과 절차에 관한 그 밖의 사항은 대법원 규칙으로 정한다.	⑤ <좌 동>
5) 제297조의5 (조사보고서 등) ① 조사관이 양형자료조사를 마친 경우에는 조사보고서를 작성하여 법원에 제출하여야 한다. ② 법원은 필요하다고 인정하는 때에는 조사관에게 조사보고서의 보완 등을 명할 수 있다. ③ 조사보고서가 제출된 경우 법원은 검사, 피고인 또는 변호인에게 즉시 통지하고, 열람 또는 등사의 기회를 부여하여야 한다. ④ 검사, 피고인 또는 변호인은 조사보고서에 대하여 의견을 제시하고 필요한 자료를 제출할 수 있다. ⑤ 법원은 제4항의 의견 제시가 있는 경우에는 공판기일에 필요한 양형심리를 할 수 있다. ⑥ 조사보고서는 유죄의 증거로 하지 못한다.	5) 제297조의5 (조사보고서 등) ① ~ ⑥ <좌 동>

(5) 이주영 의원 형사소송법 개정발의안 비교[13)]

17대 국회 법무부 제출 개정안	이주영 의원 발의안
1) 제25조 (법원서기관 등에 대한 제척, 기피, 회피) ① 본장의 규정은 제17조 제7호의 규정을 제한 외에는 법원의 서기관, 서기와 통역인 및 조사관에 준용한다. ② 전항의 서기관, 서기와 통역인 및 조사관에 대한 기피재판은 그 소속법원이 결정으로 하여야 한다. 단, 제20조 제1항의 결정은 기피당한 자의 소속법관이 한다.	1) 제25조 (법원사무관 등에 대한 제척·기피·회피) ① 본장의 규정은 제17조 제7호의 규정을 제한 외에는 법원서기관·법원사무관·법원주사 또는 법원주사보(이하 "법원사무관 등"이라 한다)와 통역인 및 조사관에 준용한다. ② 전항의 법원사무관 등과 통역인 및 조사관에 대한 기피재판은 그 소속법원이 결정으로 하여야 한다. 단, 제20조 제1항의 결정은 기피당한 자의 소속법관이 한다.
2) 제195조의2 (검사의 양형의 조건에 대한 조사) ① 검사는 형법 제51조에 규정된 사항에 대하여 조사하여야 한다. 이 경우 검사는 피의자 또는 변호인의 동의를 얻어 「보호관찰 등에	2) 없음

13) 이주영 의원 발의안은 ① 법원서기관 등에 대한 제척·기피·회피제도를 법원사무관·법원주사 또는 법원주사보에까지 확대하여, 법원조사관의 범위를 확대한 점(이것은 2007. 6. 1. 형사소송법 개정으로 일부 반영), ② 검사의 양형조사를 원천봉쇄한 점, ③ 양형자료조사대상사건을 합의부관할사건과 사회내처우가 필요하다고 인정되는 사건으로 한정한 점, ④ 조사대상에 피해자와 법원이 필요하다고 인정하는 자를 명시한 점, ⑤ 조사에 대해 피고인이나 변호인의 동의를 얻도록 한 점, ⑥ 조사관의 관계서류 열람·등사와 관계기관 자료요청을 항을 달리하여 규정한 점, ⑦ 조사보고서 제출시기를 규정하되, 피고인이 자백한 경우와 그 외의 경우에 제출시기를 달리 규정한 점, ⑧ 양형심리의 비공개가 가능하도록 한 점 등이 17대 국회만료로 폐기된 법무부 개정안과 다른 점이다.

17대 국회 법무부 제출 개정안	이주영 의원 발의안
관한 법률」에 의한 보호관찰관이 양형의 조건에 관하여 조사할 수 있도록 소속 검찰청의 소재지 또는 피의자의 주거지를 관할하는 보호관찰소 또는 지소의 장에게 필요한 사항의 조사를 요구할 수 있다. ② 제297조의3 제2항, 제297조의4 제1항 내지 제4항, 제297조의5는 제1항 후단의 경우에 준용한다.	
3) 제297조의3 (양형자료조사) ① 법원은 공소가 제기된 사건에 대하여검사, 피고인 또는 변호인이 제출한 자료 등에 의하여 형을 정하기에 충분하지 아니하거나 그 진위의 조사가 필요하다고 인정하는 때에는 조사관에게 형법 제51조에 규정된 사항 등 형을 정함에 있어서 참작하여야 할 사항에 관한 자료(이하 "양형자료"라 한다)의 조사를 명할 수 있다. 다만, 피고인의 자백여부, 소송지연의 가능성, 검사, 피고인 또는 변호인의 양형에 관한 입증계획 등을 종합적으로 고려하여 상당한 이유가 있는 경우에는 자료 등의 제출 이전에도 양형자료의 조사를 명할 수 있다.	3) 제297조의3 (양형자료조사) ① 법원은 공소가 제기된 사건 중 <u>합의부 관할사건과 보호관찰·사회봉사·수강 및 갱생보호 등 사회내처우가 필요하다고 인정되는 사건에 대하여</u> 검사·피고인 또는 변호인이 제출한 자료 등에 의하여 형을 정하기에 충분하지 아니하거나 그 진위의 조사가 필요하다고 인정하는 때에는 조사관에게 「형법」 제51조에 규정된 사항 등 형을 정함에 있어서 참작하여야 할 사항에 관한 자료(이하 "양형자료"라 한다)의 조사를 명할 수 있다. 다만, 피고인의 자백여부, 소송지연의 가능성 및 검사·피고인 또는 변호인의 양형에 관한 입증계획 등을 종합적으로 고려하여 상당한 이유가 있는 경우에는 자료 등의 제출 이전에도 양형자료의 조사를 명할 수 있다.

17대 국회 법무부 제출 개정안	이주영 의원 발의안
② 제1항의 경우 법원은 조사하여야 할 양형자료의 내용과 범위, 조사의 방법 등을 정할 수 있다.	② < 좌 동 >
③ 법원이 조사관에게 양형자료의 조사를 명한 경우에는 검사, 피고인 또는 변호인에게 지체 없이 서면으로 그 취지를 통지하여야 하고, 검사, 피고인 또는 변호인은 조사할 사항에 관하여 의견을 진술할 수 있다.	③ 제1항에 따른 조사를 명한 경우에 법원은 검사·피고인 또는 변호인에게 지체 없이 서면으로 그 취지를 통보하여야 하며, 검사·피고인 또는 변호인은 조사할 사항에 관하여 의견을 진술할 수 있다.
④ 조사관은 양형자료의 조사를 명령받은 사항에 관하여 공정하고 객관적으로 조사하여야 한다.	④ < 좌 동 >
4) 제297조의4 (조사의 방법과 절차) ① 조사관은 피고인 기타 필요한 사람에 대하여 면접, 관찰 또는 질문 등 필요한 조사를 할 수 있다. ② 조사관이 피고인에 대하여 조사할 때에는 미리 피고인에게 진술을 거부할 수 있음을 알려야 하며, 변호인은 피고인에 대한 조사에 참여할 수 있다.	4) 제297조의4(조사의 방법과 절차) ① 조사관은 피고인, 피해자 기타 법원이 필요하다고 인정하는 자에 대하여 면접, 관찰 또는 질문 등 필요한 조사를 할 수 있다. ② 조사관이 피고인에 대하여 조사하는 때에는 미리 피고인이나 변호인의 동의를 얻어야 하고, 피고인에게 진술을 거부할 수 있음을 알려야 한다. 이 경우 변호인은 피고인에 대한 조사에 참여할 수 있다.
③ 조사관은 소송계속중의 관계서류 또는 증거물을 열람 또는 등사할 수 있고, 필요한 때에는 법원의 허가를 받아 공공기관·학교, 그 밖의 단체·개인 또는 외국의 공공기관에게 그 업무에 속하는 사	③ 조사관은 소송계속 중의 관계 서류 또는 증거물을 열람하거나 등사할 수 있다. ④ 조사관은 법원의 허가를 받아 공공기관, 학교 그 밖에 단체에게 그 업무에 속하는 사항에 관하여

17대 국회 법무부 제출 개정안	이주영 의원 발의안
항에 관하여 필요한 사항의 회신 또는 보관중인 문서의 열람, 등본·사본의 송부를 요청할 수 있다. ④ 제1항의 조사대상자를 수용 또는 보호하고 있는 시설이나 기관의 장은 조사관으로부터 조사대상자와의 면접 또는 관계자료의 열람 등 필요한 요청을 받은 때에는 이에 협조하여야 한다. ⑤ 조사관의 양형자료의 조사 방법과 절차에 관한 그 밖의 사항은 대법원규칙으로 정한다.	필요한 사항의 회신 또는 보관 중인 문서의 열람, 등본·사본의 송부를 요청할 수 있다. ⑤ 제1항의 조사대상자를 수용 또는 보호하고 있는 시설이나 기관의 장이 조사관으로부터 조사대상자와의 면접 또는 관계자료의 열람 등 필요한 요청을 받은 때에는 이에 협조하여야 한다. ⑥ 조사관의 양형자료의 조사방법과 절차에 관하여 그 밖에 필요한 사항은 대법원규칙으로 정한다.
5) 제297조의5 (조사보고서 등) ① 조사관이 양형자료조사를 마친 경우에는 조사보고서를 작성하여 법원에 제출하여야 한다.	5) 제297조의5(조사보고서 등) ① 조사관이 양형자료의 조사를 마친 때에는 조사보고서를 작성하여 법원의 명령에 따라 이를 제출하여야 한다. 다만, 피고인이 자백한 경우에는 조사를 마친 후 즉시 보고서를 제출하여야 한다.
② 법원은 필요하다고 인정하는 때에는 조사관에게 조사보고서의 보완 등을 명할 수 있다.	② < 좌 동 >
③ 조사보고서가 제출된 경우 법원은 검사, 피고인 또는 변호인에게 즉시 통지하고, 열람 또는 등사의 기회를 부여하여야 한다.	③ 조사보고서가 제출된 경우에 법원은 검사·피고인 또는 변호인에게 즉시 통지하여야 하고, 열람 또는 등사의 기회를 부여하여야 한다.
④ 검사, 피고인 또는 변호인은 조사보고서에 대하여 의견을 제시하고 필요한 자료를 제출할 수 있다.	④ < 좌 동 >
⑤ 법원은 제4항의 의견 제시가 있는 경우에는 공판기일에 필요한	⑤ 법원은 제4항에 따른 의견 제시가 있는 경우에 공판기일에 필요

17대 국회 법무부 제출 개정안	이주영 의원 발의안
양형심리를 할 수 있다.	한 양형심리를 할 수 있다. 이 경우 판사는 사생활보호를 위하여 필요하다고 인정할 때에는 결정으로 이를 공개하지 아니할 수 있다.
⑥ 조사보고서는 유죄의 증거로 하지 못한다.	⑥ 조사보고서는 유죄의 증거로 하지 못한다.

3. 문제의 현실화

제18대 국회에 이르러 한나라당 소속 이주영 의원이 2009. 2. 2.자로 양형조사제도에 관한 형사소송법 개정법률안을 의원입법형식으로 발의함으로써, 양형조사제도는 다시금 법무부·검찰과 법원 모두의 현안이 되고 말았다. 위에서 이미 살펴본 바와 마찬가지로 이주영 의원 발의안은 2006. 4. 10. 제17대 국회에 제출되었던 법무부안과 ① 검사의 기소전 양형자료조사 항목을 삭제하고, 법원소속 조사관이 법원의 명령에 따라 양형자료조사를 수행하도록 한 점, ② 공소가 제기된 사건 중 합의부 관할사건과 사회내처우가 필요하다고 인정되는 사건을 양형자료조사의 대상으로 한정한 점, ③ 그 조사에 대해 피고인이나 변호인의 동의를 얻도록 한 점 등을 제외하면 여타의 내용에 있어서는 대동소이하다. 이 발의안은 2009. 3. 27. 시행된 보호관찰 등에 관한 법률 제19조 제1항의 규정, 즉 법원이 성인형사범인 피고인에 대하여서도 보호관찰, 사회봉사 또는 수강명령 부과에 필요하다고 인정하면 그 법원 소재지 또는 피고인의 주거지 관할 보호관찰소의 장에게 양형자료조사를 요구할 수 있도록 한 점과 종합해보면, 법원의 양형조사권을 위한 연장된 팔을 이중으로 확보해 주려는 의도임이 분명해 보인다.

우선 법무부와 검찰의 반응은 민감했다. 법무부는 법원소속 직원을 통한 양형자료조사가 ① 당사자주의·공판중심주의 이념에 역행한다는 점, ② 재판의 공정성·객관성을 침해할 우려가 있어 결국 법원의 재판중립성 요구에 위배될 것이라는 점, ③ 보호관찰관과 별도로 양형자료조사 전담공무원을 법원 직속으로 두는 외국 입법례가 전무하다는 점, ④ 기존의 보호관찰소가 조사전문기관으로서 경험과 전문적 식견을 가지고 있음에도 불구하고 새로이 별도 법원조사관제를 신설하는 것은 업무의 중복이요, 국고의 낭비라는 점, ⑤ 양형자료는 형선고단계는 물론 수사종결단계 및 형집행단계 등 형법실현의 모든 단계에서 중요한 판단자료로 활용될 것인데, 사회내처우 및 형집행 절차와 내용 등에 관한 선이해가 부족한 법원조사관이 수집한 조사자료는 양형합리화와 범죄인 처우 합리화의 취지 실현에 한계를 노정할 수밖에 없을 것이라는 점 등을 그 반대논거로 든다.[14)]

대검찰청은 이주영 의원 발의안이 갖고 있는 문제점에 대해 위와 비슷한 논거를 들어 국회에 반대의견을 제출했다. 더 나아가 대검은 판결전조사제도와 관련해 굳이 형사소송법을 다시 손질해야 한다면, 검찰 등 수사기관의 양형자료 수사를 원칙으로 하되 검사는 보충적으로 보호관찰관에게 조사를 요구할 수 있고, 법원은 인격탐지를 위한 전문적인 조사가 필요할 때 수사기관의 양형자료 수사결과를 토대로 추가 조사의 범위·절차를 더 명료히 한 뒤, 검사를 통하여 보호관찰관에게 조사를 위탁할 수 있는 장치를 두는 내용으로 개정 방향을 검토한 바 있다.

그 요지는 다음과 같다:

— 검사의 공익적 지위를 강화하여 피의자의 책임을 가중시키

---

14) 법무부 범죄예방정책국 보호법제과 편, 양형조사제도 관련자료 모음, 2009. 10., 32면 이하 참조.

는 사실뿐만 아니라 책임감경·면제 사유에 대해서도 수사의 일환으로 양형자료조사를 하도록 명문화함.

— 검사는 기소 전에 형법 제51조의 양형조건에 관한 사항을 수사하기 위하여 필요한 경우에는 보호관찰관이 이를 조사하도록 보호관찰소의 장에게 요구할 수 있고, 피의자 또는 변호인이 양형자료에 관한 조사를 검사에게 신청하는 경우 그것이 중요한 것일 때에는 보호관찰소의 장에게 조사를 요구할 수 있음.[15]

— 보호관찰관이 피의자에 대하여 조사하는 때에는 그 변호인을 참여시킬 수 있고, 피의자에게 진술을 거부할 수 있음과 변호인을 선임할 권리가 있음을 알려야 함.

— 보호관찰소의 장은 검사의 요구에 따른 조사를 마친 다음 지체 없이 검사에게 조사보고서를 제출하여야 하며, 검사는 양형자료를 조사한 사건에 대하여 공소를 제기하지 아니하는 경우에는 조사보고서를 수사기록에 편철하고, 공소를 제기하는 경우에는 법원에 제출하여야 함.

— 조사보고서는 유죄의 증거로 하지 못함.

— 법원은 형법 제51조의 양형조건에 관하여 검사·피고인 또는 변호인이 제출한 자료 등에 의하여 형을 정하기에 충분하지 아니하다고 판단하는 때에는 보충적인 관점에서 검사에게 필요한 양형자료의 내용 등을 특정하여 조사 보완을 요청할 수 있음.

— 보호관찰관이 작성한 조사보고서가 법원에 제출된 경우에 피고인 또는 변호인은 조사보고서에 대하여 의견을 제시하거나 필요한 자료를 제출할 수 있고, 법원은 피고인 또는 변호인의 의견 제시가 있는 경우에 공판기일에 필요한 양

15) 제8차 사개추위의 수정안 및 제17대 국회에 상정한 법무부안과 동일.

형심리를 하여야 함.

— 조사보고서에 대한 이의가 제기된 경우 검사, 피고인 또는 변호인의 신청에 의하여 조사보고서를 작성한 보호관찰관을 공판기일에 신문할 수 있음.

이 같은 착상은 기본적으로 양형조사가 기소전 양형조사와 기소후 양형조사 등 2단계 구조를 취한다는 점을 출발점으로 한다. 첫째, 기소전 양형조사에서 2006년 당시 법무부안은 검사가 보호관찰소 또는 지소의 장에게 요구하면 보호관찰관이 양형조사를 하도록 되어 있었으나, 당사자 무기대등의 관점에서 양형조사 요구를 될 수 있는 대로 평등하게 할 필요가 있다는 것이다. 따라서 피의자 또는 변호인이 검사에게 신청하거나 검사의 직권으로 보호관찰소의 장에게 요구하면 보호관찰관이 양형조사를 하게 해서, 그 발동근거를 피고인측에게까지 확장시킨 점이 특이하다. 둘째, 기소후 양형조사에서 당시 법무부안은 법원의 명령으로 법원소속 조사관이 양형조사를 하도록 하되 대상사건의 제한이 없었으나, 당사자주의 소송구조이념에 따라 법원이 검사에게 요청하면 검사가 보호관찰소의 장에게 요구하고, 이어서 보호관찰관이 양형조사를 하게 함으로써 양형심판에 있어서도 당사자주의 이념을 한층 더 철저하게 관철한 점도 특이하다.[16)]

변호사협회도 이주영 안에 대한 반대의견을 국회에 제출했다. 대한변협은 그 반대이유로, 첫째, 양형조사관제가 현행 형사소송구조하에서 불필요하고, 예산을 낭비하는 요소가 많다는 점, 둘째, 양형조사로 인해 피고인에게 불필요한 조사절차를 부담시키고 나아가 신속한 재판을 저해하게 될 우려가 있다는 점, 셋째, 양형조사가 기소 후에 별도로 양형조사관에 의해 이루어지면 검사와 피

---

16) 법무부 범죄예방정책국 보호법제과, 앞의 자료모음집, 47면 이하 참조.

고인・변호인의 활용도는 저하될 수밖에 없고, 결국 양형기준제도가 충분히 그 도입목적을 이룰 수 없게 될 것이라는 점, 넷째, 정히 양형조사제도를 도입하려면 법무부 산하에 양형조사부서를 신설하여 그 역할을 수행토록 하는 것이 바람직하다는 점 등을 들고 있다.[17)]

민변도 그 반대이유로, 첫째, 양형심리자료를 양형조사관이 담당하다 보면 대부분의 재판은 양형조사관 재판이 될 염려가 있다는 점, 둘째, 양형조사관의 객관적인 업무처리에 대한 제도적인 보장책이 없다는 점, 셋째, 변호인들이 법원이 아니라 양형조사관을 상대로 변론활동을 벌여야 하고, 이는 피고인이나 변호인의 양형변론권을 최악의 상태로 위축시킬 염려가 있다는 점, 넷째, 법원의 명령에 의한 양형조사관의 조사활동은 법원의 직권조사형태의 변형에 해당하며, 당사자주의의 관점에서 볼 때 당사자들의 양형변론활동을 위축시킬 소지가 있으므로, 양형조사는 재판부, 검찰 등으로부터 독립한 양형조사위원회를 설치하여, 그 위원회의 결정으로 이루어지게 해야 공정성과 객관성을 담보할 수 있다는 점 등을 들고 있다.[18)]

그 밖에 참고할 자료로 국회전문위원의 이주영 안에 대한 검토보고서가 있다. 그에 의하면 별도의 법원조사관제도 도입 여부는 입법정책적으로 판단할 사항이라는 것이다. 첫째, 지금까지 판결전조사제도를 담당해 온 보호관찰관제도의 운영을 내실화하여 이 문제를 해결할 것인지 아니면 법원조직법에 근거규정이 마련된 법원조사관제도를 양형자료조사에까지 확대적용할 수 있도록 세부적인 조치를 취할 것인지의 문제라는 것이다. 이론적인 관점에서는 법원조사관제도의 신설과 그 활용도 가능하나, 실용적인 면에

17) 앞의 자료모음집, 38면 이하 참조.

18) 앞의 자료모음집, 44면 이하.

서는 20여 년간 판결전조사 노하우를 축적한 보호관찰관 활용이 현실적으로 실행가능해 보이기 때문이라는 것이다. 둘째, 공판절차가 사실인정절차와 양형절차로 이분되지 않고 진행되는 사정하에서는 양형의 주요 사유에 해당하는 자료들이 유·무죄가 확정되기 이전 단계부터 공판에 노출될 위험이 있으므로, 먼저 공판절차를 분리할 것인지의 여부에 대한 판단이 필요하다는 점이다.[19] 물론 공판절차 이분론은 양형심리절차의 충실화, 피고인의 인격권 보호, 변호인의 변호권 보장 등 장점이 있으나 소송지연, 범죄사실과 양형사유의 구별 곤란 등 한계사유도 있어서 그 채택이 실무적으로 그리 간단하지 않다는 점이다.[20]

이주영 안에 대해 관계기관들의 반대가 거세게 일어나자, 가장 최근 들어 법원행정처는 서둘러 그 반발을 최대한 누그러뜨릴 수 있는 독자적인 대안 마련에 나섰다. 법원행정처는 최근 조두순 사건의 낮은 선고형량에 대하여[21] 전문가그룹은 물론 일반국민의 비난이 거세지자, 법원도 현대형 범죄에 대응하기 위해 법무부·검찰 등 관계기관과 협력이 필요하다는 점을 인정하고,[22] 특히 친법원성향을 띤 이주영 안에 대한 국회심의 중 법무부와 대한변협, 민변 등의 거센 반대논리에 부딪히자, 새로운 대안으로 그 돌파구를 열어야겠다는 생각에 도달한 것으로 보인다.

---

19) 앞의 자료모음집, 22면 이하.

20) 김일수, 「공판절차의 이분론」, 월간고시 제119호, 법지사, 1983. 12.; 하태훈, 「양형합리화를 위한 양형심리절차의 도입」, 형사정책연구 제17권 제4호, 한국형사정책연구원, 2006. 12., 932면 이하.

21) 특히 성폭력범에 대해 주취범행일 경우 책임감경사유로 삼아 온 법원의 온정적인 양형실무관행이 알려지면서, 이것이 일반인의 양식과 법감정에 저항의 불씨를 당기는 계기가 되었다.

22) 현대형 범죄에 대해서는 검찰과 법원이 권력분립의 원칙을 접고, 공동전선을 펴겠다는 착상인지 짚어볼 대목이다. 그러나 이것이 이미 상당기간 누적되어 온 법원행정처의 무의식적인 권력화 내지 검찰화의 단초가 아닐는지는 눈여겨보아야 할 점이다.

그리하여 우선 이주영 안을 소폭 수정하여 ① 관계기관 간의 논란을 최소화하기 위해 양형조사 주체를 양형조사관에서 양형조사위원으로 그 범위를 대폭 확대하고, ② 사건 유형도 이주영 안처럼 제한을 두지 않고 "공소가 제기된 사건 중 검사·피고인 또는 변호인이 제출한 자료 등에 의하여 형을 정하기에 충분하지 아니하거나 그 진위조사가 필요하다고 인정하는 때" 조사를 명할 수 있도록 하여 조사대상사건을 확대한다는 것이다.

법원행정처의 대안 중 주목을 끄는 것은 보호관찰시스템을 기축으로 한 대검안에 맞서서, 종전 양형조사관제를 양형조사위원제로 바꾸어 양형조사 전문인력의 가동 폭을 획기적으로 넓힌다는 점이다. 이 조사위원에는 법원조사관(4급, 5급)급 법원공무원과 기존의 보호관찰관을 포함한 법무부 공무원으로 구성된 전임공무원군 외에 변호사, 교수 등 전문가집단에서 선발·위촉한 외부위원군이 포함될 예정이다. 그리고 보호관찰관 출신 전임위원은 법무부와, 변호사급 외부위원은 대한변협과 협의하여 영입비율을 협의·조정한다는 계획이다.

더 나아가 이 양형조사업무를 보조하기 위해 보호관찰소 운영형태를 참조하여 양형조사위원보를 두어 운영할 계획으로 있어, 법원 하위직 공무원의 양형조사위원 진급의 길에 교두보를 설치해 놓는 묘안도 내포하고 있다. 이 같은 착상은 그간 양형조사제도를 둘러싸고 벌어진 "기관이기주의를 극복"하고 "전문화를 실현하기 위한 조치"라고 말하지만, 내막인 즉 이주영 안에서 불거진 법무부와 대한변협의 반대논리를 완화시키고, 그동안 줄기차게 요구해 왔던 법원노조의 요구사항도 해소할 수 있는 일석삼조의 포석처럼 보인다. 하지만 그것이 진실로 기관이기주의의 극복일지 아니면 위장된 기관이기주의를 관철하기 위한 책략일지는 앞으로 더 상세한 검증을 요하는 대목이다.

끝으로 이 대안은 양형조사위원의 위촉과 해촉·교육·관리 및 감독 등에 관한 업무를 수행하기 위하여 대법원에 법원행정처 차장을 당연직 위원장으로 하는 양형조사관리위원회를 둔다는 내용을 담고 있다.

생각건대, 법원행정처의 대안은 우선 이주영 안의 친법원쪽 기조를 포기하거나 양보하지 않은 채, 오히려 관계기관들의 비판을 기관이기주의로 평가함으로써 스스로 독선적인 시각을 보여주고 있다는 점이다. 다만 한 가지 주목할 점은 양형조사작업에서 보호관찰관의 전문성을 공적으로 승인하는 내용을 담았다는 사실이다. 어쨌거나 이주영 안으로부터 법원행정처의 대안이 현출됨으로써, 2005년 사개추위 실무위원회에서부터 보여온 법원과 검찰의 시각차를 다시 확인해 볼 수 있는 준거자료를 얻은 셈이다. 우리는 당시와 오늘의 각 입장들을 서로 비교해 봄으로써, 당시의 착상들이 과연 얼마나 준비되고 정제된 입안들이었는지를 비판적으로 성찰할 수 있어서 다행스럽다. 나아가 어떤 입장이 비교적 더 일관된 원칙에 입각하고 있는지를 확인할 수 있는 것도 다행스러운 점이다.

문제는 우리나라의 형사재판실무에서 과연 전문가적 활동영역이 필요한 양형조사사례가 현행 법원의 실제수요보다 증가할 것인가 아니면 양형기준설정으로 점차 감소할 것인가에 대한 예측이다. 양형위원회와 합리적인 양형기준이 법관들의 양형판단에서 관행화하고 더 나아가 일반국민의 법생활 속으로까지 스며들어가면 점차 양형조사를 통한 법관의 양형판단 의존사례는 감소하는 것이 일반적인 추세이다. 더욱이 합리적인 양형기준을 참고로 한 검찰의 양형자료수집 및 구형의견, 피고인·변호인의 양형변론 등의 정형화 수준에까지 이르면 법관의 양형판단에서 양형조사에 의존해야 할 사례는 특별히 예외적인 사건에만 제한적으로 활용될 소지가 많다. 독일의 사법보조관제는 검찰·법원 모두 활용할 수 있는 제도이지만, 검찰보다 법원의 활용도가 극히 미미한 것은 이미

수사단계에서부터 양형의 합리화가 객관화·일반화 수준으로 정착되었기 때문으로 보인다.[23)]

■ 형사소송법 일부개정 법률에 관한 이주영 의원 발의안과 법원행정처 대안의 비교

〈이주영 의원 발의안〉	〈법원행정처 안〉
1) 제25조 (법원사무관 등에 대한 제척·기피·회피) ① 본장의 규정은 제17조 제7호의 규정을 제한 외에는 법원서기관·법원사무관·법원주사 또는 법원주사보(이하 "법원사무관등"이라 한다)와 통역인 및 조사관에 준용한다. ② 전항의 법원사무관 등과 통역인 및 조사관에 대한 기피재판은 그 소속법원이 결정으로 하여야 한다. 단, 제20조 제1항의 결정은 기피당한 자의 소속법관이 한다.	1) 없음
2) 제297조의3 (양형자료조사) ① 법원은 공소가 제기된 사건 중 합의부 관할사건과 보호관찰·사회봉사·수강 및 갱생보호 등 사회내처우가 필요하다고 인정되는 사건에 대하여 검사·피고인 또는	2) 제279조의9 (양형자료조사) ① 법원은 공소가 제기된 사건 중 검사·피고인 또는 변호인이 제출한 자료 등에 의하여 형을 정하기에 충분하지 아니하거나 그 진위의 조사가 필요하다고 인정하는

23) 양형조사가 수사 그 자체는 아니지만 피고인과 그 주변인물들에 대한 면담조사와 관계서류 수집 등의 권한범위 내에서는 수사의 성격을 갖는다. 법원이 법원 내의 인사조직을 통해 이같은 조사업무에 나선다면 '법원의 검찰화' 또는 '법원의 수사기관화' 경향이라는 인상을 줄 소지가 많다. 그것은 더 나아가 법원의 권력화 경향이라는 비난에 부딪힐 수도 있을 것이다.

〈이주영 의원 발의안〉	〈법원행정처 안〉
변호인이 제출한 자료 등에 의하여 형을 정하기에 충분하지 아니하거나 그 진위의 조사가 필요하다고 인정하는 때에는 조사관에게 「형법」 제51조에 규정된 사항 등 형을 정함에 있어서 참작하여야 할 사항에 관한 자료(이하 "양형자료"라 한다)의 조사를 명할 수 있다. 다만, 피고인의 자백여부, 소송지연의 가능성 및 검사·피고인 또는 변호인의 양형에 관한 입증계획 등을 종합적으로 고려하여 상당한 이유가 있는 경우에는 자료 등의 제출 이전에도 양형자료의 조사를 명할 수 있다. ② 제1항의 경우 법원은 조사하여야 할 양형자료의 내용과 범위, 조사의 방법 등을 정할 수 있다. ③ 제1항에 따른 조사를 명한 경우에 법원은 검사·피고인 또는 변호인에게 지체 없이 서면으로 그 취지를 통보하여야 하며, 검사·피고인 또는 변호인은 조사할 사항에 관하여 의견을 진술할 수 있다. ④ 조사관은 양형자료의 조사를 명령받은 사항에 관하여 공정하고 객관적으로 조사하여야 한다.	때에는 양형자료조사를 담당하는 전문심리위원(이하 "양형조사위원"이라 한다)에게 「형법」 제51조에 규정된 사항 등 형을 정함에 있어서 참작하여야 할 사항에 관한 자료(이하 "양형자료"라 한다)의 조사를 명할 수 있다. 다만, 피고인의 자백여부, 소송지연의 가능성 및 검사·피고인 또는 변호인의 양형에 관한 입증계획 등을 종합적으로 고려하여 상당한 이유가 있는 경우에는 자료 등의 제출 이전에도 양형자료의 조사를 명할 수 있다. ② 제1항의 경우 법원은 조사하여야 할 양형자료의 내용과 범위, 조사의 방법 등을 정할 수 있다. ③ 제1항에 따른 조사를 명한 경우에 법원은 검사·피고인 또는 변호인에게 지체없이 서면으로 그 취지를 통보하여야 하며, 검사·피고인 또는 변호인은 조사할 사항에 관하여 의견을 진술할 수 있다. ④ 양형조사위원은 양형자료의 조사를 명령받은 사항에 관하여 공정하고 객관적으로 조사하여야 한다. ⑤ 양형조사위원의 자격, 교육, 감독 등에 관하여 필요한 사항은 대법원규칙으로 정한다.
3) 제297조의4(조사의 방법과 절차) ① 조사관은 피고인, 피해자 기타	3) 제279조의10(조사의 방법과 절차) ① 양형조사위원은 피고인, 피해자

〈이주영 의원 발의안〉	〈법원행정처 안〉
법원이 필요하다고 인정하는 자에 대하여 면접, 관찰 또는 질문 등 필요한 조사를 할 수 있다. ② 조사관이 피고인에 대하여 조사하는 때에는 미리 피고인이나 변호인의 동의를 얻어야 하고, 피고인에게 진술을 거부할 수 있음을 알려야 한다. 이 경우 변호인은 피고인에 대한 조사에 참여할 수 있다. ③ 조사관은 소송계속 중의 관계 서류 또는 증거물을 열람하거나 등사할 수 있다. ④ 조사관은 법원의 허가를 받아 공공기관, 학교 그 밖에 단체에게 그 업무에 속하는 사항에 관하여 필요한 사항의 회신 또는 보관 중인 문서의 열람, 등본·사본의 송부를 요청할 수 있다. ⑤ 제1항의 조사대상자를 수용 또는 보호하고 있는 시설이나 기관의 장이 조사관으로부터 조사대상자와의 면접 또는 관계자료의 열람 등 필요한 요청을 받은 때에는 이에 협조하여야 한다. ⑥ 조사관의 양형자료의 조사방법과 절차에 관하여 그 밖에 필요한 사항은 대법원규칙으로 정한다.	기타 법원이 필요하다고 인정하는 자에 대하여 면접, 관찰 또는 질문 등 필요한 조사를 할 수 있다. ② 양형조사위원이 피고인에 대하여 조사하는 때에는 미리 피고인이나 변호인의 동의를 얻어야 하고, 피고인에게 진술을 거부할 수 있음을 알려야 한다. 이 경우 변호인은 피고인에 대한 조사에 참여할 수 있다. ③ 양형조사위원은 소송계속 중의 관계 서류 또는 증거물을 열람하거나 등사할 수 있다. ④ 양형조사위원은 법원의 허가를 받아 공공기관, 학교 그 밖에 단체에게 그 업무에 속하는 사항에 관하여 필요한 사항의 회신 또는 보관 중인 문서의 열람, 등본·사본의 송부를 요청할 수 있다. ⑤ 제1항의 조사대상자를 수용 또는 보호하고 있는 시설이나 기관의 장이 양형조사위원으로부터 조사대상자와의 면접 또는 관계자료의 열람 등 필요한 요청을 받은 때에는 이에 협조하여야 한다. ⑥ 양형자료의 조사방법과 절차 등에 관하여 그 밖에 필요한 사항은 대법원규칙으로 정한다.
4) 제297조의5(조사보고서 등) ① 조사관이 양형자료의 조사를 마친 때에는 조사보고서를 작성하여	4) 제279조의11(조사보고서 등) ① 양형조사위원이 양형자료의 조사를 마친 때에는 조사보고서를 작

〈이주영 의원 발의안〉	〈법원행정처 안〉
법원의 명령에 따라 이를 제출하여야 한다. 다만, 피고인이 자백한 경우에는 조사를 마친 후 즉시 보고서를 제출하여야 한다.	성하여 법원의 명령에 따라 이를 제출하여야 한다. 다만, 피고인이 자백한 경우에는 조사를 마친 후 즉시 보고서를 제출하여야 한다.
② 법원은 필요하다고 인정하는 때에는 조사관에게 조사보고서의 보완 등을 명할 수 있다.	② 법원은 필요하다고 인정하는 경우에 양형조사위원에게 조사보고서의 보완 등을 명할 수 있다.
③ 조사보고서가 제출된 경우에 법원은 검사·피고인 또는 변호인에게 즉시 통지하여야 하고, 열람 또는 등사의 기회를 부여하여야 한다.	③ 조사보고서가 제출된 경우에 법원은 검사·피고인 또는 변호인에게 즉시 통지하여야 하고, 열람 또는 등사의 기회를 부여하여야 한다.
④ 검사, 피고인 또는 변호인은 조사보고서에 대하여 의견을 제시하고 필요한 자료를 제출할 수 있다.	④ 검사·피고인 또는 변호인은 조사보고서에 대하여 의견을 제시하고 필요한 자료를 제출할 수 있다.
⑤ 법원은 제4항에 따른 의견 제시가 있는 경우에 공판기일에 필요한 양형심리를 할 수 있다. 이 경우 판사는 사생활보호를 위하여 필요하다고 인정할 때에는 결정으로 이를 공개하지 아니할 수 있다.	⑤ 법원은 제4항에 따른 의견제시가 있는 경우에 공판기일에 필요한 양형심리를 할 수 있다. 이 경우 판사는 사생활보호를 위하여 필요하다고 인정할 때에는 결정으로 이를 공개하지 아니할 수 있다.
⑥ 조사보고서는 유죄의 증거로 하지 못한다.	⑥ 조사보고서는 유죄의 증거로 하지 못한다.

바람직한 양형조사 주체 및 조사방식은 근본적으로 형법실현을 위한 정책적인 문제이다. 궁극적으로 이 문제를 둘러싼 이해당사자는 권한재조정을 힘겨루기하는 법무부·검찰과 법원이 아니라 잠재적 범죄인으로서 일반국민이다. 국민을 위한 헌법적 가치와 법이념을 실현하기 위해 어떤 양형조사제도를 모색하는 것이 합리적이고 인간존중적인지에 관하여 정책가들은 빈 마음으로써 대화

의 마당으로 나와야 한다.

어쨌든 지금 문제는 현실화되었고, 우리들은 이제 그 문제해결의 합리적인 방안들을 모색하지 않으면 안 될 처지에 놓이게 되었다. 법원과 검찰은 우선 서로를 납득시킬 수 있는 절충점을 모색하여야 할 것으로 보인다. 그러나 법원과 검찰은 남을 납득시키기 전에 스스로 납득할 수 있는 긍정적인 노력을 진지하게 기울이는 일이 중요하다.

개인과 인류 전체의 삶에 있어서는 물론이고 제도화된 기구나 조직의 활동에 있어서도 단순히 현상태를 유지·보존하는 것이 중요한 것이 아니라, 이를 발전시켜 나가는 것이 중요하다. 발전이란 우리가 아직 이루지 못한 바, 비전을 이루기 위하여 과거의 구각을 벗어던지고 현재를 열어 삶을 촉진시키는 공동노력을 뜻한다. 그것은 하나의 생산적 유토피아이다. 자유법치국가에서 이러한 생산적 유토피아는 또한 법유토피아라는 정책구상을 의미한다. 이미 있는 제도의 보수를 넘어서 보다 더 인간다운 삶의 미래를 향해 개방된 지평 위의 제도까지를 구상의 목표로 삼는 유토피아이다.[24)]

이 같은 법유토피아에 이르자면, 국민인 개인 및 사회의 자유와 안전, 복리를 위해 국민의 권한수임기관인 정책기구들은 그러한 목표를 지향하여 나아가는 목적합리적 사고뿐만 아니라 가치합리적 사고를 필요로 한다. 이같은 정책적 발전에 장애가 되는 것이 기관이기주의와 기득권수호론이다. 일종의 집단이기주의에 속하는 기관이기주의에 포로가 되면 개인적인 도덕적 판단과 양심이 제대로 작동하기 어렵다.

그러므로 기관간의 권한갈등 사항을 논의하여 해결점을 찾자

---

24) 이에 관하여는 Werner Maihofer 저, 심재우 역, 법치국가와 인간의 존엄, 삼영사, 1994, 97면 이하 참조.

면 먼저 당사자간의 견해차이를 명확히 한 뒤, 그 다음 상대방의 주장에 비추어 기존의 입장을 수정할 필요가 있는지를 상정할 수 있어야 한다. 이것이 실천적 이성의 과제이기도 하다. 상대방의 입장에 서서 반추해 봐도 서로 기존의 입장을 수정할 필요를 인식할 수 없을 때, 앞으로의 정책적 진행은 불가능해진다.

이 경우 최선의 해결책은 양자의 입장 사이 그 어디에 놓여 있을 진실과 정의의 가늠자를 향하여 상호간의 시선을 마주하면서 그 간극을 조금씩 좁혀가는 방법이다. 결국 그렇게 상정된 황금률의 중용지점을 향해 상호주관적인 인식의 지평을 넓혀 나가는 것이 합리적인 문제해결의 방식이 될 것이다. 여기에서 상호주관적인 인식의 촉매제는 말할 것도 없이 현명한 국민이라는 점을 잊어서는 안 될 것이다.[25)]

제도는 문화의 산물이자 시대의 산물이기도 하다. 우리 사회와 우리 시대의 삶의 양식과 의식이 바뀌면 바뀐 만큼 전해내려온 제도를 손질하는 것은 당연하다. 또한 오늘날과 같은 정보화·세계화 추세에서 한 나라의 문화전통으로 각인된 일정 제도가 국경을 뛰어넘어 다른 나라의 문화 속으로 이입되는 유례와 빈도가 잦아졌다는 사실이다. 그리고 그 친화력과 융합의 강도도 훨씬 높아졌다는 점이다.[26)] 문제는 이 같은 상황에서 무엇을 어떻게 손질하고, 무엇을 어떻게 수용하는 것이 좋은지에 관한 합리적인 정책마인드가 작동하느냐 하는 점이다.

양형조사와 같은 법제도도 그 예외가 아니다. 현행 제도를 개혁하거나 아니면 이를 무시하고 새로운 법제도를 창설하는 것이

---

25) 김일수, 독일·오스트리아·스위스의 형사법 개정추이 연구, 법무부 용역과제, 2005, 19면 이하.

26) Höffe, 김일수·박민성 역, 「통합문화적 형법은 가능한가?」, 고려법학 제35집, 고려대학교 법과대학 법학연구원, 1999, 321면 이하; 김일수, 「세계화 시대의 법과 한국법의 발전방향」, 2007, 14-15면 이하 참조.

시대적 요청이라면, 방법론적으로 적어도 다음과 같은 법정책적 사유과정이 필요하다고 생각한다.

첫째, 현재의 양형조사제도 관행을 둘러싼 우리의 현주소에 대한 객관적이고도 공정한 분석과 검토가 선행되어야 한다. 현행 판결전조사제도의 뿌리는 어디에서 연유된 것이며, 또 법제화의 출발점에서 우리 입법의 아버지들이 무엇을, 어떻게 고민한 결과, 현행제도가 산출되었는지를 역사적 관점에서 충분히 숙고할 필요가 있다는 점이다.

문제는 이러한 법제도가 실제의 운용에서 어떻게 변용되고 관행으로 굳어졌는지에 대한 냉철한 분석과 검토가 뒤따라야 한다는 점이다. 만약 법규범과 실제의 관행 사이에 괴리가 확인되면, 법규범과 변화된 실체적 현실 사이의 간극을 어떻게 조정하고 그 가교를 놓을 것인가 하는 점이 바로 법정책의 공식대상(formal object), 즉 현안이 된다는 사실이다.

둘째, 양형조사제도의 개혁방향과 목표점을 올바르게 설정하는 일이다. 현행제도의 문제점이 무엇이며, 그 문제점이 국민의 자유와 인권, 국민의 편익제고 차원에서 어디까지 개선되어야 합당한지를 가치합리적으로 판단하고 결정해야 하는 과제이다. 국가의 형법실현이라는 중요한 권력작용의 하나인 양형조사권을 현재의 이해관계 당사자인 두 권력기관의 권한분쟁과 땅따먹기식 논쟁의 대상으로만 삼는다면 그것은 이같은 가치합리적 목표설정에서 빗나간 일탈이라는 비난에 직면할 수밖에 없을 것이다.

여기에서 목표설정의 과제는 주로 양형조사권을 가치합리적으로 수행하기 위한 검찰과 법원의 관계설정이 되겠지만, 보다 근본적으로는

① 양형조사권을 기존의 법원·검찰과 분리되고 독립된 국가기관에 부여하도록 개편하는 문제,

② 보호관찰관을 검찰지휘영역으로부터 일체 분리하여 법무부

산하에 독립된 기구로 두는 문제,

③ 보호관찰관을 법무부 산하에서 법원소속으로 변경하는 문제,

④ 검찰과 법원이 형법실현의 각 절차단계에 따라 양형조사 업무를 독자적으로 수행하게 하는 문제,

⑤ 검찰과 법원이 독자적인 양형조사권을 가지되, 검찰은 법무부소속 보호관찰관을 통해, 법원은 법원소속 양형조사관을 통해 수행하는 문제,

⑥ 검찰과 법원이 독자적인 양형조사권을 가지되, 동일하게 법무부소속 보호관찰관을 통해 수행하는 문제,

⑦ 검찰과 법원이 독자적인 양형조사권을 가지되, 동일하게 법무부소속 양형조사관을 통해 수행토록 하는 문제,

⑧ 검찰과 법원이 독자적인 양형조사권을 가지되, 동일하게 법원소속 양형조사관을 통해 수행하는 문제,

⑨ 검찰과 법원이 독자적인 양형조사권을 가지되, 동일하게 법원소속 보호관찰관을 통해 수행하는 문제

등이 검토될 수 있을 것이다. 어느 경우라도 인력과 비용의 규모 등 법경제적인 효용을 함께 고려하여 합리적인 결론을 도출해야 할 것으로 본다.

셋째, 현재의 제도와 법상태에서 새로운 목표설정방향을 향해 어느 정도의 보폭으로 발걸음을 내딛는 것이 목적합리적으로 타당할 것인가를 예측하는 일이다. 이것은 결과의 타당성(Folgengerechtigkeit)까지를 포함하여, 이른바 추상적 유토피아(Abstrakte Utopie)가 아닌 구체적 유토피아(Konkrete Utopie)가 어떤 것인지를 가늠하는 작업에 해당한다.[27)]

일찍이 헤겔(Hegel)은 그의 법철학 서문에서 "미네르바의 부엉이는 저녁놀이 깃들기 시작할 무렵 비로소 날기 시작했다"고 노래

27) 이에 관하여는 마이호퍼, 앞의 책, 99면.

했다. 추상적 몽상가들은 우리의 현실과 우리의 몸이 달릴 수 있는 최대 보폭을 고려하지 않은 채, 10년 이후에 이루어질 일을 오늘 당장에 이룰 수 있다고 주장한다. 그들의 착상에는 새의 날개짓만 있지, 새가 내릴 수 있는 한 뼘의 현실공간도 존재하지 않는다. 그들은 대낮에 날아가는 부엉이처럼 저녁놀이 깃들기 전에 이미 지쳐 쓰러지고 말 것이라는 점을 예측하지 못한다.

이에 반해 구체적 이상론자들은 비록 어둠이 깃들기 이전이라도 저녁놀 속에 미리 감지되는 밤의 무게를 예료하고, 비로소 날기 시작하는 부엉이처럼 수년 후면 이루어질 수 있는 개혁을 오늘에 미리 앞당겨 실행하고자 한다. 그러므로 구체적 이상향은 실현불가능한 꿈이 아니라 오늘 지금 여기에서 이미 실현가능한 현실적인 꿈인 것이다.

문제는 양형조사제도에서 이 구체적 이상향이 현재의 판결전조사제도를 기준으로 할 때 어느 단계, 어느 양태를 의미하는가라는 점이다. 여기에 시대정신과 역사성에 귀기울이는 목적합리적 지혜가 필요해 보인다.[28]

4. 실무계와 학계의 연구동향

(1) 법무부 · 검찰의 입장

사개추위 실무위원회의 논의과정에서 법무부 · 검찰이 취한 본래 입장은 법원소속 양형조사관제 따위의 신설은 불필요하며, 기존의 제도를 바탕으로 보호관찰소와 보호관찰관의 판결전조사활동을 더 활성화하면 양형자료조사에 충분히 대처할 수 있다는 것이

28) 김일수, 2005년 법무부용역과제, 24면.

었다.

우선 법원의 양형조사관제 활용방안은 첫째, 법원의 당사자화 현상을 유발한다는 점이다. 법관의 명령에 따라 법원소속 양형조사관이 양형자료를 조사하여 보고서를 제출한 후 어떤 양형자료의 사실관계가 당사자간에 다투어질 경우, 입증을 위해 그 양형조사관이 법정에서 증언해야 하는데, 이는 소송구조상 당사자주의 원칙에 반한다는 것이다. 뿐만 아니라 법관의 명에 따라 법원소속 양형조사관이 양형자료를 조사하는 것은 법관의 심증을 사전에 노출하여 무죄를 다투는 피고인으로서는 법관이 예단을 가지고 진행해 온 판결결과에 불복하는 빌미를 제공하기 쉽다는 것이다.

둘째, 무죄추정의 법리에 반한다는 점이다. 공판절차가 사실인정절차와 양형절차로 이분되어 있지 않은 소송제도하에서는 절차의 신속성을 위해 법관이 유죄의 심증을 얻기 전에도 법원소속 조사관에게 양형자료조사를 명할 수 있는 길이 열려야 하는데, 그렇게 되면 바로 무죄추정의 법리에 저촉된다는 것이다. 물론 보호관찰관에 의한 판결전조사도 무죄추정의 원칙에 위배된다는 반론이 제기될 수 있지만, 보호관찰관에 의해 이루어지는 조사와 그 결과보고서 제출을 법원이 직접 보호관찰관에게 요구할 것이 아니라 검사에게 요청하고 검사가 제출케 함으로써[29] 그와 같은 충돌을 피해갈 수 있다.

셋째, 막대한 국고의 낭비라는 지적이다. 현행 보호관찰관의 판결전조사 경험을 바탕으로 하여 이를 더 활성화하기 위해 보호관찰관 인력을 일정한 정도로 증원하더라도, 새로운 양형조사관 제도를 구축하는 것보다 훨씬 더 비용이 적게 든다는 점 때문이다.

그러므로 양형자료조사시스템을 보호관찰소 및 보호관찰관 제도에 편입시키는 것이 보다 더 목적합리적이라는 것이다. 보다 구

29) 여기에는 물론 이와 같은 제도개선 조치가 뒤따라야 할 필요가 있다.

체적인 이유는 다음과 같다:

첫째, 우리나라는 검찰·경찰 등 수사기관이 양형인자의 제1차적 조사임무를 갖고 있고, 보호관찰관이 제2차적·보충적 조사임무를 분담하는 체계를 이미 오랫동안 활용해 왔다는 점이다.[30)]

먼저 수사기관이 제1차적으로 양형조사를 하지 않을 수 없는 것은 범죄통계원표 작성과 피의자신문조서의 작성임무에서 비롯된다. 수사기관은 피의자통계원표에 피의자의 인적 사항 및 생활정도, 피해자 관련사항, 피해내용 및 정도 등 20여 가지 양형인자를 전산입력해야 하며, 피의자신문조서 작성시 전과관계, 학력, 경력, 병역, 상훈, 종교, 가족관계, 재산과 월수입 등 경제적 상태, 음주, 흡연관계 등 건강상태 등등의 양형인자를 조사해야 한다.

그 다음으로 보호관찰관의 제2차적·보충적 조사업무는 재판도중 수사기관의 제1차적 양형자료조사만으로 양형판단이 어려울 경우, 판사의 요구에 따라 보호관찰관이 판결전조사업무를 수행해야 한다.[31)]

---

30) 형사소송법 제242조, 보호관찰 등에 관한 법률 제19조 등.

31) 우리나라에서 소년범에 대한 판결전조사는 1988년 보호관찰법 제정과 더불어 시작된 이래(구 보호관찰법 제26조), 1995년 보호관찰 등에 관한 법률(제19조)에서도 이를 계속 이어갔다. 성인범에 대한 판결전조사는 1994년 성폭력특별법이 성폭력사범에 대한 보호관찰부 집행유예나 선고유예를 선고할 수 있게 함으로써, 서울고법 및 서울지법 관할구역을 중심으로 실무관행적으로 실시되기 시작한 후, 1997년 형법개정시 성인범에 대한 유예판결 부담부조건으로 보호관찰·사회봉사·수강명령제도가 도입되자 개별화된 합리적 처우의 선결문제로 판결전조사가 법률에 근거 없이도 실무관행으로 널리 행하여지게 되었다. 2008년 말경 보호관찰 등에 관한 법률 개정으로 성인범에 대한 판결전조사가 법률상 근거를 가지게 됨에 따라 2009년부터 특이한 장애사유가 없는 한(최근 대전고법이 원활히 행해오던 성인범에 대한 판결전조사를 일괄 취소요청한 사례는 주목을 요하는 대목이다), 이 제도가 체계적으로 자리를 잡아갈 수 있으리라 기대된다. 이에 관하여는 서보학, 「판결전조사제도의 성인범 확대실시방안」, 보호관찰 제4호, 한국보호관찰학회, 2004, 112면 이하; 한영수,

둘째, 양형조사제도는 체계적 통일성을 유지해야 한다는 점이다. 보호관찰제도와 판결전조사제도의 기원이 된 영미국가들에서도 성인범과 소년범에 대한 판결전조사제도가 동일한 법률로 규율되며, 또한 보호관찰관이 양형자료조사업무를 통일적으로 담당한다는 것이다. 양형자료조사 내용이 보호관찰 등 사회내처우에 폭넓게 활용되기 때문이다. 성인범과 소년범에 대한 판결전조사제도를 통일적으로 다루는 것도 제도의 효율적인 운용이라는 측면에서 더 합리적일 가능성은 그렇지 않은 경우에 비해 훨씬 높아 보인다. 양 범죄자군을 별도의 기관에 따라 별도의 방법으로 시행해야 할 특별한 형사정책적 이유는 발견되지 않는다. 다만 영미국가에서 양형조사는 준독립기관이라는 점이 특색이다. 이에 비해 독일은 사법보조관(Gerichtshilfe)제도를 두어 검사·법관 모두 필요한 양형자료조사 결과를 얻을 수 있다. 다만 그 소속은 베를린 자유도시처럼 사회복지관청에 두는 예외적인 경우도 있으나, 대부분의 주(州)는 검찰부속기관으로 두고 있는 실정이다.

셋째, 보호관찰관은 양형자료조사에 필요한 전문적 식견을 갖춘 인적 자원이라는 점이다. 두말 할 것도 없이 양형자료조사는 범죄자의 사회화와 자기화(인격화)의 측면을 고려하여[32] 피고인에게 가장 적합한 형의 종류 선택 및 자유형의 기간이나 벌금형의 액수 등 형벌크기의 결정에 필요한 판단자료를 제공하는 것이므로 인격조사에 필요한 심리학·사회학·교육학적 전문식견은 물론 형사정책과 범죄학, 행형학 분야의 전문식견도 필요로 한다. 보호관찰 등에 관한 법률 제16조의2에 따르면 "보호관찰관은 형사정책학·행형학·범죄학·사회사업학·교육학·심리학 기타 보호관찰

「보호관찰법률의 제·개정의 역사와 보호관찰제도의 발전」, 보호관찰 제9권 제1호, 2009, 34면 이하 참조.

32) 이에 관하여는 김일수, 법·인간·인권 제3판, 박영사, 1996, 374면 이하 참조.

에 필요한 전문적 지식을 갖춘 자 중에서 임명"하도록 되어 있고, 이것은 이미 보호관찰관의 직업적 정체성의 일부가 되었다. 뿐만 아니라 보호관찰학회 등의 학회활동과 해외연수, 그리고 법무연수원의 전문연수과정 등을 통해 그 지식의 업그레이드를 제도적으로 촉진·축적해 오고 있다. 따라서 이같은 전문적 지식을 요하는 양형자료조사업무에 보호관찰관만큼 준비된 적절한 인적 자원은 찾기 어렵다는 것이다.

이와 같은 논거를 내세워 검찰은 결론적으로 법체계의 통일성 및 전문가활용의 필요성 관점에서 보호관찰관을 양형조사관으로 활용하는 방안이 좋겠다는 입장을 내놓았다. 부대시설이나 전문가 훈련이 필요한 부대인력을 수반하지 않는 보호관찰관만 약간 확충하면 국가사법경제적으로 더 효율적이기 때문이라는 점에서다.

또한 보호관찰관을 양형조사관으로 활용한 경우, 그 근거법규는 보호관찰 등에 관한 법률 제19조를 개정하는 형태가 바람직할 것이라는 점이다. 다만 검사도 피의자의 정상에 대한 전문가적 조사가 필요할 경우, 기소전 단계에서 보호관찰관을 양형조사관으로 활용할 수 있게 형사소송법상 관련규정을 신설할 필요가 있으며, 법원의 양형조사 필요시 그 활용근거를 형사소송법에 신설하고, 양형조사관의 구체적인 활동사항은 형사소송규칙에 규정하는 것이 좋겠다는 입장이었다.[33]

더 나아가 양형자료조사의 대상은 합의부 관할사건 중 중요범죄사건과 소년사건 등 판결전조사의 필요성이 높은 사건부터 실시하되, 여건을 고려하여 차후 단계적으로 이를 확대해 나가도록 하고, 양형자료조사 실행여부를 임의적으로 재량사항으로 하자는 것이었다. 또한 그 조사범위도 양형관련 사실관계에 한정하고, 조사관의 형벌의 종류와 형량에 관한 양형의견 개진은 원칙적으로 할

33) 앞의 책, 15면 이하.

수 없도록 하자는 것이었다. 그 밖에도 판결전조사 결과에 대하여 검사 및 피고인이 동의하면 양형자료로 사용할 수 있으나, 부동의(不同意)할 때에는 조사관에 대한 증인신문 등 증거조사절차 진행이 필요하다는 입장이었다.[34]

2004. 10. 7. 법무부 정책위원회가 형사재판에서 법관이 보호관찰 등 유예조건부 부담처분을 과학적·합리적으로 결정할 수 있도록 판결전조사제도를 성인범에까지 확대하는 보호관찰 등에 관한 법률 개정안을 가다듬었고, 2005년 초 이 법률이 국회에 제출된 뒤 2008. 12. 26. 국회의 의결을 거쳐 2009. 3. 27. 시행에 들어갔다. 그 사이 2009. 2. 2. 이주영 의원(한나라당) 등 11명 발의로 법원 직속 양형조사관제도 도입을 위한 형사소송법 일부개정법률안이 국회에 제출되었다.

법무부는 일관되게 이 같은 형태의 양형조사관제 도입을 반대하고 나섰다.[35] 첫째, 재판의 공정성과 객관성을 침해할 우려가 있다는 이유에서이다. 양형조사결과에 당사자의 이의가 있을 때, 그 조사자에 대한 증인신문 등 증거조사절차가 필요한데, 법원의 보조자로서 법관의 명을 받아 조사한 법원직원을 법원에서 증인으로 신문한다는 것은 법원의 제3자적 중립성에 배치되어, 재판의 공정성에 대한 의구심을 높일 소지가 된다는 것이다.

둘째, 법원의 지휘·감독을 받는 법원소속 공무원이 양형자료를 조사하고 보고하는 외국의 입법례가 전무하다는 이유에서이다. 미연방법원의 경우 양형조사담당 보호관찰관이 법원소속이긴 하지만 조직 및 업무는 독립적이어서 법원소속 공무원이라 말할 수 없고, 영국은 법무성소속 보호관찰관 또는 각 지방자치단체소속 사회복지담당관이, 독일은 검찰청소속 사법보조관이 양형자료에 대

34) 앞의 책, 18면.

35) 법무부 예방정책국 보호법제과, 양형조사제도 관련자료 모음, 2009, 32면 이하 참조.

한 조사를 담당하기 때문이라는 것이다.

셋째, 업무중복과 예산낭비라는 이유에서이다. 현행법상 소년범 · 성인범에 필요한 양형조사를 보호관찰관을 통한 판결전조사로 커버(cover)할 수 있는데도 법원소속 양형조사관제를 굳이 신설하는 것은 업무중복이자 예산낭비라는 것이다. 양형단계의 조사와 보호관찰 등 피고인의 처우를 위한 조사가 피고인의 인격조사와 연관된 유사사항들임에도 불구하고 양형조사관과 보호관찰관을 분리시키는 것은 기능적으로 무용하여 다른 나라에서도 그 유례를 찾아보기 힘든 위인설관이 될 소지가 크다는 것이다.

넷째, 형사소송법 규정과 원칙에 위배된다는 이유에서이다. 형사소송법 제242조는 "검사 또는 사법경찰관은 피의자에 대하여 범죄사실과 정상에 관한 필요사항을 신문하여야 하며, 그 이익되는 사실을 진술할 기회를 주어야 한다"고 규정하고 있다. 정상, 즉 양형자료에 대한 조사가 수사기관의 의무로 규정된 이상 법관에게조차 제한적으로 허용되는 소송계속 중의 관계서류 열람 · 등사, 피고인조사가 법원소속 직원에게 전면적으로 허용되도록 하고, 법원의 허가 아래 공사단체에 필요사항의 회신, 등 · 사본 송부까지 요청할 수 있게 하는 것(안 제297의4 ③, ④)은 사실상 수사기관의 수사에 준하는 활동을 인정한 것으로서 수사 · 재판의 분리원칙에 반하는 결과를 낳는다는 것이다.

다섯째, 당사자주의 · 공판중심주의에 역행한다는 이유에서이다. 우선 법원소속 직원이 조사한 결과를 서면으로 받고, 검찰과 피고인 양측이 법정에서 다투어 진실을 담보하게 하는 방식은 직권주의적 사고유형으로서 당사자주의적 관점에서 볼 때는 본말이 전도된 결과라는 것이다. 또한 법원직원이 비공개로 조사한 결과가 비공식적인 통로로 법관에게 전달되고, 그와 같은 소통을 통해 법관의 양형판단의 결정뿐만 아니라 유 · 무죄 심증형성에도 사실상 영향을 줄 수 있어 공판중심주의와 배치된다는 것이다.

여섯째, 피고인의 방어권 훼손 및 불이익을 초래할 수 있다는 이유에서이다. 현행법은 공판정에서 법관의 피고인신문조차 예외적·보충적으로만 인정하는데(형사소송법 제287조), 이주영 안은 법원조사관에 의한 피고인조사를 허용하여, 피고인에게 불리한 법원조사관의 조사를 받게 되어 당사자로서의 방어권약화를 초래할 염려가 있다는 것이다.

일곱째, 법원조사관의 전문성 결여와 업무효율성 확보가 미흡하다는 이유에서이다. 양형재판과 행형의 전(全)과정을 정책적 관점에서 조망할 수 있는 전문적 식견이 없는 법원직원에게 양형자료조사를 맡길 경우, 합리적 양형을 위한 양형조사제도의 본래 취지가 감쇄할 우려가 있다는 점, 한번 시행되는 양형조사자료는 형의 선고단계를 넘어 교정과 보호의 합리화를 위한 자료로도 연계·활용될 수 있어야 업무의 효율성이 제고될 수 있다는 점을 그 논거로 든다.

대법원이 2009. 7. 20. 법원직원 21명을 양형조사관으로 선발하여 전국 7개 법원에 배치하여 실제 양형조사업무에 투입시킨 직후, 법무부·검찰은 이에 대해서도 다음과 같은 반대입장을 분명히 했다.

첫째, 법원소속 양형조사관제는 '탄핵주의 소송구조'의 근간을 바꾸는 것이며, '공판중심주의'를 포기하고 직권주의 내지 규문주의로 회귀하는 것을 의미하므로 그 제도 도입 자체가 부적절하다는 것이다.

둘째, 법률적 근거 없이 이 같은 제도를 편법으로 시행하는 것은 양형조사관제 도입을 통해 인사적체해소를 끈질기게 요구해 온 법원노조의 요구를 수용하는 한편, 장차 입법개정의 논쟁에서 기정사실에 입각한 유리한 지위를 점하려는 책략적 시도일 뿐이라는 점이다.

셋째, 명확한 법적 근거 없는 법원조사관의 조사활동은 위법성을 띠므로 향후 이 조사보고서가 반영된 판결의 위법성 등 형사소송법상 절차와 효력 등에 관한 법적 논란이 불일듯 일어날 것이라는 점 등이다.

(2) 법원의 입장

사개추위 실무위원회 논의과정에서 법원측의 본래 입장은 법원조직법 제54조의3에 규정된 법원소속 법원조사관이 양형자료조사를 담당해야 한다는 것이었다. 앞에서 이미 살펴본 바와 마찬가지로 사개추위의 건의문은 양형자료조사제도의 도입과 관련하여 "법원조직법 제54조에 의하면 양형자료조사를 위한 법원조사관을 임명하여 활용할 수 있다. 다만 그에 관한 절차규정이 없으므로, 이에 관한 조치가 필요하다; 양형조사관은 법관의 보조자로서 법관의 명에 따라 구체적인 형량을 정하기 위한 기초자료를 조사한다. 다만 그 결과에 대하여는 검사와 피고인측에서 이의를 제기하고 다툴 수 있는 절차가 보장되어야 한다"는 내용을 담았었다. 이에 터잡아 법원은 양형자료조사제도가 충실한 양형심리를 도와 양형편차를 줄이고 재판에 대한 국민의 신뢰를 제고하는 데 유용한 방편 중 하나라는 인식이었다.[36]

이러한 인식의 근저에는 법원의 양형조사관은 양형에 관해 구형권과 변론권으로 맞서있는 검사와 변호인과 같은 독립적인 소송관여자의 지위가 아니라 오로지 재판하는 법관의 양형심리의 충실을 거드는 역할담당자이어야 한다는 선이해가 깔려 있다.[37] 법원은 우선 검찰측에서 요구해 온 기소전 양형조사제도－물론 보호관찰관을 통한 양형자료조사임은 두말 할 것도 없다－는 양형조사의

---

36) 검찰, 사개추위 형사소송법 등 개정백서Ⅲ, 2006. 6., 175면 이하 참조.

37) 앞의 책, 215면.

중립성, 객관성에 반하고, 또한 구속기간의 연장, 피의자나 참고인의 중복조사로 인한 대국민 불편을 초래할 우려가 있으며, 무엇보다도 검사가 수사과정에서 정상에 관한 자료를 충분히 수집할 수 있는 지위에 있어 불필요하리라는 점 등을 들어 반대했다.[38]

더 나아가 양형조사 담당기관은 법원소속 조사관이어야 하는 이유를 다음 몇 가지 구체적인 논거를 들어 주장했다:[39]

첫째, 양형자료조사의 전문성을 제고할 필요가 있다는 점을 든다. 조사관은 법원에 속하고 또한 법관의 보조자이므로 재판부와 유기적 업무협력을 통하여 재판의 필요성에 부합하는 그 업무의 전문성을 강화하는 데 보호관찰관을 통한 양형조사보다 훨씬 용이하다는 것이다. 왜냐하면 법무부소속 보호관찰관에 대하여는 재판부와의 협력체계 형성이 곤란하기 때문이라는 것이다. 법원소속 조사관은 재판부의 필요성에 따른 맞춤형 교육 등을 통해 업무전문화가 가능하고, 특히 범죄심리학, 범죄사회학, 형사정책학 등 관련학문분야 석사이상의 학력을 가진 전문가를 조사관으로 채용할 수 있으므로 양형자료조사에서 전문성이 더욱 강화될 수 있다는 것이다.

둘째, 양형자료조사업무의 신속성 및 효율성을 확보할 수 있다는 점을 든다. 즉, 법원소속 조사관이 양형조사업무를 맡게 될 경우, 조사명령으로부터 조사착수에 이르는 시기가 단축되고, 이해관계인의 이의제기시 그에 대한 보완·추가조사 등이 신속하게 실행될 수 있다는 점 및 법원의 양형심리와 연계성이 높아져 효율적인 조사와 심리가 가능해진다는 점이다. 만약 법무부소속 보호관찰관에게 이 업무를 맡기게 될 경우 조사결과에 대한 보완, 추가조사 의뢰 등을 유기적으로 실행하는 데 어려움이 예상된다는 것

38) 앞의 책, 211면.
39) 앞의 책, 208면.

이다.[40)]

셋째, 양형자료조사의 공정성과 객관성을 확보할 수 있다는 점을 든다. 즉 양형조사업무가 판결에 미치는 영향을 고려할 때, 로비나 금품수수 등의 문제가 야기될 수 있는데, 법원소속 조사관이 이 업무를 담당하면 이러한 문제에 대한 책임추궁과 제재가 용이하여 공공성과 객관성의 유지에 더 효과적일 수 있다는 것이다.

넷째, 양형자료조사의 중립성을 유지하는 데 더 적합하다는 점을 든다. 즉 법원소속 조사관이 조사업무를 담당하는 것은 검사나 변호인 어느 측에도 치우치지 않고, 중립적인 입장에서 업무처리를 할 수 있는 장점이 있다는 것이다. 법무부 소속 보호관찰관으로 양형자료를 조사케 한다면, 두 가지 측면에서 신뢰성에 문제가 생길 수 있다는 것이다. 먼저 보호관찰관이 검찰과 유기적으로 연결되어 있어 기소와 관련된 자료도 수집할 위험이 있다는 점이다.[41)] 그 다음으로 보호관찰관이 검찰과 연계되어 있다고 피고인에게 보여질 때, 그가 실행한 양형자료조사결과가 과연 중립적인지에 관해 당사자의 신뢰를 받기 어려울 것이라는 점이다.[42)]

다섯째, 상대적으로 비용이 덜 들어간다는 점을 든다. 어차피 양형자료조사제도를 도입할 경우 그에 종사할 인원은 늘어나게 마련이다. 그런데 현재 비효율적으로 운영될 수밖에 없는 보호관찰소의 업무과중을 고려하면, 양형자료조사제도를 위한 보호관찰관의 증원과 법원조사관의 신규채용에 예산상 큰 차이가 없을 것으로 추산된다는 것이다. 이러한 전제에서 출발할 때 보호관찰소와

---

40) 김형두 판사가 실무위원 간담회에서 피력한 소견, 앞의 책, 150면.

41) 보호관찰관은 법무부 범죄예방정책국 소속인데, 검사장이 국장으로 있고, 부장검사 2명, 검사 3명이 보호관찰 법제 등을 위하여 이 범죄예방정책국 산하 여러 과에서 근무하고 있음을 이유로 한다.

42) 신동운, 박상기 교수가 실무위원 간담회에서 피력한 소견, 앞의 책, 150면 이하 참조.

비교하여 각급 법원 청사의 규모가 크고 인사조직이 잘 갖추어져 있어 증원된 인력을 수용하기에 수월하므로, 추가적인 청사 증축이나 별도의 인사조직 추가요인 등이 적어서 오히려 상대적으로 비용이 절감될 수 있다는 것이다.[43]

여섯째, 법관의 중립성은 훼손될 수 없다는 점을 든다. 법원 소속 조사관에게 법원이 양형조사를 명하고, 긴밀한 유대관계 속에 양형자료조사 및 보완·추가조사 등을 실행하게 하는 것은 양형자료에 대한 사실탐지에서 법관의 영향력을 증가시키고, 직권주의를 강화하는 꼴이 된다는 비판에 대해, 양형조사관은 법관의 보조자일 뿐이기 때문에 법관이 양형심리에 필요로 하는 기초사실을 조사시키는 것은 법관의 중립성을 벗어나는 일이 아니라고 한다. 더 나아가 양형조사절차를 형사소송법에 제도적으로 명확히 규정해 놓고, 그 조사결과에 당사자의 이의제기 절차 등을 보장하면 중립성 문제는 별 문제될 것이 없다는 입장이었다.[44]

이 같은 법원측 주장을 대부분 반영했고, 기소전 검사의 보호관찰관을 통한 양형조사 가능성을 열어놓았던 형사소송법 개정안이 제17대 국회 임기만료로 자동폐기된 후, 2009. 2. 2. 이주영 의원 등 11명 발의로 법관의 양형심리를 돕는 법원직속 양형조사관제만을 골자로 한 새로운 형사소송법 일부개정 법률안이 국회에 발의되어 국회 법사위 소위원회에서 이에 관한 논의를 계속해 가고 있다. 그 과정에서 대검이 "검사는 기소전 양형에 관한 사항을 보호관찰관에게 직접 조사하도록 요구할 수 있고, 기소후 피고인·변호인 및 법원은 검사에게 신청하여 보호관찰관에게 양형조사를 요구할 수 있게 하는 대안"을 제출하려는 움직임을 보이고, 2009. 4. 24. 대법원 양형위원회에서 8개 범죄에 대한 양형기준을

43) 앞의 책, 208면 이하.

44) 앞의 책, 209면.

확정하여 2009. 7. 1.부터 시행에 들어가자 법원행정처는 몇 가지 대응조치를 취했다.

그 첫번째 조치가 2009. 7. 20.부터 양형조사관 21명을 전국 법원에 분산배치하여 실제 양형조사업무를 담당케 한 것이다. 이 급박한 조치는 8개 범죄군에 대한 양형기준제 실시로 양형조사가 필요한데 이에 관한 입법의 지연으로 인하여 부득이했다는 명목상의 이유 외에, 법원공무원 노조의 끈질긴 압력 때문이었음이 여러 정황으로 드러났다. 2004년 법원공무원 노조 준비단계에서부터 법원공무원 노조는 법원공무원의 승진적체 해소를 위해 양형조사관제 도입을 법원행정처에 요구했다. 2005. 11. 7. 양형위원회 설치를 골자로 한 법원조직법이 개정되자 법원공무원 노조는 ① 대한변협 소속 변호사의 양형위원회 참여를 배제하고 법원일반직 대표를 참여시킬 것, ② 법원행정처는 양형조사관제를 즉각 시범실시할 것 등의 요지를 담은 성명서를 발표했다. 2007. 3. 28. 동 노조는 '양형조사관제 도입을 위한 특별위원회'를 구성하고, 이의 즉각적인 도입을 촉구했다. 2007. 5. 18.경 동 노조는 법원행정처가 양형조사관 관련입법을 소홀히 하여 승진을 앞둔 직원들을 불안하게 하였다는 이유로 법원행정처의 책임자를 문책할 것을 요구했다. 그리고 2008. 12. 13.경 동 노조의 단체교섭 핵심사항으로 양형조사관제 도입을 제시했다. 2009. 2. 2. 이주영 의원의 양형조사관제 도입 형사소송법 일부개정 법률안이 발의되자, 동 노조간부는 2009. 4. 13. 이 법률안의 신속한 국회통과를 요구하며 이주영 의원실을, 2009. 4. 17.에는 민주당 간사인 우윤근 의원실을 각각 방문했고, 2009. 7. 21.에는 노조탄압규탄 및 현안문제 해결촉구 명목으로 법원행정처장실을 항의방문하여 양형조사관제 조속도입 등을 요구했다.

이러한 배경에서 법원행정처는 법률상 명확한 근거규정도 없고, 소송법상 절차규정이 전무한 상태에서 양형조사를 위한 법원조사관제를 앞당겨 시행함으로써, 이에 관한 형사소송법 개정안 국회심의과정에서 법원쪽에 유리하도록 다목적 포석을 둔 셈이다. 이러한 조치에 대한 검찰·대한변협 등의 저항에 맞서 법원행정처가 내놓은 방어논리는 다음과 같은 것들이다:

첫째, 양형조사관 설치근거는 법원조직법 제54조의3이라는 것이다. 동조 ①항은 "대법원과 각급 법원에 조사관을 둘 수 있다"고 하고, 동조 ②항은 "조사관은 법관의 명을 받아 법률 또는 대법원규칙이 정하는 사건에 관한 심판에 필요한 자료의 수집·조사 그 밖에 필요한 업무를 담당한다"고 규정하고 있다. 따라서 양형자료조사를 위한 조사관도 이 규정에 따라 활동할 수 있다는 것이다.

둘째, 가사소송법 제6조의 가사조사관, 가정폭력범죄의 처벌 등에 관한 법률 제20조의 가정보호조사관, 소년법 제11조의 소년조사관 제도를 유추하여 아직 양형자료조사에 관한 명확한 절차규정이 없지만, 2008년말 보호관찰 등에 관한 법률 개정 전에도 실무상 성인범에 대하여 보호관찰관을 통한 양형자료조사를 했던 관행에 비추어, 피고인의 이익을 위하여 양형조사관을 투입할 수 있다는 것이다.

셋째, 형사소송법상 사실조회(제272조)나 감정촉탁(제179조)을 명하면 양형조사가 가능해진다는 것이다.[45)]

넷째, 양형기준이 마련된 범죄군에 대하여 양형기준제의 유효적절한 운용을 위해서는 양형조사관에 의한 조사가 필요불가결하다는 것이다.

다섯째, 기존 법원공무원 중 일부는 이미 양형자료조사 경험

---

45) 이에 대한 검찰의 반론은 법원쪽이 법원조직법 등 조사관제의 일반적 근거규정만 있고, 그 구체적 절차규정이 없는 상황에서 법률을 자의적으로 확대해석한다는 것이다. 필자의 관점에서도 법원의 법해석은 궁색한 면이 있어 보인다. 종래 법률의 근거 없이도 성인범에 대한 보호관찰관의 판결전조사 관례처럼 피고인의 이익을 위한 경우에 조사관을 제한적으로 투입한 것이라면 오히려 궁색은 면하고 변명은 성립할 수 있었을 것 같다.

이 풍부하기 때문에 6주간의 단기간 실무수습 후 양형조사업무에 투입해도 원활하게 그 업무를 수행할 수 있다는 것이다.[46]

그 다음 두번째 조치가 가장 최근에 법원행정처가 내놓은 양형조사위원제 구상이다. 이주영 의원안의 일원적인 법원소속 양형조사관제에 대하여 법무부·검찰, 대한변협, 민변 등의 반대가 거세어지고, 특히 대검이 검사를 양형조사의 역할의 중심에 놓고 당사자주의적 구조를 강화하는 대안을 구상하자, 이에 대응하기 위한 법원행정처의 조처가 이른바 양형조사위원제이다. 이 구상은 이주영 안에 있는 법원사무관 등에 대한 제척·기피·회피 제도(제25조)를 여기에 적용하지 않기로 하고, 그 조사대상을 '합의부관할사건과 보호관찰·사회봉사·수강 및 갱생보호 등 사회내처우가 필요하다고 인정되는 사건'으로 한 제한을 없앤 것 외에는 이주영 의원 안의 양형조사관을 양형조사위원으로 바꾸어 놓은 것뿐이다. 하지만 그 구도는 모든 반론들을 포괄할 만큼 거대하고 신축성 있는 구조이다.

우선 양형자료조사를 담당할 전문심리위원(일명 양형조사위원)을 두되, 변호사, 가사조사관, 법원조사관, 보호관찰관 등에서 위촉하기로 한다는 것이다. 그리고 양형조사위원의 자격, 교육, 감독 등에 필요한 사항은 대법원규칙으로 정한다는 것이다. 양형조사위원의 자격은 변호사자격이 있는 자, 5급 이상 공무원, 정책학, 행형학, 범죄학, 사회학, 교육학, 심리학 등 양형조사 관련분야 석사학위 이상 소지자로 하고, 법원행정처장이 양형조사관리위원회의

---

46) 지난 수개월 동안 양형조사를 위한 법원조사관 및 법원조사관보의 투입 後 서울지방법원에 제출된 조사관의 양형조사서 6건(2009고단5449, 2009고단5607, 2009고단6071, 2009고합807, 2009고합912, 2009고합951)과 인천지방법원에 제출된 2건(2009고단2985, 2009고합498)을 살펴본 결과 유사한 보호관찰소의 판결전조사와 내용의 질과 양에서 대동소이하나 형사정책적 관점에서는 빈약성이 엿보인다.

의견을 들어 양형조사위원의 자격이 있는 전문심리위원 후보자 중에서 양형조사위원을 위촉한다는 것이다.

양형조사위원의 자격, 위촉, 교육, 관리 및 감독 등에 관한 업무를 수행하기 위해 대법원에 양형조사관리위원회를 두고, 동 위원회는 양형조사위원의 위촉과 해촉, 그리고 양형조사위원의 교육, 관리, 감독과 기타 양형조사제도의 관리 및 개선에 필요한 사항을 심의한다는 것이다. 양형조사관리위원회의 위원장은 법원행정처 차장을 당연직으로 하고, 판사, 검사, 변호사, 교수, 기타 학식과 경험이 있는 자 각 2인으로 구성하고, 또한 양형조사위원은 경력에 따라 소정의 교육과정을 이수해야 한다는 것이다.

법원행정처의 구상에 따르면, 양형조사관이라는 좁은 범주 대신 양형조사위원이라는 넓고 신축성 있는 범주를 끌어들임으로써, 소속에 구애받지 않고 그 분야에서 가장 주목할 만한 전문가에게 양형조사 의뢰가 가능하며, 변호사, 법원조사관, 가사조사관, 보호관찰관, 기타 전문가집단에서 양형조사위원을 탄력적으로 위촉할 수 있기 때문에, 대한변협과의 갈등을 해소할 수 있고, 법원노조의 당장의 욕구를 채워줄 수 있으며, 전문화와 기관이기주의 극복이라는 두 마리 토끼를 한꺼번에 잡을 수 있으리라 기대된다는 것이다. 이 같은 탄력은 법원행정처에게 많은 재량의 여지를 줄 것이므로 법원조사관들의 점유율을 넓혀감으로써, 법원노조의 압박을 점차 잠재울 수 있을 것으로 기대되지만, 법무부와 변협의 반발을 잠재울 만큼 매력적일지는 의문이다. 물론 양형조사위원의 구성비율을 맞추기 위해 법원행정처는 법무부, 대한변협 등과 협의하여 비율을 정하겠다는 것이고 향후 비율조정이 필요하면 필요적으로 협의를 거치도록 하겠다는 복안이지만, 법원공무원 노조의 강성기조를 염두에 둘 때, 그 실현이 어떻게 이루어질 수 있을지는 불투명해 보이기 때문이다. 법원조사관, 가사조사관 등은 전임공무원이 될 것이고, 변호사, 교수 등은 수당을 지급받는 위원형식으로 운영

될 터이기 때문이다.[47)]

(3) 실무계 · 학계의 연구동향

보호관찰제도나 판결전조사제도에 관한 연구가 일천했던 시기에 이 문제의 선구적인 연구자는 1970년 검찰지에 「판결전조사제도에 있어서의 문제점」을 기고한 김응호 검사이다.[48)] 그 후 1981년 교정지에 「범죄예측과 판결전조사제도」를 기고한 박재윤 교수도 학계의 선구적인 연구자로 꼽을 수 있다.[49)] 그 후 김학세,[50)] 신진규[51)]의 저술도 판결전조사제도가 양형합리화와 합리적인 형사정책목적실현에 유용한 보조수단이란 점을 명료히 한 지난 80년대의 연구결과물에 속한다.[52)]

1990년대 들어오면서 이에 관한 본격적인 연구결과물들이 나왔다. 이재홍,[53)] 오영근 · 최석윤,[54)] 이상철,[55)] 이승호,[56)] 이형재[57)]

---

47) 물론 보호관찰관이 양형조사위원으로 위촉될 경우, 전임공무원의 지위를 계속 갖게 되는 것은 의문의 여지가 없으나, 보호관찰제도가 갖는 특성상 장기간 양형조사업무에만 전념할 보호관찰관의 파견근무제가 현실적으로 실효성을 거둘 수 있을지는 의문이 아닐 수 없다.

48) 김응호, 「판결전조사제도에 있어서의 문제점」, 검찰 제25호, 대검찰청, 1970. 5., 142면 이하.

49) 박재윤, 「범죄예측과 판결전조사제도」, 교정, 1981. 10., 25면 이하.

50) 김학세, 형벌과 양형, 사법연수원, 1982, 151면 이하.

51) 신진규, 범죄학 겸 형사정책, 법문사, 1989, 603면.

52) 필자의 「공판절차의 이분론」, 월간고시(1983. 12), 70면도 이에 관한 논의를 담고 있다.

53) 이재홍, 「형사재판절차의 개선방안」, 사법행정 제374호, 한국사법행정학회, 1992. 2., 6면 이하.

54) 오영근 · 최석윤, 양형의 합리화에 관한 연구, 한국형사정책연구원, 1993.

55) 이상철, 판결전조사제도에 관한 연구, 한국형사정책연구원, 1994; 「판결전조사, 누가 담당하여야 할까」, 법률신문 1996. 11. 18./ 1996. 11. 21.

56) 이승호, 「우리나라 사회내처우의 역사적 전개와 향후 발전방향」, 형사정

등의 연구논문들이 이에 속한다. 2000년대에 들어와 판결전조사제도에 관한 연구가 양적으로 크게 늘어났다. 특히 2005년 이후 사개추위가 양형합리화를 위한 서구 선진사회의 법제도 도입을 본격적으로 논의하기 시작하면서, 연구의 중립성에 대한 의구심이 들 정도로 이 문제를 둘러싼 법원과 법무부·검찰 간의 연구결과물이 쏟아져 나왔고, 외국의 법제에 관한 자료들이 앞다투어 번역·간행되기도 했다.

형사정책연구원에서부터 이 문제를 꾸준히 천착한 최석윤,[58] 김혜정[59]은 이 분야에서 주목할 만한 연구결과를 남겼다. 2003년 법원행정처에서 펴낸 논문모음집 「외국의 양형제도에 관한 연구」에는 판결전조사제도를 직·간접적으로 다룬 심도있는 논문들이 다수 수록되었다. 오기두의 「미국 연방의 양형자료조사보고제도의 운영실태」, 정창호의 「영국의 판결선고전 양형조사제도」, 이동근의 「독일의 사법보조제도」, 남영찬의 「독일에서의 양형사실조사방법」, 최종길의 「프랑스의 인적사항 조사제도」, 이상철의 「일본의 판결전조사제도 도입시도 당시의 논의내용 및 그 이후의 상황」 등이 특히 주목할 만한 자료이다. 주로 실무적인 측면에서 이 문제를 다룬 글들도 있다.[60] 사개추위의 논의과정에 참여하면서 이 주제

책 제8호, 한국형사정책학회, 1996, 120면 이하.

57) 이형재, 「판결전조사제도의 유용성과 확대시행방안 연구」, 보호 제10호, 법무부, 1999; 판결전 조사제도의 유용성에 관한 고찰, 한국형사정책연구원, 1999.

58) 최석윤, 「판결전조사제도」, 형사정책 제12권 제2호, 한국형사정책학회, 2000, 57면 이하.

59) 김혜정, 판결전조사제도의 현황과 개선방안, 한국형사정책연구원, 2002; 「성인에 대한 판결전조사제도의 필요성－실무현황을 중심으로」, 보호관찰 제2호, 한국보호관찰학회, 2002, 259면 이하; 「사법개혁추진위원회의 양형제도개선안에 관한 검토」, 영남법학 제11권 2호, 영남대학교 법학연구소, 2005, 91면 이하.

60) 이창한, 「판결전조사제도의 비교법적 고찰」, 보호 제12호, 법무부, 2001.

를 심도 깊게 다룬 비교적 객관적인 글로는 김재봉과 서보학의 연구논문을 들 수 있다.[61] 그 밖에도 실무계 또는 학계에서 이 문제의 특수분야를 구체적으로 쟁점화한 연구결과물도 눈에 띈다.[62]

판결전조사제도를 주제로 한 박사학위논문으로는 오재환의 「범죄인에 대한 사회내처우의 결정과정에 관한 연구」[63]와 정동기의 「사회봉사명령제도의 연구」[64]가 있고, 석사학위논문으로는 박태석의 「판결전조사제도의 확대도입에 관한 법적 검토」,[65] 김신호

3.; 장재영, 「판결전조사 전문화방안」, 보호 제16호, 법무부, 2004, 195면 이하; 강남주, 「피고인에 대한 판결전조사제도의 주요내용과 문제점」, 법무사저널, 서울중앙지방법무사회, 2005. 1./2., 30면 이하.

61) 서보학, 「판결전조사제도의 성인범 확대실시 방안」, 보호관찰 제4호, 105면 이하; 김재봉, 「형사소송법 개정안의 양형자료조사제도에 대한 검토」, 형사정책 제18권 제2호, 2006, 213면 이하; 「양형자료조사에 관한 비교법적 고찰」, 한양대 법학논총 제23집 제1호, 한양대학교 법학연구소, 2006, 67면 이하; 한영수, 「양형자료조사제도의 도입과 양형데이터베이스의 구축」, 사개추위 양형제도개선을 위한 전문가토론회 자료집, 2005.

62) 오기두, 「미국의 보호관찰관」, 법조 제56권 제3호, 법조협회, 2007. 3, 264면 이하; 박영규, 「교정과 판결전조사제도」, 교정연구 제36호, 한국교정학회, 2006, 169면 이하; 함혜현, 「판결전조사제도의 합리적 개선방안에 관한 연구-사법제도개혁추진위원회 '양형조사제도 도입법안'을 중심으로」, 교정연구 제36호, 한국교정학회, 2006, 89면 이하; 오영근, 「양형개혁법률(안)의 합리적 운영방안」, 한양대 법학논총 제24집 제1호, 한양대학교 법학연구소, 2007, 7면 이하; 조준현, 「보호관찰제도의 운영과 과제」, 교정연구 제37호, 한국교정학회, 2007, 7면 이하; 유석원, 「미국의 사회내처우에 관한 연구-한국의 형사사법에 대한 정책적 시사점」, 저스티스 통권 제70호, 한국법학원, 2002. 12., 207면 이하; 권오걸, 「영국 양형제도의 분석과 국내도입의 문제점 검토」, 형사정책연구 제19권 제4호, 한국형사정책연구원, 2008, 157면 이하.

63) 오재환, 범죄인에 대한 사회내처우의 결정과정에 관한 연구, 국민대 박사학위논문, 1992.

64) 정동기, 사회봉사명령제도의 연구, 한양대 박사학위논문, 1997.

65) 박태석, 판결전조사제도의 확대도입에 관한 법적 검토, 단국대 석사학위논문, 2002.

의 「판결전조사제도 운용실태와 개선방안에 대한 연구」,[66] 이태형의 「캐나다 양형조사제도에 관한 연구」[67] 등이 있다.

국내에서 판결전조사제도의 보편적인 시행과 관련하여 항상 논쟁의 핵심이 된 주제는 첫째, 공판절차가 일원화되어 있는 우리나라의 형사소송절차에 공판절차가 이분화되어 있는 영미의 형사소송절차에서 발전해 온 이 제도를 도입할 때, 기존의 우리 형사소송법의 기본원칙들과의 충돌을 어떻게 합리적으로 해결할 수 있는가, 둘째, 이 문제가 어느 정도 해소되어 그것을 우리의 형사소송절차 속으로 편입시킬 경우 그 조사주체를 누구로 하며 또한 그 조사주체를 어디에 속하게 할 것인가, 셋째, 그 조사시기와 방식은 어떻게 정하는 것이 바람직한 방향일까 하는 점들이었다.[68]

위에서 열거한 쟁점사항 중 가장 중요한 핵심사항은 두말 할 것도 없이 판결전조사를 누가 담당하며, 그 담당자를 어디에 소속시키느냐 하는 점일 것이다.[69] 첫째로 판결전조사의 담당자 문제이다. 이에 관하여는 크게 두 가지 관점이 대립한다.

하나는 현행 보호관찰관제도의 활용을 주장하는 입장이다. 이미 보호관찰관을 통한 판결전조사제도가 오랜 기간 시행되어 왔으므로 그들의 업무노하우와 경험 그리고 전문성을 활용할 필요가 있다는 점,[70] 판결전조사가 보호관찰과 밀접한 연계성을 갖고 발

66) 김신호, 판결전조사제도 운용실태와 개선방안에 대한 연구, 경기대 교육대학원 석사학위논문, 2004.

67) 이태형, 캐나다 양형조사제도에 관한 연구, 고려대 석사학위논문, 2007.

68) 이상철, 판결전조사제도에 관한 연구, 81면 이하; 김재봉, 「형사소송법 개정안의 양형자료조사제도에 대한 검토」, 형사정책 제18권 제2호, 한국형사정책학회, 2006, 213면 이하; 김재봉, 「양형자료조사에 관한 비교법적 고찰」, 한양대 법학논총 제23집 제1호, 한양대학교 법학연구소, 2006, 특히 80면 이하; 김혜정, 「사법개혁추진위원회의 양형제도개선안에 관한 검토」, 영남법학 제11권 제2호, 91면 이하.

69) 강남주, 앞의 논문, 법무사저널, 2005. 1./2., 37면.

70) 함혜현, 「판결전조사제도의 합리적 개선방안에 관한 연구」, 교정연구 제

전하여 왔으므로 양형판단에서도 피고인에 대한 처우의 실시가능성과 분리하여 생각할 수 없다는 점,[71] 비교법적으로 보아도 보호관찰관의 소속여하를 불문하고 판결전조사를 보호관찰관의 고유업무로 하고 있는 입법례가 많듯이, 보호관찰관에게 이 업무를 맡기는 것이 법체계의 통일성을 기하는 유익이 있다는 점,[72] 오늘날 형사정책적 관점에서 시설내처우보다 사회내처우가 강조되는 상황에서 판결전조사제도를 보호관찰제도와 접목시킨다면 우리나라에서 보호관찰제도의 활성화에 큰 도움이 될 수 있다는 점,[73] 조사기관의 이원성은 법체계와 업무의 혼란뿐만 아니라 증원으로 인한 비용증가와 피조사자의 인권에도 불이익을 야기한다는 점 등을 그 이유로 든다.

다른 하나는 법원조사관으로 하여금 양형자료 조사업무를 담당하게 하는 것이 바람직하다는 입장이다. 주로 법원실무가들이 이런 입장을 취한다.[74] 우선 법원이 당사자로부터 독립된 심판자의 지위에 있으므로 법원에 소속된 조사관으로 하여금 양형자료를 조사하게 하면 공정성이 잘 확보될 수 있고 당사자들로부터 신뢰받을 수 있다는 점, 법관과의 원활한 업무협조를 통하여 판결전조사의 활성화, 능률화 및 신속성을 도모할 수 있다는 점, 오늘날 판결전조사의 필요성은 단지 유예판결과 보호관찰・사회봉사・수강명령의 부과에 국한하지 않고, 형의 종류선택과 가감 및 적정형

33호, 2006, 111면; 이종철, 사개추위 양형제도개선토론 자료집(1), 2005. 10. 12., 17면.

71) 김혜정, 앞의 글, 97면.

72) 최석윤, 「판결전조사제도」, 형사정책 제12권 제2호, 75면.

73) 김재봉, 「형사소송법 개정안의 양형자료조사제도에 대한 검토」, 형사정책 제18권 제2호, 2006, 230면.

74) 이상철, 판결전조사제도에 관한 연구, 99면; 김형두, 사개추위 양형제도 개선 전문가토론회 발표문, 2005. 10. 12., 48면 이하; 강남주, 앞의 논문, 법무사저널, 2005. 1./2., 27면 이하.

량을 도출하기 위한 양형전반에 미치기 때문에, 법관의 양형자료를 돕는 조사업무가 필요하다는 점, 현실적으로 법원에서도 가사 또는 소년 조사관제도가 가동되어 왔으므로 그 동안의 조사경험을 살리고 기존의 조사시스템과 판결전조사시스템을 통합적으로 운용하면 시행에 큰 무리가 따르지 않는다는 점, 법무부소속 보호관찰조직의 직제상 검찰이 조직의 상층부를 점하고 있어, 실제 공정성과 중립성에 의구심을 갖게 할 염려가 있다는 점 등을 그 이유로 든다.

그 밖에도 사법의 행정화 위험을 피하고 조사업무의 공정성과 독립성 그리고 우리 형사소송체계와의 모순·충돌을 피하기 위하여 법원과 법무부·검찰 밖에 제3의 위원회와 같은 독립된 기관을 두자는 견해,[75] 판결전조사를 담당하는 기관을 이해관계를 달리하는 두 기관, 즉 법무부소속의 조사기관과 변호사회 소속의 조사기관으로 각각 나누어서 법원이 양 기관으로부터 제출되는 조사결과를 모두 참작하여 판단할 수 있도록 하자는 견해[76] 등이 있다.

이처럼 다양한 견해의 스펙트럼은 이 제도의 입법화를 둘러싸고 벌인 그간의 입법작업에 투영된 복잡성의 원인이기도 한 것이다. 사개추위의 결의안과 그에 기초한 법무부의 형사소송법 일부개정안과 보호관찰 등에 관한 법률 개정안 그리고 이주영 안과 이에 대한 법사위 소위 심사과정에서 노정된 대검 대안과 법원행정처 대안 등은 바로 앞서본 보호관찰관론과 법원조사관론 사이를 두고 오고간 시계추의 진폭과 흡사해 보인다.

둘째로, 보호관찰관의 소속을 어떻게 할 것인가 하는 문제이다. 법원조사관 제도는 양형자료조사 담당자와 그 소속까지 함께 규정한 것이므로 더 논의할 것도 없지만, 보호관찰관 제도는 다소

75) 김웅호, 앞의 논문, 142면 이하.

76) 이승호, 「우리나라 사회내처우의 역사적 전개와 향후 발전방향」, 120면.

복잡한 것이 사실이다. 판결전조사에서 양형자료는 실제 피의자신문조서와 피고인신문제도를 두고 있고, 검사의 기소편의주의와 공판절차에서의 구형제도를 두고 있는 우리 형사소송절차에서 보면 검사의 수사종결과 기소, 법관의 판결, 그 다음 형의 집행에 이르는 전(全) 과정에 걸쳐 그 유용성을 지닌다고 말할 수 있다. 따라서 재판절차에서 법관의 양형판단을 보조하는 데 주안점을 둔 양형조사관 제도는 판결전조사제도가 갖는 폭넓은 유용성에 비추어 볼 때, 너무 제한적이어서 형법실현과 형사정책적 관점에서 보면, 법관의 양형판단 이외의 영역을 보조하는 다른 형태의 양형조사관을 더 필요로 하지 않을 수 없다. 이같은 비효율성과 과비용을 줄이려면 기존의 보호관찰관 제도의 역할을 더욱 활성화하는 것도 대안이 될 수 있을 것이다. 바로 그런 이유로 보호관찰관의 소속을 기존의 법무부에서 법원소속으로 바꾸는 문제가 거론되어 왔다.

사개추위 논의과정에서 양형조사의 주체를 법원소속 양형조사관으로 할 때, 이를 위해 1,379명의 양형조사관을 신규채용해야 한다는 잠정결론이 도출된 바 있었다. 그러나 보호관찰관을 통한 판결전조사가 20여 년간 시행되어 왔고, 법원에서도 그 활용도가 높아 지방법원별로 보호관찰협의회를 결성하여 보호관찰소와 법원간의 원활한 업무수행을 위한 의사소통구조를 확립하고 있고, 보호관찰관의 의견과 판사의 판결간의 일치율도 높은 점을 감안할 때, 법원에 별도의 방대한 양형조사관제도를 구축하는 것은 선진국에서도 그 유례를 찾기 힘든 비효율적인 국고낭비라는 비난을 피하기 어렵다.

양형조사관제에 대한 법원의 집요한 열망을 감안하여, 보호관찰관제도를 영미의 예에서처럼 법원과 더 긴밀하게 연계시키는 방안에 관한 논의도 고려해 봄직해 보인다.

> "판결전조사제도는 현재 법무부 보호관찰소의 권한으로 인정되어 있지만 법원의 재판업무와 유기적인 관련을 가지는바, 법원에서 제기하는 업무협조의 용이성 문제를 고려할 때, 판결전조사관의 소속을 보호관찰소에 두더라도 법원에 배속시켜 판결전조사업무를 수행하도록 하는 방안도 고려할 수 있다고 생각한다. 판결전조사가 단순히 양형에만 관련된 제도가 아니라 양형 이후의 절차인 보호관찰처우 및 교정단계에 있어서도 매우 중요한 비중을 차지하기 때문이다."[77)]

물론 이 같은 견해는 보호관찰소가 구조상 법원도 검찰도 아닌 제3의 독립기관이며 법원조사관에 비해 객관성·공정성·전문성이 뛰어나다는 점을 전제하고 있다. 하지만 이처럼 보호관찰소 소속 조사담당 보호관찰관을 법원에 배속할 경우, 그 조사자료가 주로 형의 선고단계에서 법관의 양형판단의 자료로만 제한적으로 활용될 가능성이 높으며, 그리하여 그 후 형의 집행단계, 즉 수형자의 분류처우, 가석방심사, 보호관찰 단계에서도 활용되어야 할 이 같은 자료가 법원과 보호관찰소·교도소의 간극을 넘어 잘 유통이 될 수 있을지 의문이라는 지적도 있다.[78)]

(4) 소 결

어쨌거나 법무부소속 보호관찰관제를 선호하는 견해는 비교법적 고찰이나 연혁적 고찰은 차치하고서라도 아직 판결전조사제도의 활성화를 위한 인적·제도적인 측면에서 인프라가 충분히 구축되어 있지 못한 우리의 현실에서 그나마 소년범에 대한 판결전조

77) 함혜현, 앞의 논문, 111면.

78) 한영수, 「양형자료조사제도의 도입과 양형데이터베이스 구축」, 사개추위 양형제도개선을 위한 제1차 전문가토론회 자료집, 2005, 4면 이하.

사부터 지난 20여 년간 노하우를 축적해 온 보호관찰관에게 양형자료조사를 맡기는 것이 실용적으로 더 타당해 보인다는 점을 강조하고 있다.79) 이 같은 보호관찰소와 법원간 이 업무를 위한 원활한 의사소통의 채널은 현재의 보호관찰협의회 제도 등을 통해서도 할 수 있고, 최종적인 완성단계에 이르러서는 조사업무 보호관찰관을 법원에 파견하거나 배속시킴으로써 해결할 수 있는 가능성도 열려 있다고 본다.80)

이에 비해 법원소속 양형조사관제 내지 양형위원제를 선호하는 견해는 양형자료조사를 필요로 하는 법관과 이를 시행하는 조사자 사이의 긴밀하고 원활한 관계를 유지함으로써 이 제도가 갖는 활용도와 신속도를 높이는 데 주안점을 두어야 한다는 입장이다.81) 그러나 이미 오랫동안 법에 따라 소년범에 대한 판결전조사를 법원의 의뢰 하에 보호관찰관이 수행해 왔고(보호관찰 등에 관한 법률 제19조), 종전 관행으로 해오던 성인범에 대한 판결전조사도 최근의 법개정으로 법원의 의뢰하에 보호관찰관이 수행하도록 되어 있어, 만약 법원의 양형조사관제가 도입되면 판결전조사 내지 양형조사가 이원화되어 체계상의 혼란은 두말 할 것도 없고 피조사자의 이중고 가능성도 높아진다.

피조사자에게 조사의 남용으로부터 최대한 인격의 존엄성과 인권이 보장되고 조사결과가 형법실현의 전과정에 두루 유용하고 공정성과 신뢰성을 담보할 수 있으며, 사법기관성을 지닌 검사나 법관 그리고 변호인들이 그것을 법과 정의의 이념에 맞도록 원활하게 활용할 수 있기 위해서는, 조사기관을 이원화하거나 중층화

79) 김재봉, 「형사소송법 개정안의 양형자료조사제도에 대한 검토」, 형사정책 제18권 제2호, 229면 이하.

80) 김혜정, 「사법개혁추진위원회의 양형제도개선안에 관한 검토」, 영남법학 제11권 제2호, 2005, 97면; 함혜현, 앞의 논문, 111면.

81) 이상철, 판결전조사제도에 관한 연구, 97면.

하지 말고 보호관찰관 또는 법원양형조사관 등과 같이 단순화・일원화하는 것이 합목적적이다. 18대 국회에 들어와 이주영 의원안의 발의와 함께 입법과정에서 이와 같은 인식이 전면으로 부각된 것은 바른 방향이라고 생각한다.

이 같은 방향에서 필자의 입장은 형사정책적 관점에서 보호관찰시스템의 활성화에 대한 더 많은 기대와 애정 그리고 적극적인 신뢰이다. 이미 보호관찰제도는 현대 형사정책의 새로운 패러다임으로 자리잡은 지 오래이다.[82] 그것은 세계화보다 훨씬 이전에 지구촌 여러 나라의 형사정책에서 교류되고 공유된 세계화의 결실이기도 하다.

우리나라에 처음 도입된 아직 불완전해 보이는 국민참여재판제도 그리고 양형기준제도에도 불구하고, 우리의 형사사법에서 직업법관과 직업검찰관의 비중과 역할은 여전히 크다. 그들의 전문적인 범죄경중의 식별과 양형감각의 집적은 양형합리화를 외치는 오늘의 현실에서도 결코 무용지물일 수 없다. 그것을 도외시하고 소박한 시민법관과 비법률가에 의한 양형조사・양형의견이 이들 직업법률가들의 전승된 지적 경험의 축적을 압도하도록 해서는 안 된다. 왜냐하면 그것이 오히려 직업법률가들의 양심의 긴장을 풀어주어, 그들의 게으른 양형판단을 비전문가층의 소박한 의견 탓으로 돌리는 빌미를 줄 수 있기 때문이다.

양형조사제도는 이 같은 맥락에서 볼 때, 애당초 직업법률가로서 검사, 법관, 또는 변호인의 양형판단의 전문지식을 돕는 과학적이지만 보충적인 자료제공의 의미를 지나치지 말아야 한다. 그와 같은 범주 안에서 기능해 온 것이 대륙법적 형사소송구조에서 발전해 온 양형조사제도이기도 하다. 물론 이 같은 양형조사제도는 각국의 형사소송구조와 절차에 따라 상이하고, 형사정책적 관

82) 법무부, 한국보호관찰 20년사: 열정과 희망의 발자취, 2009, 68면.

점에 따라 그 기능에도 차이가 있다. 그러므로 우리의 형사사법의 새로운 변화 속에서 우리의 현실에 적용가능한 모델로서의 양형조사제도를 모색하기 전에 먼저 비교법적 고찰을 하는 것이 논리적인 순서라고 생각한다.

판결전조사 내지 양형조사의 담당자를 보호관찰관으로 할 것인지 법원조사관으로 할 것인지에 관한 우리나라 실무계와 학계의 논의를 들여다보면, 그 근저에는 사법정의 실현에 책임있는 기관들 간의 세력다툼이 깔려 있다는 인상을 지울 수 없다. 그러나 더 깊은 원인은 논자들이 보호관찰제도가 갖는 형사정책적 의의, 그의 세계적인 발전추세, 그의 미래지평에 대한 이해가 부족한 데서 찾을 수 있다고 본다. 논리적으로 표현하자면 보호관찰제도에 대한 선이해의 부족, 감성적으로 표현하자면 보호관찰제도에 대한 애정결핍이 판결전조사의 주체를 둘러싸고 가파른 전선을 형성하게 했고, 더 나아가 이 논의에 참여한 이들을 부지불식간에 '고용된 총잡이'로 전락시킨 면이 없지 않다고 본다.

주지하는 바와 같이 판결전조사제도는 범죄, 범죄자의 인격적·사회적 배경, 피해자에 대한 영향, 양형기준제가 도입된 8개 범죄군에 대해서는 선택가능한 양형선택, 벌금지급이나 피해배상능력에 대한 자료조사, 사회내처우 또는 시설내처우의 준거점이 될 양형자료 수집 등을 지향한다. 이 제도가 일찍부터 정착된 미국에서는 ① 법원의 적절한 양형,[83] ② 감독·지도하는 보호관찰관의 범죄자에 대한 재범위험성 예측, ③ 교정당국의 범죄자수용시설의 선택과 필요한 교정프로그램의 선택, ④ 양형위원회의 현재 양형기준에 대한 점검과 성찰에 큰 도움을 제공하고 있다.[84]

---

83) 다양한 범죄행위의 양상과 범죄자의 개인적 요소들에 비추어 '지나치게 관대하지도 지나치게 혹독하지도 않은 처벌'이 되게 하는 것이 바로 적절한 양형의 목표이다. 이에 관하여는 이형태, 「미국의 보호관찰제도 연구」, 보호관찰 제4호, 2004, 241면 참조.

물론 미국에서도 1940년대를 전후하여 보호관찰조직의 운영주체가 변동되었고, 그 과정을 전후하여 보호관찰운영주체가 행정부여야 하느냐 사법부여야 하느냐에 관한 뜨거운 논쟁이 있어 왔고, 영국에서는 종래까지 내무성에 소속되었던 보호관찰조직의 운영주체를 2007년부터 법무성 소속으로 바꾸는 개혁작업이 있었다. 하지만 보호관찰의 전통적 기능에 속한 심리전 조사(審理前 調査)업무, 판결전조사업무, 보호관찰 감독업무, 치료프로그램 등을 기관 이해관계에 따라 분리시켜 판결전조사업무만 타기관에 소속시킨다든지, 아니면 보호관찰기능과 중복되는 다른 기관을 창설하는 예는 그 유례를 찾기 힘들다.

한국적 보호관찰제도가 사회보호와 사회통합의 기능에 충실할 수 있도록 개별적인 판결전조사제도의 도입과 운영과정에서도 큰 틀에서 거시적인 안목을 잃지 않도록 유의했으면 좋겠다. 무엇보다 보호관찰제도의 기능과 역할의 원활화를 위해 세계 여러 나라의 흐름을 고려하면서, 우리가 운용해 온 제도를 한걸음 더 발전적으로 제도화해 나가는 협력과 지원책이 필요하다는 점을 강조하고 싶다.

84) 앞의 논문, 255면.

III 비교법적 연구의 필요성과 방법론

1. 비교법적 연구의 의의

비교법도 법학의 일 분과학이며, 따라서 현실관련성을 지닌 규범학, 더 정확히 말하자면, 규범적 정신과학으로서의 성격을 띤다. 이것이 현실세계에서 한 특수한 목적, 예컨대 법제정이나 법개정의 기초를 제공하는 데 기여해야 한다면, 거기에 하나의 독자적인 연구방법을 필요로 한다는 사실을 유의해야 한다.[1]

비교법은 외국법이 그 나라에 특정된 사회문제를 어떻게 해결하고 있는가를 검토한 뒤, 이를 자국의 법질서와 비교하여 비판과 수정 또는 수용을 통해 생산적인 결론을 얻어내는 분과학이다. 그러므로 그것은 외국의 법제도나 문물을 진열장에 나열이나 하는 형식을 말하는 것이 결코 아니다. 각각 다른 법영역과 법현실 및 불법현실 그리고 학설과 판례의 입장 등을 종합고찰하면서, 연구자 자신의 이론학적·형사정책적 관점으로부터 '보다 좋은 법'의 탐구를 위한 개방적이고도 변증론적인 발전을 의미한다.

---

1) 김일수, 한국형법 I (총론上), 제2판, 박영사, 1996, 76면.

물론 이 경우 외국법을 자기주관의 고정된 개념세계와 체계로 얽어매고자 하는 위험에 빠지지 않도록 주의해야 한다. 또한 외국법의 비교연구에서 그 나라의 역사적 배경이나 그 법질서의 사회적 심층에 대한 고려도 중요한 의미를 지닌다. 특별히 형사법분야에서는 정신사, 법제사와 법사, 범죄학과 범죄통계 등은 좋은 보조자료가 될 수 있다. 더 나아가 이러한 비교연구의 자료들을 체계적으로 정리하고 설명해야 한다. 마지막으로 본래의 법비교를 넘어서 이제까지 발견된 문제해결방식들을 법정책적으로 평가하여, 입법론적인 제안을 하는 일이다. 왜냐하면 정의, 형사정책적 합목적성, 개인의 인권과 자유 및 안전, 실용성, 전통과 국민의 법적 확신 등의 가치개념이 여기에서 문제되므로 순수한 이론적인 법비교의 결과만 가지고서는 애당초 목표했던 '보다 나은 법'의 지평에 도달할 수 없기 때문이다.

이렇게 하여 얻은 비교법의 결론들은 "세계에로의 징검다리요, 최선의 가장 인도주의적인 법을 쟁취하기 위한 민족간의 평화로운 전투장이며, 위대한 법문화의 전통을 주고받는 교환장소"[2]로서의 역할을 담당할 수 있다. 비교형사법은 여기에서 더 나아가 우리나라의 형사법처럼, 외국법에 뿌리를 두고 있거나 외국법과 같은 문제상황에 처하여 있는 경우에는 자국법의 법정책적 방향과 개정작업, 해석론 등에도 건설적인 기여를 할 수 있다. 또한 이념적으로 통일된 세계법(Weltrechtswissenschaft)의 발전에도 기여할 수 있음은 물론이다.

바야흐로 세계는 이제 하나의 인간가족으로 엮어져 가고 있다. 먼 국경과 언어를 초월하여 세계시민들을 하나의 가족으로 엮어가고 있다. 먼 나라의 생활세계와 그 암흑면이 우리들의 현실생

2) Jescheck, Entwicklung, Aufgaben und Methoden der Strafrechtsvergleichung, 1955, S.44.

활의 이야깃거리로 실시간 등장하고 있다. 정보의 광역화와 공유로 인해 세계시민들의 의식과 행동은 과거보다 훨씬 더 친화성과 유사성을 더 해가고 있다. 이러한 상황은 세계화시대의 법의 난제를 해결하는 데 있어서 하나의 기회일 수도 있고, 하나의 가능성일 수도 있다. 체계는 침윤하고 혼동하지만 문화적 상호교류와 의사소통·이해의 지평은 넓어지고 있기 때문이다.

이 같은 현상에 비추어, 우리는 잠정적으로 다음과 같은 사실을 확인할 수 있다. 즉, 정보교환의 신속성과 광역화로 이제 법문화는 단지 한 국가의 국내법차원에만 머물 수 없게 되었다는 점이다. 우리나라를 비롯한 여러 나라의 형사법제도와 이념이 전 세계적 학문시장과 법률시장에서 공통적인 문화적 상품으로서 그 성과를 주고받을 수 있게 되었으며, 긴밀한 영향권을 형성해 갈 수 있게 되었다는 점이다.

그리하여 오늘날 형사법은 국내법이라는 국지적인 한계를 벗어나 질에 있어서 '보다 나은 법', '보다 옳은 법'의 탐구를 내용으로 하는 세계형법학에로의 발전도상에 있다고 할 수 있다.[3] 이러한 현상은 1990년대 이후 구소련의 해체, 동구공산진영의 퇴조, 유럽연합의 강화, 세계화정책의 진전 등으로 더욱 뚜렷해졌다.

2. 비교법연구의 필요성

법제도는 한편으로 한 나라와 민족의 문화적 특수성의 반영인 반면, 다른 한편으로 보편성의 측면을 갖고 있기도 하다. 한국사회에서는 A라는 행태의 생활습관이나 범죄현상이 뚜렷한 반면, 다른

---

3) Claus Roxin 저, 김일수 역, 형사정책과 형법체계, 박영사, 1996, 9면 참조.

민족이나 다른 사회에서는 B라는 행태의 생활습관이나 범죄현상이 특징적으로 나타날 수 있다. 한 나라에서는 낙태와 폭행이 빈번한 반면, 다른 나라에서는 절도와 사기가 빈번하게 발생하기도 한다.

그 배후에는 독특한 경제·사회·정치·문화적 배경이나 전통·풍속에 따라 나타나는 사고방식과 생활유형의 차이가 작용할 수 있다. 평화를 구가하는 유럽 국가들의 생활세계와 전쟁 중에 있는 아프가니스탄인들의 생활세계는 다를 수밖에 없고, 그 반영으로 나타나는 삶의 양태나 범죄현상도 다를 수밖에 없을 것이다.

이 같은 법문화의 특수성에도 불구하고 법제도는 보편성의 측면을 갖고 있다. 각 나라마다 인종과 언어와 풍습이 다르고 역사와 전통이 다르더라도 신뢰와 공정성에 바탕한 거래생활과 타인의 실존조건을 함부로 해하지 말아야 한다는 원칙, 서로간 권리와 의무를 주고받는다는 원칙은 세계 어느 곳에서나 보편적인 이성의 원리에 속한다. 비록 세부적인 구성은 다양할지라도 사람을 고의로 쳐죽인 자를 중한 범죄로 인식하지 않는 나라와 민족은 없다.[4] 누가 가르쳐 주거나 일깨워 준 적이 없을지라도 기본적인 윤리성의 범주 안에서 사람들은 이 같은 생활질서의 기본 틀에 대한 인식을 공유하고 있는 셈이다. 한반도에 등장했던 5000년 전 고조선의 8조금법이나 함무라비법전이나 모세5경에 나오는 십계명 등을 보더라도 고대사회를 살았던 민족들이 비록 어떤 직접적인 문화적 교류가 없었음에도 불구하고 규범사유능력에 의거하여 유사한 생활질서를 형성해 왔던 것은 우연이 아니다.[5]

법문화가 갖는 이 같은 특수성과 보편성의 복합적 성격 때문에 법학과 법실무에서도 비교법적 연구의 필요성이 생기며, 통일

---

4) Höffe, 김일수·박민성 역, 「통합문화적 형법은 가능한가?」, 고대법학논집 제35집, 1999, 321면 이하 참조.

5) 김일수, 「세계화시대의 법과 한국법의 발전방향」, 세계화시대의 법과 한국법의 발전, 고려대 개교 백주년 기념 국제학술대회, 2005, 14면 이하.

법 내지 세계법의 지평도 생겨난다. 법제도와 법현상을 비교연구하는 주된 목적은 어느 나라가 특정한 사회문제를 어떻게 해결하고 있는가를 검토한 뒤 이를 한 나라의 사회문제 해결방안과 비교하여 건설적인 결론을 이끌어 내는 노력이다. 그것은 단지 다른 나라의 법률정보와 지식을 수입하여 진열장에 나열하는 형식과는 차원이 다르다. 더군다나 한 나라의 법제도를 그 오랜 법문화적 배경과 관련 없이 손쉽게 또는 임기응변의 수단으로 들어 쓰는 아전인수격의 형식과는 거리가 먼 것이다. 그것은 각각의 차이와 특수성을 분석하고 종합하면서 보다 합리적이고 인간다운 문제해결 방안을 찾기 위해 평화적으로 파괴하고 건설하는 토론의 장이며, 각 나라의 훌륭한 법문화적 전통과 경험을 주고받는 교환장소와 같다.[6)]

인간은 항상 미래의 불확실성과 대결하고 있기 때문에 자신을 넘어선 보편적 진리에 대한 믿음을 필요로 하듯이, 인간은 항상 사회적 갈등이나 불안과 대면하고 있기 때문에 법적 평화와 보다 좋은 법에 대한 기대를 갖는다. 법이 문제해결의 준거로서 준수되자면 법공동체 구성원들의 그 법제도의 구성과 운영에 대한 믿음을 전제한다. 그런 의미에서 버만(Harold Joseph Berman) 교수가 일찍이 말한 것처럼 법은 율법주의나 교조주의 또는 기계적 legalism으로 퇴화해서는 안 되고 끊임없이 변화하여 보다 인간답게 되도록 진화해야 한다.[7)]

파편화된 후기현대사회에서 역설적으로 우리는 법을 제자리에 위치시키고 그로부터 법의 임무들을 새롭게 찾아 나갈 수 있으려면 무엇보다도 법의 척도가 되는 인격적 존재로서의 인간에 대한

6) Markesinis, Foreign Law and Comparative Methodology, 1997, p.36(The destructive and constructive Role of the comparative Lawyer).

7) 헤롤드 버만(Harold Berman) 저, 김철 역, 종교와 제도, 민영사, 1992, 22면.

총체적 통찰과 그에 대한 관심과 배려, 보다 인간다운 삶의 조건으로서 사회의 변혁으로 나아가야 할 것이다.[8)]

3. 서구 형사법 사상의 변천

서구 법학, 특히 형사법은 19세기말 포이어바흐(von Feuerbach)와 빈딩(Binding)에 의해 순수형사법의 모습을 띠었었다. 이것은 형사법의 실현에서 법적용자의 자의성을 배제하고 개인의 자유를 보장하기 위해 형평하고 공정한 형사사법을 꾀하는 데 그 주안점이 있었기 때문에, 법의 정치적·사회적 차원은 관심 밖에 있었다. 빈딩은 형법은 순전히 형식적으로 "국가형벌권 담당자와 형벌수인의무를 진 범죄자 사이의 관계"라고 간명하게 표현했다.[9)] 형법학의 성격이 이렇다보니 국가형벌도 일체의 예방목적과는 절연된 순수한 응보형에 머물러야 한다는 결론에 이르렀다. 이렇게 출발하고 있는 빈딩의 절대적 정의의 요구는 마치 칸트(Kant)처럼, 비록 자유주의적이긴 하지만 동시에 권위주의적인 사고가 밑바탕에 깔려 있는 형사법을 추구하게 되었다.

빈딩의 이 순수형사법 사상은 그 후 리스트(von Liszt)의 새로운 자유주의적·사회적 법사상에 의해 도전받게 된다. 리스트는 범죄투쟁이라는 실천적 요구에 직면하여 사회적 현실을 법의 세계에 끌어들여 생각했고, 이러한 관점에서 이른바 '총체적 형법학'을 창안했다.

리스트의 총체적 형법학은 첫째, 형법과 형사소송법에서 형사실무가들을 논리적·법실증주의적으로 교시하는 것과 관련된 이른

---

8) 김일수, 「전환기의 법학 및 형법학의 과제」, 법·인간·인권 제3판, 522면 이하 참조.

9) Binding, Die Normen und ihre Übertretungen, Bd. I., 1920, S.20.

바 교육학적 임무와, 둘째, 범죄학과 형벌학에서 범죄와 형벌의 인과적 관련성을 해명하기 위한 과학적 임무와, 셋째, 형사정책으로서 입법의 발전을 꾀하는 정책적 임무를 그 중심내용으로 삼고 있다. 그런데 이 총체적 형법학에서 이러한 임무들은 사회국가적 원리로서만 취급되었고, 형사정책과 분리된 형법은 여전히 범죄인의 마그나카르타(Magna Carta)로서 법치국가적 통제기구로 남게 되었다. 총체적 형법학 내부의 내재적인 결합은 이루어지지 않은 채, 사회국가적 형사정책의 원리들은 역시 권위주의적인 사고를 그 밑바탕에 깔고 있었다.

20세기에 들어와, 특히 군국주의와 전체주의가 쇠퇴한 제2차 세계대전 이후, 서방 자본주의 사회진영에서 국가질서는 자유적·사회적·민주적 법치국가 원리하에서 하나의 통일된 체계기능을 담당한다. 형사법분야에서 자유주의와 사회국가원리는 그 사이 많은 논의가 있었으나 아직까지도 미진한 중요한 부분은 민주주의 원리에 의한 형사법의 재구성이다.

앞에서 본 바와 같이 포이어바흐(von Feuerbach)와 빈딩에게서 법치국가적·권위주의적 형법사상을 보고, 리스트에게서 사회국가적·권위주의적 형법사상을 파악할 수 있었다면, 그 후 민주적 법치국가시대에서는 바로 이 민주주의원리와 상용할 수 없는 권위주의적 요소를 형법학적 사상 속에서 불식시키는 일이 급선무일 것이다. 민주사회에서 통용될 수 있는 사회체계는 그 구성원들간의 상호작용과 상호교류적 의사소통에의 참여기회 극대화 및 그 확대를 통해 시민 각자의 자유활동의 신장을 위한 조정과 규율을 그 구조적 특징으로 삼는다. 여기에서 나타나는 새로운 형사법체계의 특성은 자유적·사회적·민주적 요소들을 법치국가 이념하에 통합한 '사회체계에 관한 구조학으로서의 형사법'라고 할 수 있다.[10)]

---

10) Calliess, Theorie der Strafe im demokratischen und sozialen Rechtsstaat,

이제 형사법도 사회적 의사소통과 상호교류의 복잡성과 혼란을 해소시키면서 각자가 사회생활 속에서 대등한 시민으로서 상호교류와 상호작용을 보다 원활하게 할 수 있도록 조종·촉진·규율하는 기능을 갖는다는 것이다.

또한 여기에서 인접분과학의 지식도 변형을 거쳐 수용할 수 있고, 형사법적 의사소통의 기제로 재구성할 수 있다. 그 결과 진정한 의미에서 하나의 통합된 총체적 형법학의 지평을 내다볼 수 있게 되었다.

전후 세계질서의 재편에서 중심적인 역할을 한 최상위적 가치이념은 인간의 존엄과 가치이며, 이에 따라 새로운 형사법질서의 재편이 이루어질 수 있었던 것도 사실이다. 전후 20여 년간 형사법개정작업을 추진해 온 독일이 1975. 1. 1.자로 전면적인 개정형법을 발효시켰다. 이와 때를 같이하여 오스트리아에서도 1975. 1. 1.자로 개정형법이 발효되었다. 이러한 1970년대 개정작업의 방향은 스웨덴을 중심으로 한 북구의 재사회화형법의 이념을 좇아 탈윤리화의 방향에서 사회복귀·자유화·합리화·인간존중화의 정책을 강화하는 것이었다. 이에 따라 책임원칙의 고수, 형벌과 보안처분의 이원주의, 사형의 폐지, 단기자유형의 폐지 내지 대체, 자유박탈을 수반하지 않는 형사처분의 가능성 확대, 벌금형의 주형화(主刑化), 정액벌금제에서 일수벌금제로의 전환, 자유형 및 벌금형에 대한 선고 내지 집행유예부 판결선고의 가능성 확대, 사소한 경미범죄의 비범죄화, 풍속범죄의 과감한 자유화 등의 길을 걷게 되었다. 이러한 개정작업의 결과들은 그 후 핀란드, 노르웨이, 미주 여러 나라, 우리나라와 일본 등의 법개정 작업에도 문화적인 도전과 영향을 준 것이 사실이다.[11]

1974, S.62f.

11) 김일수, 서구제국의 형법개정작업에 관한 고찰, 법무부 형법개정자료집(I), 형사법개정특별심위원회, 1985, 73면.

1980년대 후반 이래로 유럽대륙 형사법은 비교적 오랜 지속성의 전통을 깨고 꾸준히 변화해 오고 있다. 특히 프랑스, 독일과 오스트리아가 그 경우이다. 이러한 변화의 배경에는 사회안전을 위협하는 새로운 형태의 범죄가 발생하거나 점증하고 있다는 사실이 깔려 있다.

실체형법의 영역에서는 환경형법이나 경제형법 분야에서 새로운 범죄구성요건의 신설 도입, 마약범죄와 기업범죄에 대한 형벌가중 등이 주목할 만하다.

형사절차법영역에서도 이러한 변화는 뚜렷하다. 첫째, 피의자·피고인의 소송법상 권리를 축소·희생시키면서 피해자의 참여를 더욱 강화한다는 점이다. 둘째, 특히 수사절차와 수사절차에 뒤이은 후속절차에서 전자감식자료 및 유전학적 자료의 저장과 같은 통제기구의 강화이다. 여기에서 특히 언급하고자 하는 것은 수사절차에서 드러나고 있는 형사소송법 개정 노력들이다.

1980년대 이후 형사소송법의 개정은 수사절차에 집중되었다고 해도 과언은 아니다. 피의자·피고인의 인권을 위한 공판절차, 미결구금, 변호인 제도의 개선보다 더 눈에 띄는 개정은 테러리즘과 세계화라는 강력한 주제에 부딪쳐 극히 위험한 범죄자들에 대한 형사소송법적인 통제요구가 지속적으로 강화되었고, 그것이 입법적으로 반영되었다는 사실이다.

전통적으로 범죄인의 마그나카르타로 이해되어 온 자유법치국가적 형법과 형사소송법은 새로운 종류의 중대한 위협에 직면하자, 스스로 자신의 체제를 방어해야 하고, 범죄자가 사용할 수 있는 수단을 압도할 수 있는 자기방어 수단을 투입할 수 있어야 한다는 인식이 공감대를 얻었기 때문이다. 이러한 분위기하에서 수사기관들은 이제 내부적으로는 법치국가적 경계를 넘나드는 협동작업 및 위험방지와 범죄수사를 위한 기술적 수단의 투입을 고려하게 되었다. 이러한 협동작업 간에는 한 나라의 수사기관들 사이의 경계뿐만 아니라 여러 나라의 수사기관들 간의 경계를 넘나드는 작업이 포함된다. 예컨대 유럽헌법 초안은 '전 유럽에 유효한 체포명령' 및 범죄대처에 기능할 유럽통일기구의 설립을 예정하고 있다. 더 나아가 이 같은 추세는 비밀정보기관과 수사기관이 각각 알고 있는 정보를 공유하고 결합시키는 작업에까지 미치고 있다.[12]

그 결과 전통적 법치국가 형사소송에서 국가형벌권 실현의 한계설정 기준으로 작동해 온 수사의 전제조건이던 혐의점과 또한 혐의자에 대한 수사개시절차가 훨씬 전단계로 넓혀졌고, 이 같은 개방성은 종전의 적법절차적 엄격성을 유연성있게 피해갈 수 있는 문호로 작동할 수 있게 되었다. 내사의 광역체계화, 전화감청, 카메라 탐색, 인터넷 검색, 장기적·체계적인 경찰정보망의 감시, 첩보근무체제, 그 밖의 정보기술적 수법들에 의해 이미 일반시민들은 압수·수색 및 신체수색과 같은 고전적인 수사제도를 넘어서 은밀하게 작동하는 기구들에 의해 감시당하는 경우가 허다하다. 이 은밀한 감시망은 혐의자가 인식하지 못하기 때문에, 제때 방어할 수 없고 보통 세인의 주목거리가 되는 수사종료 후에야 그와 같은 진행상황이나 침해사실을 알게 된다.

수사의 전단계화 역시 실체형법의 전단계화(Vorverlagerung)처럼 위험이 현실화되기 전에 그 잠재적 위험의 영역으로 수사절차가 개입해 들어가는 것을 말한다. 개인적으로 전혀 혐의가 없는 가족·친지·회사의 동료 등 일상적인 삶의 대화상대자들이나 동반자들까지 불가피하게 전화감청, 카메라 탐색, 인터넷 탐색망에 걸려들게 된다. 결국 형사소송에서 통제망은 점점 더 넓어지고 정밀해진다.

---

12) Hassemer, Strafrecht angesichts neuer Formen von Kriminalität, in ; 세계화 시대의 법과 한국법의 발전, 고려대 개교 백주년 기념 국제학술대회, 2005, 24면 참조

여기에 현대 형사소송법, 특히 수사절차법상의 야누스가 보인다. 개인의 기본권과 인권보장 및 절차 참여권의 신장이 강조되는가 하면,[13] 깨어진 유리창 이론(theory of broken windows)에서 보듯 현대적 공동체의 안전 및 잠재적 피해자 보호를 위한 효율적인 안전망 구축과 권력에 의한 사적 비밀 및 자유영역의 통제가 용인되는 현실은 분명 법치국가적 형사사법의 역설이요 모순이라고 할 수밖에 없다.

형사소송법은 애당초 개인이익과 단체이익의 충돌이 극명하게 드러나는 영역이다. 지금까지 자유주의 이념은 양자의 충돌에서 언제나 개인이익에 우선권을 인정해 왔다. 이에 비해 최근 등장한 공동체주의(Kommunitarismus)는 양자의 충돌에서 전체 이익에 우선권을 인정하는 경향이다.[14]

이러한 모순과 역설의 흔적들은 현대법의 감출 수 없는 실상으로 드러나고 있다. 전통적인 법사고는 개념의 완결성과 원칙의 수행가능성 및 법의 정의로움에 대한 신뢰를 전제한다. 전통적 법치국가에서는 법이 일면 강제력을 수반하는 수단인 점을 인정하지만, 타면 시민의 자유를 보장하는 도구라는 인식이 지배적이었다. 법치국가의 법은 입법자의 자유통행로가 아니라 사회계약에 기초하여 사회적 갈등을 해소하는 최후수단이라고 이해한다.

이에 비해 후기현대적 법사고는 최선의 위험방지와 위험예방을 역동적인 기본권보호라고 역설하는가 하면, 인간의 존엄성 보장요구도 국가권력으로부터 개인의 자유·안전에 대한 소극적인 침해금지요구를 넘어, 국가의 인간의 존엄과 개인의 행복추구권 실현을 위해 적극적으로 개입하여 입법조치를 취해 줄 것을 요구하는 적극적인 수권규범이라고 이해하기도 한다.

---

13) Meier, Die Reform des Ermittlungsverfahrens, in : GA, 2004. 8., S.457

14) Reese-Schäfer, Was ist Kommunitarismus?, 2. Aufl., 1995, S.8f.

이런 조류 속에서 특히 2001. 9. 11. 테러사건 이후 자유사회 시민의 최대관심은 자유보다 안전이고, 진압보다는 예방 쪽으로 쏠리는 경향이다. 국가가 자유를 위협하는 존재라는 가설은 시민들의 과거음악이고 현재음악은 국가가 자유의 보장자라는 믿음이며, 미래음악은 국가가 안전보장자가 되기를 바라는 희망이다. 예방에 대한 편중된 관심은 이른바 '새로운' 위험에 대처하기 위한 형법의 최우선 수단화를 용인하는 위험형법(Riskostrafrecht)의 착상을 훨씬 뛰어넘어,[15] 전통적인 시민형법(Bürgerstrafrecht)의 패러다임을 이른바 적대형법(Feindstrafrecht)으로 전환시키고자 한다. 시민형법은 오래된 법치국가 형법의 전통과 헌법규범에서 유래하는 인권보장에 의해 제약된 형법인 반면, 적대형법은 헌법적 공동체 질서를 근본적으로 위협하는 자들을 동료시민이 아닌 공공의 적으로 간주한다. 위험에 대한 두려움과 위험에 대한 통제요구 그리고 그에 대한 예방이익 때문에 이들 특별한 범죄자군에 대해서는 법치국가적 자유보장책을 포기해도 좋다는 것이다.[16]

만약 후기현대적 법사고와 적대형법 내지 위험형법적 사고를 일방적으로 추종한다면, 오늘날 법공동체의 법적 평화를 파괴하는 범죄에 효과적으로 대응하기 위해, 경찰권의 강화를 긍정적으로 받아들이려는 주장도 성립 가능할 것이다. 이 같은 경찰국가화의 경향은 현대판 레비아탄의 재등장을 용인하는 자기모순에 이를 위험이 있지만 말이다. 안전에 대한 위험예방 요구가 다시 자유에 대한 위험을 낳게 될지도 모른다.

---

15) 위험형법에 관한 새로운 논의는 김일수·서보학, 새로쓴 형법총론 제11판, 박영사, 2007, 87면 이하.

16) 시민형법과 적대형법의 논의를 여기에 끌어들인 학자는 독일 Bonn 대학의 Jakobs 교수이다 : Jakobs, 「Kriminalisierung im Vorfeld einer Rechtgutsverletzung」 ZStW 97, 1985, S.753ff.; ders. Staatliche Strafe : Bedeutung und Zweck, 2004, S.38; ders. Strafrecht AT, 2. Aufl., 1991, 2/25C.

4. 형사정책의 세계적 추세와 최근 동향

(1) 1970년대의 결산

지난 세기 70년대 유럽대륙에서는 형법개정작업이 마무리된 시기였다. 당시까지 지배적이었던 응보사상이 쇠퇴하고, 재사회화 사상이 전면에 등장했다. 칸트와 헤겔로부터의 결별을 선언했던 형법개정작업가들은 리스트(Franz von Liszt)의 자유주의적·합리적 형사정책에 주목하였다.[17] 리스트의 개혁전통을 계승한 독일형법 개정택일안의 형사정책적 프로그램은 ① 응보형사상의 배제, ② 일반예방에 대한 특별예방의 우위, ③ 형벌의 정당화전제로서 보충성과 실효성의 원칙, ④ 법익보호에 의한 형벌권의 제한 등이었다.[18]

이 중에서 자유화의 경향으로 손꼽을 수 있는 특징으로서는 리스트(Liszt)적 전통에 입각한 사회정책의 최후수단으로서의 형사정책과 형사정책의 최후수단으로서의 형법을 들 수 있다. 자유보장책으로서의 형법은 바로 이 점에서 범인의 마그나카르타(Magna Carta)이고, 시민의 자유의 대헌장이었으며, 형법이야말로 형사정책의 뛰어넘을 수 없는 한계를 설정하는 기능을 담당했다. 형법보다는 형사정책이 우선하고, 형사정책보다는 사회정책·교육정책이 우선해야 한다는 생각이다. 이 같은 자유화의 경향으로 형벌완화와 자유형을 대체하는 벌금형의 주형화 현상을 들 수 있고, 종교범죄의 비범죄화, 성풍속범죄의 탈윤리화를 손꼽을 수 있다.

---

17) U. Klug, 「Abschied von Kant und Hegel」, in: Baumann Programm für ein neuen Strafgesetzbuch, 1968, S.37.

18) Roxin, 「Franz von Liszt und die kriminalpolitische Konzeption des AE」, in: ders, strafrechtliche Grundlagenprobleme, 1973, S.36.

합리화의 경향으로는 정치형법의 탈이데올로기화, 경미범죄의 비범죄화를 위한 질서위반법의 정비, 단일자유형제도의 도입, 정액벌금제에서 일수벌금제도로의 전환, 형벌과 보안처분에 의한 형법의 이원주의 채택, 유예제도와 가석방제도의 적용확대로 인한 형법의 제3원 구축 등을 들 수 있다.

물론 자유화와 합리화의 목표지향점이자 귀결이기도 한 인간존중화 경향도 지난 세기 70년대 형법개정과정을 이끌어간 하나의 지도이념이었음을 간과해서는 안 될 것이다. 인간의 얼굴을 지닌 형사정책과 형법의 관점 아래 사형을 폐지·축소하고, 종신자유형을 완화하며, 응보보다는 재사회화를 위한 형벌 및 보안처분의 집행들을 손꼽을 수 있다.

(2) 1980년대 중반의 변동

1970년대의 재사회화형법은 그 이전 반 세기 동안이나 논쟁의 초점이 되어 왔던 응보형사상을 역사의 뒤안길로 물러서게 했다는 점에서 그 영광스러운 광채를 지니기는 했지만, 그 사이 변화된 사회구조와 환경 그리고 새로운 범죄현상에 대하여 충분히 현실성있는 대안이 아니었다. 확산되는 마약범죄, 급증하는 청소년범죄, 환경 및 경제범죄, 조직범죄 등에 대한 대책으로는 만족할 만한 대안이 못 되었다. 유럽에서 재사회화형법의 선두주자였던 스칸디나비아 여러 나라에서 이 같은 현대범죄에 대해 재사회화형법이 고비용·저효율 이외에 다름 아니라는 회의가 싹트기 시작했다. 일상생활을 영위하는 노상에서 수상이 총기에 암살되는 무질서와 혼란을 겪으면서 재사회화형법에 대한 반성과 새로운 반동의 물결이 나타났다. 이른바 「깨어진 유리창 이론」(theory of broken windows)이 암시하는, 기승하는 범죄에 대한 안전망이 무너진 사회에서 가장 급선무인 과제는 바로 범죄를 사회통제 아래 장악하는 일이다. 그리고 자유보다 안전이 시급한 국가과제라는 인식이 확산되었다.

응보사고가 추방되고 난 빈터에 특별예방과 일반예방만이 형사제재의 유일한 목적으로 자리잡았지만, 두 예방사상 가운데 재사회화형법은 일반예방보다 특별예방을 원칙적으로 우위에 놓았다. 그러나 사회적 안전망이 무너지고 노상에서 범죄가 빈발하는 상황에 직면하자, 재사회화 프로그램이 실제적으로 범죄예방효과를 크게 거두지 못하고 있다는 비난에 부딪혔다. 이에 대한 반성으로 일반예방 우위의 예방적 프로그램을 주장하는 학설과 응보형사고의 재도입을 주장하는 목소리까지 등장했다. 특히 스칸디나비아 여러 나라에서 제기되었던 이른바 신고전주의(neo-classism)운동이다.[19)]

미국에서도 사정은 마찬가지였다. 총기에 의한 살상, 마약, 성범죄, 테러범죄 등으로 사회적 위기의식이 점점 고조되면서 범인의 자유 위주의 형법관에서 피해자의 안전 위주의 형법관으로 발상의 전환이 일어났다. 1970년대 미국에서 일어났던 국가형벌권 행사에서 nothing works의 원칙은 비록 그 이전의 everything works의 원칙으로 회귀한 것은 아닐지라도 something works의 원칙으로 돌아섰다.[20)]

(3) 1990년대 중반 이후의 동향

형법은 법적 구성요건의 신설에 의한 범죄화와 실효성 없는 형법규정의 폐지에 의한 비범죄화를 통하여 행위규범을 확정하고 일반인에게 이 규범에 합치된 방향으로 사회적 갈등을 해결하도록

19) 이에 관하여는 김일수, 서구제국의 형법개정작업에 관한 고찰, 법무부 형법개정자료집 (Ⅰ), 1985, 59면 이하 참조.

20) 김일수, 한국형법Ⅰ(총론上), 제2판, 122면.

호소한다. 그리고 이 규범을 승인하지 않고 위반했을 때 형사제재를 과함으로써 범죄예방의 기능을 담당한다.

1990년대 중반에 이르면서 이러한 범죄예방기능 중 특히 형벌위하에 의한 소극적 일반예방사상보다 규범의식의 내면화를 통해 규범안정화를 기하려는 적극적 일반예방사상이 전면에 등장했다. 여기에는 ① 사회일반인으로 하여금 사회교육적 동기를 학습하게 하여 법충실에의 숙련을 쌓게 하는 사회교육적 학습효과, ② 법규범이 관철됨을 직·간접적으로 체험함으로써 규범신뢰의 숙련을 쌓게 하는 규범신뢰효과, ③ 범죄로 인해 불안해진 일반인의 법의식과 법감정을 진정시켜 주고 범죄자와의 갈등이 해소된 것으로 간주하는 만족을 낳게 하는 만족효과 등이 있다. 이 같은 기능은 범죄로 인한 갈등을 종국적으로 해소해 주어 사회통합에 이르러 가게 한다는 의미에서 사회통합기능이라고도 불리운다.[21)]

다른 한편 후기현대사회로 접어들면서 이른바 '새로운 위험' 사고가 형법에 영향을 끼쳤다. 근대화·산업화가 스스로 자기기반을 뒤흔드는 위험까지 양산하였고, 원자력위험, 화학적 위험, 생태학적 위험, 유전공학적 위험과 같은 새로운 위험이 인류의 생존 자체를 위협하는 단계에까지 이르렀다는 판단 아래 새로운 위험원에 대한 작은 실수가 큰 위험을 초래하는 것을 예방하려면 작은 악의 싹부터 통제하는 철저한 사전예방이 되어야 한다는 것이다.

후기현대의 위험사회는 새로운 위험에 대처하기 위해 형법적 보호를 확장하고 그 보호영역도 넓히는 경향이 있다. 이같은 예방사고는 형법을 전통적인 사후진압적 통제모델로부터 신축성 있는 예방적 조정모델로 변모시키려고 한다. 전통적인 법치국가형법관에 따르면 형법은 일면 강제력을 수반하는 통제수단이지만, 타면 시민의 자유를 보호하는 장치였다. 법치국가형법은 입법자의 자유

---

21) 김일수, 한국형법 I (총론上), 제2판, 148면.

통행로가 아니라 사회문제해결의 최후수단일 뿐이다. 이에 반해 위험사회의 새로운 위험에 대처하기 위해서는 위험형법의 등장이 불가피하게 되었다는 것이다. 그리하여 위험형법은 이제 '새로운 법익'이 아니라 '새로운 행위'를 형법적 통제의 대상으로 삼아야 한다는 것이다. 21세기의 문제를 18세기의 정신적 도구를 가지고 해결할 수 없다는 인식 때문이다.[22)]

(4) 최근의 신합리주의 경향

20세기를 지나 21세기로 접어들면서 응보보다는 예방사상이, 특별예방이나 소극적 일반예방보다는 적극적 일반예방사상이 형사정책의 정당성을 위한 논거로 자리를 잡아가고 있다. 문제는 체계의 파괴이다. 전통깊은 체계적 사고와 체계적 형사정책이 약화되고 개별문제 해결을 위한 포스트모던적 형사정책이 강세를 띠기 시작했다.

후기현대주의적 법사고는 지금까지의 형식적 합리주의적 법이론과 보편적 본질론적 법개념에 반기를 들었다. 전통적인 법이론가들의 통념을 지배했던 중립적·객관적인 법의 존재에 의문을 제기하고 나섰다. 법에 관한 새로운 변증론적 담론들이 전개되어 경제적 분석, 비판법학, 페미니즘, 문예비평, 인종의식 등에 고무되고 있는 실정이다. 법학의 여러 가지 기본적 이슈는 문화적인 차원과 연계된다는 인식을 갖는 법학자들은 사회 속의 다양한 문화에 대한 사고와 담론의 유형을 생각해내기 시작했다. 법과 경제, 법과 문학, 법과 여성, 법과 정치, 법과 인종, 법과 인간 등의 연구활동

---

22) 위험형법은 보편적 법익개념과 피해자 없는 범죄영역의 확대, 특별형법의 비대화, 추상적 위험범의 영역확대, 형법의 국민계몽을 위한 도구화 등의 경향을 긍정적으로 받아들인다. 이에 관하여는 김일수·서보학, 새로쓴 형법총론 제10판, 박영사, 2004, 87면 참조.

에서 보여 주는 'law and movement'는 다같이 전통적인 보편적 법이론과 국지적인 법적 쟁점 가운데 은폐되어 있는 모순과 역설을 들추어내는 데 열중하고 있다.

법이란 원래 문화적 다원주의에서 상이한 문화 사이를 잇는 매개체이고, 법사고 역시 사회 속에서 상이한 문화적 담론과 사상의 모형을 숙지하도록 고무시키는 문화적 차원을 갖고 있기 때문이라는 것이다. 다양한 인습과 언어, 문화를 지닌 민족과 인종 간의 갈등이나 이념의 차이에서 오는 가치관의 갈등, 성별의 차이에서 오는 사회적 갈등을 보편적인 법관념만으로 해결할 수 있으리라 기대하기는 어렵다. 판단의 최종 근거는 원리에 있지 않고 역설(paradox)에 있다는 가설 아래, 후기현대법이론은 이 모순과 역설의 파편을 주워 모아 때로는 실용주의자로, 때로는 냉소주의자로 언어와 담론의 지평을 열어가려고 한다. 물론 거기에도 사고의 룰과 합리성이 지배한다. 이 합리주의를 근대적 합리주의와 구별하여 후기합리주의, 신합리주의라 부르기도 한다.[23)]

형사정책의 분야에서 이 같은 현상은 아동포르노, 성폭력, 인종차별, 가정폭력 등 사회적 약자보호를 위한 특별법 분야에서 뚜렷이 나타난다. 미국 워싱턴주의 삼진아웃법, 뉴저지주의 메간법, 우리나라의 성폭력특별법, 가정폭력특별법, 성매매특별법, 태아성감별금지규정 등을 들 수 있다. 형사정책적 관점에서 최근의 조류들은 신합리주의의 표현이라 할 수 있다.

첫째, 형벌은 범죄투쟁에 특별히 적합한 수단이 결코 아니라는 점이다. 형법은 무정부상태를 막기 위해 필요불가결한 수단이다. 하지만 형벌만을 통해 현존하는 범죄를 본질적으로 감소시킬 수 있다고 믿는다면 형법에 너무 많은 것을 기대하는 셈이 될 것

---

23) 이에 관하여는 김일수, 「전환기의 법학 및 형법학의 과제」, 법·인간·인권, 제3판, 522면 이하 참조.

이라는 점이다.

둘째, 자유형은 범죄투쟁수단 중 특히 문제점이 많은 수단 중 하나라는 것이다. 자유형의 등장으로 그 이전까지 풍미했던 잔혹한 생명형이나 신체형을 대체할 수 있었다. 하지만 어떤 이를 사회로부터 격리시키고 자유를 박탈하면서, 그를 사회에 정상적으로 되돌아가 책임있게 행동하며 살도록 교육하기는 불가능하다는 점이다. 뿐만 아니라 재소자들을 그들의 가족 또는 직업으로부터 급속히 해체시키는 역기능을 할 뿐만 아니라 재소자들끼리 나쁜 영향을 주고받는 범죄감염작용을 한다는 점이다. 그리고 자유형이 인간의 존엄성을 존중하는 선에서 집행되어야 한다면 시설경영, 직원, 경비와 재소자들의 거실 및 위생, 문화환경 등 많은 면에서 매우 큰 비용을 요한다는 점이다. 따라서 자유형은 중범죄와 재범의 우려가 있는 범죄자들에게는 일정기간 불가피한 제도이지만, 그 밖의 경우에는 그 기회를 감소해가거나 대체하는 수단들이 동원되어야 한다.

셋째, 예방은 처벌보다 더 효과적이라는 점이다. 이를 위해서 사회정책적·복지적 차원의 정책수단이 투입되어야 하고, 범죄피해자들을 위한 상담소와 보호시설 등의 수단도 강구되어야 한다. 범죄예방의 최선의 정책은 비디오감시제도 같은 사회안전망과 사회적 선도와 감시망의 구축, 기술적으로 잘 연마된 이동순찰경찰제도, 전문화된 수사인력 및 장비확보 등을 빼놓을 수 없다.

넷째, 형사제재의 체제는 다양화하고 확대되어야 하며 형벌보다 인간답고 사회적으로 유용한 제재들이 우선되어야 한다는 점이다. 벌금형의 주형화(主刑化)와 함께 벌금형의 집행력을 높이기 위한 일수벌금제와 유예제도, 보호관찰제 등이 보완되어야 한다. 그 밖에도 단기자유형의 대체수단으로 미국에서 개발된 전자안전장치에 의한 가택구금제나 도로교통범죄가 아닌 일반범죄에 대해서도 자동차운전금지를 부과하는 조치가 투입되면 실효성 있는 제재수단이 될 것이다. 그 밖에도 사회치료교정시설에 의한 성격교정 등 치료수단의 제공, 범인들의 특성에 따른 다양한 수강명령과 사회봉사명령의 확대, 피해자에 대한 원상회복제도의 도입과 경미한 범죄자들에 대한 사회복지기금출연을 이유로 한 기소유예 및 공소기각제도 등을 고려해 볼 필요가 있다.[24]

5. 보호관찰제도의 형사정책적 의의와 기능

주지하는 바와 같이 보호관찰은 범죄인에 대한 적극적·개별적인 사회내처우라는 점에서 시설내처우인 교정과 본질적인 차이가 있다. 시설내처우로서 자유형집행이 오늘날 가장 문제점 많은 형사정책수단인 점은 이미 언급한 바와 같다. 재소자의 탈사회화를 촉진시키고, 고비용·저효율의 행형제도인 점도 앞에서 언급한 바 있다. 문제는 이러한 시설내처우로서는 범죄인의 사회복귀가 정상적으로 이루어질 수 없고, 그 역작용으로 재범·누범 등의 증가를 낳는다는 점이다. 보호관찰은 형벌의 유예 또는 중단을 전제로 실시하게 되지만 선행유지조건인 일정준수사항을 부과하고 이를 스스로 이행하도록 개별상담자(case worker) 내지 독지가(social worker)로서 보호관찰관이 조력한다는 점이 특장이다. 거기에는 시설 내에서와 같은 팽팽한 신경전 대신 연민의 정을 가지고 설득하고 권유하고 세워주는 돌봄이 있다. 이 같은 지도·감독·원호는 대상자들을 사회 내에 방치하는 것이 아니라 교화·개선·자립갱생할 수 있도록 국가가 스스로 돕는 자를 돕는 역할에 해당한다.

보호관찰은 바로 그렇기 때문에 자유형의 폐단을 방지하여 예

24) 이에 관하여는 Claus Roxin, 「형사정책의 최근의 문제점들」, 고려대 법과대학 법학연구원 초청강연(2000. 9. 22.) 참조.

방목적을 실질적으로 내면화시킬 수 있고, 대상자의 갱생의지를 강화시켜 사회적응을 통한 재범억지에 획기적으로 기여할 수 있다. 오늘날 청소년 범죄의 예를 들자면 대부분 청소년범죄자 후보군은 깨어진 가족관계에서 자라난다. 부모가 서로 싸우고 갈라지며, 심지어 어린 자녀들에게 폭력을 휘두르며 아무 애정도, 감화어린 교훈도 주지 못하는 환경에서 자라난 아이들은 훌륭한 지도자가 되기보다는 범죄자가 되기 십상이다. 이미 오랜 삶의 일탈과정에서 범죄의 길로 빠져 든 이들을 감금시켜 놓고, 사회와의 화해를 설교해 보았자 빗나간 그들의 심성을 교화시켜 사회화의 길로 들어서게 하기에는 너무 늦었고 힘들기만 하다.

그들에게 필요한 것은 관료적으로 처리되는 것이 아니라 개별적으로 처우되고, 비관료적인 사랑의 관계 속에서 사랑을 느끼게 하는 일이다. 보호관찰은 바로 새로운 사랑과 신뢰의 가교를 놓는 모험을 감행하는 제도이며, 그러므로 비록 실패할 확률은 있지만, 교정보다 무감각하거나 무책임하지는 않다는 점에서 그 성공률을 높일 수 있는 기대감을 준다.[25)]

더 나아가 보호관찰은 일찍이 미국의 교정자유화시대의 다이버전(diversion) 프로그램을 활용할 수 있는 가능성이 넓게 열려 있고, 많은 사회적 자원봉사인력과의 교류를 통해 비용을 절감하면서도 화합된 친교분위기를 조성함으로써 사회재통합의 기능을 촉진시킬 수 있다.

문제는 대상자들의 특성에 맞는 재활프로그램의 다양화와 그 프로그램을 함께 엮어갈 수 있는 전문인력 및 자원봉사인력의 확충이다. 일찍이 리스트(Franz von Liszt)가 마르부르크(Marburg)강령에

25) 인간을 사회적 존재로 파악하면, 자유형으로 인한 감옥시스템은 명칭이야 형무소에서 교도소로 바뀌었지만, 수형자들로 하여금 인격적 품성의 불완전성 때문이 아니라 사회적 관계의 불가능성 때문에 사회복귀의 목적에 이를 수 없다는 점을 직시할 때, 이 점은 더욱 절실해진다.

서 발의했고,[26] 마이호퍼(Werner Maihofer)가 후에 행위자유형과 연관지어 제시했던 형사정책적 프로그램은 대상자들의 개성에 맞는 프로그램의 개발에 앞서 염두에 두어야 할 사항으로 보인다.[27]

첫째, 속죄가능한 기회범군에 대해서는 속죄의 가능성의 문을 활짝 열어 주어야 한다. 속죄할 가능성을 닫아버리는 자유형보다 수강명령이나 사회봉사명령 또는 원상회복제도를 통해 선으로써 악을 극복해 나갈 수 있는 길을 열어 놓는 것이 좋다.

육체노동이 제공될 사회봉사작업(국가경영시설물·공공시설물의 개보수작업이나 쓰레기 청소까지 포함)이나 제공자의 특성에 적합한 정신적인 작업(도서관 사서, 컴퓨터작업 등)도 고려될 수 있어야 한다. 뿐만 아니라 피해자에 대한 원상회복을 행형적으로 높이 평가해 줌으로써 범죄피해자들을 지금보다 더 나은 형법적 보호와 관심영역 안으로 끌어들이는 조치들을 마련해야 한다.

둘째, 속죄용의가 없는 기회범군에 대해서는 행위자가 선을 통해 적극적으로 속죄할 용의가 없으므로, 비록 형벌부과는 불가피하지만, 재범의 위험이 없는 경우라면 형벌도 자유형을 통한 자유의 직접적 박탈이 아니라 벌금형이나 특별법상 보호처분 등의 보호처분제도가 우선 고려되도록 하는 것이 좋다. 자유의 간접적 박탈만으로도 재사회화를 유리하게 촉진할 수 있다면 굳이 직접적인 자유박탈의 고비용 구조를 선호해야 할 이유가 없기 때문이다.

셋째, 개선가능한 상태범군에 대해서는 종래의 징역형이나 금고형과는 다른 사회복귀를 실질적으로 돕는 순수한 교육형 제도가 도입되어야 한다. 과실범과 교통사고 범죄자들에 대해서는 해당 분야의 전문기술과 적성을 함양하고, 피해자에 대한 정신적인 속죄를 통해 개선으로 나아가는 길이 열려 있어야 한다. 그런 의미

26) v. Liszt 저, 심재우 역, 형법에 있어서 목적사상, 고대법률행정논집 제15집, 고려대학교 법과대학 행정문제연구소, 1977, 184면 이하.

27) Maihofer, Menschenbild und Strafrechtsreform, 1964, 18면 이하.

에서 과실범이나 교통사범 전용 교정시설이나 전문적인 보호관찰 시스템의 개발이 필요하다. 그리고 행태와 성격을 바로잡기 위한 교육적이고 치료적인 프로그램도 강구되어야 할 것이다.

넷째, 개선의 여지가 없는 상태범군에 대해서는 교육형과 재사회화형벌이념은 그 입지를 잃어버린다. 여기에서는 형사제재가 순수한 보안처분 내지 보호형의 형태를 띠지 않을 수 없다. 사회방위처분을 통해 상습범, 육욕적 충동범, 영리적 착취범들에 대해서는 사회의 안전망이 위협받지 않도록 방어망을 구축하는 것이 최선의 예방책이라는 것이다.

이러한 원칙 안에서 보호관찰의 다양한 프로그램들이 구체화되어야 한다. 때로는 재활기능에 비중을 둔 프로그램일 수 있고, 때로는 처벌기능에 비중을 둔 프로그램일 수도 있다. 때로는 치료기능에, 때로는 개선・갱생기능에 역점을 둔 프로그램일 수 있다. 때로는 가해자 및 피해자를 함께 배려하는 복지기능을 띤 프로그램일 수도 있을 것이다.

이 같은 발전방향에 비추어 볼 때, 보호관찰은 앞으로 형사제재와 그 집행에서 전통적인 시설내처우라는 교정제도를 훨씬 능가하여 사회내처우로서 그 활용범위를 더욱 확대해 나갈 것으로 보인다. 우선 형법실현의 각 단계에서 보호관찰의 다양한 활용가능성을 언급해보기로 한다.

첫째, 기소이전단계에서 보호관찰부 기소유예를 통한 신속한 형사절차종결방안이다. 또한 보석요건조사와 보석피고인 법정출석 등 보석조건이행감독을 통한 보석제도의 활성화도 기대된다. 우리 형사소송법에 필요적 보석이 규정되어 있으나 활성화되지 못하고 있는 실정은 이 같은 제도의 미비 때문으로 보인다. 낮은 보석률로 인해 구속기소인원이 상당수 비율을 점하게 되어, 구치소마다 미결구금인원이 넘쳐 과밀수용, 구속의 단기자유형화, 구금비용 증대 등 부작용을 초래하고 있다.

2002년도 전체교도소 수용자 58,564명 중 35.7%인 20,918명이 미결구금인원이었다. 2003년도는 57,336명 중 21,004명(33.6%), 2004년도는 54,796명 중 19,169명(35%), 2005년도는 47,311명 중 14,342명(30.3%)으로 나타났다.[28] 보석을 활성화하려면 법원은 보석결정에 앞서 범죄의 성질과 여러 가지 상황, 범인의 과거경력과 특성, 피고인이 석방될 경우 도망칠 위험성과 그로 인해 나타날 사회적 위험성 등을 면밀히 검토할 수 있어야 한다. 이 일은 보호관찰관에게 조사의뢰함으로써 제도적으로 쉽게 해결할 수 있는 상황이다.

최근의 형사소송법 개정논의는 일정한 결실을 거두었지만, 아직도 보석제도와 보호관찰의 연계방안을 모색해야 할 과제를 충족시키지는 못했다. 그러나 만약 위에서 언급한 제도개선이 뒤따라만 준다면 당연히 미결구금의 실질적 감소효과도 가져올 수 있을 것이다.

둘째, 공판단계에서 판결전조사를 통해 양형적정화와 피해자 및 이웃의 의견반영 등 관계인의 사법절차 참여에 기여하는 방안이다. 학계에서는 법원판결의 적정성과 피고인의 승복률 제고, 사회내처우의 적정성확보를 위해서는 성인범에 대해서도 판결전조사가 확대되어야 한다는 주장이 끊임없이 제기되어 왔다. 이전에는 「보호관찰 등에 관한 법률」 제19조에서 소년에 대하여는 판결전조사를 의뢰할 수 있는 근거규정을 두고 있었으나 성인범에 대하여는 근거규정이 없는 실정이었다. 2008. 12. 26. 보호관찰 등에 관한 법률 개정(2009. 3. 27. 시행)으로 그 법적 근거규정을 마련한 것은 만시지탄이 있지만 다행스러운 일이 아닐 수 없다. 장기적으로는

28) 전체교도소 수용자 인원이 점차 감소하고 있는데, 이는 한국이 IMF 경제외환위기를 거치면서 경제관련 사범들이 점차 석방되고 있기 때문이며, 미결 구금인원 역시 검찰의 불구속 수사방침이 지속적으로 시행되면서 다소 감소되고 있는 것으로 판단된다.

형사소송법에 규정하여 모든 성인범죄자에게 실시토록 하되, 소년에게는 필요적으로 실시하는 방안을 강구할 필요가 있다.

또한 보호관찰조건부 선고유예 및 집행유예가 활성화되면 자유형집행으로 인한 탈사회화작용을 최소화하고 범죄인의 특성에 알맞은 조기치료적 개입을 가능하게 할 것이므로, 그 활성화를 위한 제도개혁과 관행의 개혁이 필요하다. 현행 벌금형선고유예제도를 뛰어넘어 벌금형의 집행유예제도도 도입함으로써 보안처분활성화의 길을 더욱 넓혀가야 할 것이다. 또한 약물, 음주운전, 주취폭행, 성폭력, 가정폭력 등에 대해 최초범행시에는 반드시 보호관찰, 수강명령 등을 통해 치료적인 개입이 가능토록 해야 하고, 이를 통해 재범률감소를 도모해야 한다.

셋째, 집행단계에서 준수사항과 제재조치를 더욱 다양화하여 대상자의 기본권제한범위를 분명히 하고, 만약의 경우 이를 위반했을 때 그 처벌범위도 최소화해 나가야 한다. 전자감시제도의 확충으로 사회격리의 피해를 줄이고 구금비용을 절감하는 방안은 더욱 활성화되도록 강구해야 할 사항이다. 다만 이 같은 전자감시제도는 특정범죄자군에 대해서는 아무런 제재효과가 없다는 약점과 다른 한편 과도한 감시로 인한 인권침해논란을 불러일으킬 소지가 있다는 점이 문제이다. 그러나 이 제도는 여가시간에도 집행될 수 있고, 자유로운 생활을 어느 정도 제약하면서도 범인을 직업과 가정생활로부터 절연시키지 않는 장점을 갖고 있다. 다만 개인적인 소질·환경에 따라 세분화하여 이 제도를 활용하는 일과, 과도한 감시의 위험을 덜어주는 제도의 확립이 선행되어야 할 것이다.

넷째, 보호관찰준수사항 위반자에 대한 집행유예기간을 사후적으로 연장하는 제도도 도입할 필요가 있다. 보호관찰부 집행유예자가 의도적 소재불명상태에서 집행유예기간을 경과하는 경우 법집행불능사태가 생기기 때문이다. 영미는 프로베이션(Probation :

유죄결정후 형선고유예) 형태이기 때문에 사후 준수사항, 일정기간 구금, 기간연장 등을 자유롭게 변경할 수 있고, 프랑스나 독일의 행상(行狀)감시제도도 원칙적으로 이를 가능하게 하고 있다. 현행 형법 제64조 제2항 단서규정을 보완하여, 법원은 보호관찰관의 지도·감독이 더 필요하다고 인정되는 경우, 최초에 정한 집행유예기간의 2분의 1을 초과하지 않는 범위 내에서 집행유예기간 및 보호관찰기간을 연장할 수 있도록 손질했으면 한다.

앞으로의 형사정책방향에서 세계적인 추세는 교정에 의한 시설내처우보다 보호관찰에 의한 사회내처우 쪽으로 비중이 쏠릴 전망이다. 한국의 보호관찰은 서구 선진국에 비하면 아직 일천하지만,[29] 동아시아 여러 나라에서는 선진국에 해당한다. 그러므로 한국의 보호관찰제도가 범죄통제와 사회통합에 유용한 도구로 입증될 수 있도록 더 많은 국가적·사회적 지원과 관심이 필요하다. 일본보다 앞서 판결전조사제도, 사회봉사명령과 수강명령, 가정폭력범에 대한 보호관찰, 야간외출제한명령, 상습성범죄자·아동유괴범에 대한 전자발찌부착제도(2008년 도입 이후 확대실시), 벌금미납자에 대한 사회봉사명령제 도입(2009년 9월 26일 시행된 벌금미납자의 사회봉사집행에 관한 특례법) 등 각종 선진적 제도를 적극적으로 시행해 올 수 있었던 것은 바로 우리의 이 같은 관심과 애정이 있었기 때문이다.

29) 최근 미국의 보호관찰제도 발전과정과 전략, 특히 이미 상당히 뿌리깊은 다이버전(diversion) 프로그램과 피해자 서비스 조정관제 외에 최근의 재범위험성진단(Risk Assessment)과 위기개입전략의 강조는 앞으로 우리의 보호관찰제도의 방향, 특히 판결전조사제도와 관련해서도 시사하는 바가 크다. 이에 관한 상세한 연구는 이형재, 「미국 보호관찰제도 연구」, 보호관찰 제4호, 한국보호관찰학회, 2004, 235면 이하 참조.

6. 양형에서 고려할 책임과 예방의 관계

(1) 양형의 일반적 과정

형법은 일정한 범죄에 대하여 그에 해당되는 형벌의 종류와 범위를 규정하고 있다. 이러한 범위 내에서 법관이 구체적인 행위자에 대하여 선고할 형을 정하는 것을 형의 양정(量定, Strafzumessung), 양형 또는 형의 적용이라고 한다. 양형은 광의와 협의 두 가지 의미로 사용되고 있다.

협의의 양형은 구체적인 사건에 적용될 형의 종류와 그 양을 정하는 것인데 비해, 광의의 양형은 그 선고와 집행 여부를 결정하는 것을 포함한다.[30] 대체로 양형이라 함은 협의의 양형을 의미한다. 양형은 법관의 자유재량에 속하는 것으로 이해되고 있다.[31] 그러나 양형에 관한 법관의 재량은 형사정책적 양형기준에 따라 합리적으로 판단해야 하는 법적으로 구속된 재량(Rechtlich gebundenes Ermessen)을 의미한다고 보아야 할 것이다.[32] 우리 형사소송법 제361조의5도 "형의 양정이 부당하다고 인정할 사유가 있는 때"에는 항소이유가 된다고 규정하고 있다.

양형은 근본적으로는 입법자와 법관의 2단계에 걸친 공동협력작업이다. 즉 입법자는 유형화된 실질적 불법(Typisierte Unrechtsmaterie)을 형벌범위(Strafrahmen)라는 형식을 빌려 평가의 틀(Wertungschema)

30) Hirsch, LK, 10. Aufl., §46 Rdnr. 1, S.27; Horn, SK, Bd. I., 1992, §46, S.23; Zipf, Die Strafzumessung, 1977, S.7; 이재상, 형법총론 제6판, 박영사, 2008. 8., 576면.

31) 유기천, 형법학(총론강의), 일조각, 1989, 366면; 정영석, 형법총론, 법문사, 1994, 317면; 정성근, 형법총론, 삼지원, 2008, 767면.

32) Hirsch, LK, S.28; Jescheck, Lehrbuch des Strafrechts, 4. Aufl., 1988, S.699; 이재상, 형법총론, 582면 이하.

로 정하고, 법관은 이를 기준으로 개별적 사건에 대한 구체적인 형의 양정을 하게 된다. 형법상의 주된 논의는 법관의 양형작용에 집중되고 있다. 이 때 법관은 대체로 다음과 같은 양형과정을 밟게 된다.

법관은 우선 구체적인 양형의 출발점으로서 적용가능한 형벌범위를 조사한다. 이는 구성요건의 포섭(Tatbestandssubsumtion)과 형벌가감사유(Strafänderungsgründe)에 의한 보충·변경을 통하여 적용할 제재의 종류와 정도의 범위를 결정하는 것이다. 둘째로 법관은 구체적인 행위에 대한 책임평가를 통하여 책임범위(Schuldrahmen)를 정한다. 이 책임범위는 구체적인 양형에서 한계기능을 갖는다. 이 때 불법 및 책임의 구성요소로서 법정형의 정도를 정하는데 일반적으로 고려된 구성요건적 표지인 사정은 다시 구체적인 양형범위 결정을 위한 고려의 요소로 두 번 사용될 수 없다는 이중평가금지(Doppelverwertungsverbot)의 원칙이 적용된다. 최종적으로 법관은 위에서 결정한 책임범위 내에서 일반예방과 특별예방을 고려하여 형종(刑種)과 형량을 정하게 된다.

(2) 양형조건의 고려

형법 제51조는 양형에서 참작해야 할 조건으로서 ① 범인의 연령, 성행(性行), 지능 및 환경, ② 피해자에 대한 관계, ③ 범행의 동기·수단과 결과, ④ 범행 후의 정황 등을 규정하고 있다. 이런 것을 양형조건, 양형요소, 또는 양형자료라 한다. 그러나 형법 제51조에 규정된 양형자료는 예시적인 것으로 보아야 하며, 그 외의 사항도 적정한 양형을 위해 필요한 사항이라면 폭넓게 수용해야 한다. 각 양형자료는 상반작용의 양면성(Die Ambivalenz der Strafzumessungskomponente)을 갖고 있으므로 하나의 동일한 양형자료가 책임 또는 예방관점에 따라 형벌가중적 또는 가감적으로 작용할 수 있음을 주의해야 한다.

1) 범인의 연령·성행·지능 및 환경

이들은 주로 범죄인의 사회복귀의 필요성과 가능성을 판단하는 데 중요한 의미를 지닌 특별예방적 요소이다.

(a) 연 령

범죄인의 연령은 특히 소년과 노인에게서 고려된다. 소년은 심신이 아직 미숙하다는 점과 노인은 심신이 쇠약해졌다는 점에서 이들의 연령은 책임가감적으로 작용한다. 특별예방적 관점에서 보아 소년은 개선교화의 가능성이 크고, 노인은 형벌적응력이 약할 뿐만 아니라 형벌의 필요성도 적다고 할 것이다. 이에 따라 소년에 대해서는 소년법(제49조·제59조·제60조 등)이, 노인에 대해서는 형사소송법(제471조 제1항 제2호)이 형의 선고 및 집행에서 특별한 취급을 할 것을 규정하고 있다.

(b) 성 행(性行)

이는 범죄인의 성격과 행실을 말한다. 여기에는 범인의 소질·경력·습관·유전 등이 종합적으로 고찰될 수 있다. 성행은 범인의 상태범성을 결정하며, 그와 같은 상태범이 개선가능한가의 여부에 따라 양형에 영향을 미친다. 이와 관련하여 전과와 범행 이전의 사회생활이 문제될 수 있다. 전과에 대하여는 책임관점과 예방관점에서 살펴볼 수 있다. 책임관점에서 볼 때 단순한 전과가 있다는 사실만으로 책임을 증가시켜서는 안되며, 전형(前刑)에 의해 실행된 형벌 경고를 비난할 만한 방법으로 무시하였을 때에만 책임을 증가시킨다고 보아야 한다. 같은 맥락에서 전과가 없더라도 단지 발견되지 않았을 뿐 숨겨진 범죄행위가 있었을 때에는 책임을 증가시킨다. 한편 예방적 관점에서 전과는 지금까지의 부과된 형이 범죄인에게 어떻게 작용하였는가의 판단기준이 되어 앞으로의 양형의 기초가 될 수 있다. 범죄인의 범행 이전의 사회생활은 사회유익적 행위와 사회유해적 행위가 있으나 이러한 사회생활은 범죄의 책임관점과 연결시켜서는 안 된다. 이들은 단지 예방필요성의 중요한 단서로서 작용할 뿐이다.

(c) 지 능

지능의 발달정도도 행위자에게 불리 또는 유리한 양형결정에 영향을 미칠 수 있다. 이러한 지능은 행위자의 범죄실현단계와 밀접한 관련을 갖고 있을 뿐만 아니라 피해자와의 관계에도 관련을 맺는다. 지능은 단순한 지식능력이나 예방능력만을 뜻하는 것이 아니고 범행에 투여된 행위자의 의지와 추진력도 포함된다. 행위자가 얼마나 집요하게 범죄의 완성을 위해 애썼는가, 죄적을 인멸하고 완전범죄를 가장하기 위해 얼마나 용의주도하게 행동했는가 하는 점들이 다 지능과 관련된 양형요소이며, 이러한 지능활동은 대부분 형벌가중적인 양형참작사유가 된다.

(d) 환 경

범인의 개인적 및 사회적 환경과 관련된 생활관계도 책임평가 및 형벌종류의 선택 등에 중요한 양형사유가 된다. 특히 개인적 환경으로는 예컨대 가족관계・직업・건강・주택관계・재산정도・기호・학력 등이 고려될 수 있다. 예컨대 어떤 경우에는 공무원인 신분 때문에 중한 처벌을 받아야 하는 반면, 어떤 경우에는 공무원인 신분 때문에 경한 처벌을 받게 될 수도 있다. 성직자로서, 예술가로서의 신분도 마찬가지이다. 사회적 환경으로는 주거관계・교우관계・경제사정・정치사정・금융사정・국제거래관계 등이 고려될 수 있다. 그러나 사회적 환경 그 자체가 양형의 결정사유가 되는 것이 아니고 그러한 사회적 환경에 처한 행위자의 개인적·사회적 지위·역할 등이 범죄에 어떤 영향을 미쳤는가 하는 점이 양형의 참작사유가 된다.

2) 피해자에 대한 관계

범인과 피해자간의 친족·가족관계, 고용관계 등의 인적 관계의 유무를 의미한다. 피해자와의 인적 관계에 따른 신뢰관계·보호관계를 침해한 경우에는 일반적으로 책임가중적으로 작용하며, 위와 같은 관계가 피해자의 범죄유발행위와 관련되면 그 반대가 된다. 피해자의 과도한 이기심이나 무사려·무분별·자유분방 등의 행위로 인해 일어난 사기·배임·성범죄·과실사상 등에서 피해자의 행태가 범죄에 대한 일정한 책임의 몫을 지게 될 경우에는 비록 불법배제나 면책의 효과는 없다 할지라도 행위자에게 유리한 양형사유가 될 수 있다.

3) 범행의 동기·수단과 결과

범행의 동기는 행위자의 위험성뿐만 아니라 행위책임을 판단하는 중요한 자료가 된다.[33] 따라서 그 범행이 계획적인가, 또는 순간적 당황, 충동, 강력한 유혹에 의한 것인가에 따라 책임의 정도를 달리 판단할 수 있다.

범행의 동기는 그 질(質)과 강도 두 가지 관점에서 양형의 참작사유로 작용한다. 그 질과 강도는 사회윤리적 기준에 따라 평가된다. 예컨대 저급한 이기적인 동기로 범행을 저질렀을 때에는 형벌가중적 판단을 받게 되고, 동정심이나 곤궁상태에서 범행을 저질렀거나 기타 인간적으로 연민할 만한 동기에서 범행을 저질렀을 때에는 형벌감경적 판단을 받게 된다. 범행의 동기와 관련해서 확신범의 문제가 항상 제기되고 있다. 확신범은 법질서에서 승인되

33) 이재상, 형법총론, 585면.

지 않는 다른 동기에서 그와 같은 범행을 저지르는 것이 오히려 자신의 의무라고까지 생각하고 행위하는 자이므로 정당화될 수도 없고 면책될 수도 없다. 그러나 그와 같은 확신이 경청할 만한 가치가 있거나 동정할 만한 것인 때 양형에는 유리하게 작용할 수 있다. 정치적 이데올로기의 확신에서 반국가적 행위를 한 정치범이나 사상범들에 대해서는 그들의 확신을 유리한 양형사유로 언제나 삼아야 하는 것은 아니다. 이러한 범죄에 대해서 형벌은 일종의 강력한 체제유지적 제재수단으로 통용될 수밖에 없기 때문이다.

만약 범행의 동기가 객관적 책임상황을 구성하는 특별한 책임표지일 때에는(예컨대 영아살해죄에서 참작할 만한 동기) 다시 구체적인 양형의 참작사유로 평가되어서는 안 된다. 이중평가금지의 원칙에 반하기 때문이다.

범행의 수단 및 결과는 행위불법과 결과불법에 속하는 순수한 객관적 불법요소이다. 이처럼 양형책임은 불법을 떠나서 판단할 수 없다. 결과에 관하여는 책임있는 결과만이 양형의 기준이 되는 책임요소가 된다고 해야 한다.[34] 그 밖에도 수단의 잔혹·과격성·교활함, 그리고 결과의 심도와 범위는 책임판단에 영향을 미친다. 한편 범행수행의 주관적 요소로서 범행에 대한 행위자의 의사와 의무위반정도가 있으나 이 역시 책임판단을 위한 요소가 된다.

4) 범행 후의 정황

여기서는 주로 피해의 회복, 손해의 심화, 소송 중 피고인의 태도 등이 문제된다. 이것은 물론 양형책임의 본질적 구성요소는 아니지만 주로 예방적 관점에서 양형책임에 상응하는 형벌의 범위

34) Baumann/Weber, Strafrecht, AT, 9. Aufl., 1985, S.634; Dreher/Tröndle, Strafgesetzbuch und Nebengesetze, 45. Aufl., 1990. S.244; Hirsch, LK, §46, S.47; Jescheck, a.a.O., S.710.

와 종류의 선택에 영향을 끼칠 수 있다.

피해회복은 형벌완화사유가 된다. 더욱이 현실적으로 피해가 회복된 경우뿐 아니라 피해회복을 위해 진지한 노력을 하였으나 실패한 경우, 피해회복을 위해 노력했으나 피해자의 거절이 있는 경우에도 형벌은 완화된다고 해야 한다. 제3자에 의한 피해회복이 형벌완화사유가 되느냐 하는 문제를 놓고 이를 부정하는 견해도 있다. 그러나 결과적으로 범행으로 인한 결과가 축소되었다는 점과 범인의 관여 없이도 시간적 경과에 따라 양형축소가 일어날 수 있다는 점에 비추어 긍정해야 한다. 피해회복에는 위로 등 정신적인 것도 포함된다. 이와 반대로 범행으로 인하여 발생한 손해를 심화·확대하면 형벌강화적 요소로 작용한다.

소송절차에서 피고인의 행위는 두 가지가 있다. 첫째는 자백 또는 부인이며, 둘째는 공판정에서의 피고인의 불손한 행동(Fehlreaktion)이다. 일반적으로 소송절차에서의 자백은 보상을 받고 부인은 부정적으로 평가된다. 그러나 자백 또는 부인은 그 자체가 아닌 그 배후의 동기를 중요시해야 한다. 즉 자백의 경우에도 순수한 소송책략이 아닌 진정한 회오(悔悟)에 기한 자백일 때에만 형벌완화사유가 될 수 있고, 부인의 경우에도 피고인의 방어권에 기한 부인이 아닌 진실발견을 적극적으로 숨기거나 법원을 오도하려는 시도에 기한 부인에 대해서만 형벌강화사유가 될 수 있다. 한편 피고인은 육체적·심리적으로 건강치 못한 상황 아래 있기 쉽다. 그에 따라 소송 중에 무례한 행동 등 잘못된 반응이 나올 수 있다. 따라서 그러한 반응만으로 형벌을 강화해서는 안 된다.

양형의 기초되는 사실 중 피고인에게 유리한 양형조건, 예컨대 형의 선고유예·집행유예·작량감경의 조건인 사실은 형벌권의 존부를 정하는 데 기초가 되는 주요사실은 아니므로, 엄격한 증명(Strengbeweis)의 대상은 아니고 단지 자유로운 증명(Freibeweis)으로도 충분하다. 그러나 피고인에게 불리한 양형조건, 예컨대 형을 가중

하는 요소에 대한 것은 형벌권 존부를 정하는 데 기본이 되는 사실과 마찬가지로 형벌권 실효의 주요사실에 해당한다 할 것이므로 엄격한 증명의 대상이라고 해야 할 것이다. 미국 연방에서도 형을 가중하는 요소에 대한 판단은 배심원들이 판단할 사항이고, 엄격한 증명을 요하는 것으로 판결한 사례가 다수 있다(Blackely vs. Washington 판결, U.S. vs. Booker 판결 등 다수).

(3) 양형에서의 책임과 예방

1) 양형상의 책임

책임은 양형의 기초이자 한계이며, 양형의 형평성을 담보하는 요소이다. 그런데 양형상 책임이 범죄성립요소인 책임과 동일한 것인가의 문제가 있다. 이에 대하여 책임은 불법을 기초로 하며 책임있는 불법에 대한 비난가능성을 의미하므로 양자는 동일한 의미라는 견해도 있다. 그러나 범죄성립요건인 책임은 비난가능성을 의미하나, 양형상 책임은 사회윤리적 불법판단의 경중을 결정하는 요소의 총체를 의미한다고 할 것이므로 양자는 구별되어야 한다.

양형상 책임은 책임요소(Handlungskomponente)와 결과요소(Erfolgs-komponente)에 의해 결정된다. 행위요소는 행위의 의무위반정도에 따라 평가되는 것으로서 이는 다시 고의범에서의 의지적 요소의 구체화, 과실범에서의 의무위반정도 등의 구성요건적 행위반가치와 그 밖에 동기·목적·심정 등의 구성요건외적 행위반가치로 구성된다. 결과요소는 법익에 대한 침해 내지 위태화의 정도 및 범위에 의해 구체화되는 것으로서 구성요건적 행위결과와 그로 인한 피해자의 생계무능력 등 구성요건외적 행위결과가 있다.

2) 양형에서의 예방

양형에서 예방적 관점을 고려한다는 것은 바로 형벌의 예방적 기능을 구체적인 사건에서 어떻게 고려하느냐 하는 것이다. 따라서 양형상 예방관점의 고려는 구체적인 사건에 대한 양형이 일반인을 위하(威嚇)하여 잠재적 범죄인을 억제하고 시민의 법충실의식을 유지·강화할 수 있는가, 개별적인 당해 범죄인에게 작용하여 개별적 위하(Individuelle Abschreckung)·재사회화(Resozialisierung)·보안(Sicherung)을 통하여 그의 장래 범죄를 방지하고 사회에 복귀시킬 수 있는가를 함께 고려함을 의미한다. 특히 형벌을 통한 범죄인의 자기화와 사회화를 형벌의 주도적 목적으로 본다면 일반예방보다는 특별예방에 중점을 두어야 한다.

(4) 양형에서 책임과 예방의 관계

1) 문제제기

형의 양정에서는 법치국가적 요구 때문에 빼놓을 수 없는 또 하나의 형벌제한요소로서 형벌제한책임 내지 양형책임이 문제된다. 형벌은 책임의 정도(Maß der Schuld)에 따라야 한다는 요구 중에 일반적인 책임원칙의 또 하나의 작용이 나타나고 있는 것이다. 여기서 논하려고 하는 양형책임(Strafmaß- oder Strafzumessungsschuld)은 형법적용의 전반에 걸치는 책임을 총괄하는 개념이 아니다. 단지 그 일단면, 즉 법관의 양형을 연결시켜 주는 요건(Anknüpfungstatbestand)으로서 '구체적 사례에서의 형벌정도에 의미있는 요소의 총체'를 말한다.[35] 책임과 예방과의 관계는 양형단계에서도 문제된다. 왜냐하면 양형은 그 과정에서 책임과 일반예방 및 특별예방이 서로 상충되는 방향으로 나아가기도 하지만, 어쨌든 하나의 통일된 형벌관념으로 확정되어야만 하는 결정적인 단계가 되기 때문이다.

---

35) Achenbach, Historische und dogmatische Grundlagen der strafrechtssystematischen Schuldlehre, 1974, S.4.

그러나 전술한 여러 가지 다른 관점들을 구체적인 적용례에서 하나로 수렴시키기란 그리 쉬운 일이 아니다. 구체적인 양형에서 이들 서로 상이한 관점들을 어떻게 통일시켜야 할 것인가. 외국의 입법례에는 "행위자의 책임은 양형의 기초이다. 사회에서 행위자의 장래의 삶을 위해 형벌을 통하여 기대될 수 있는 효과는 고려되어야 한다"고 함으로써 양형에 관한 기본원칙을 규정해 놓은 경우가 있다.[36]

이러한 법문으로 인하여 양형에 관한 많은 의문이 제기되기도 하였다. 독일형법 제6조 제1항 전단에서 응보는 주된 형벌목적으로 승인되어 있는가. 다시 말해서 책임은 여기에서 형벌을 근거짓는 권위적 성질을 갖고 있는가, 아니면 형벌상한에 관한 하나의 규제적 원칙만을 뜻하는 것인가. 특별예방을 명시적으로 승인했다는 것은 양형에서 특별예방이 책임이나 일반예방보다 우위를 차지하고 있다는 점 및 양형에서 함께 고려될 다른 요소, 즉 책임원칙이나 일반예방을 통해서도 결코 제한될 수 없다는 것을 의미하는가. 책임과 예방 간에 보다 밀접한 관계는 어떻게 형성될 수 있을까. 독일형법 제46조에서 일반예방에 관하여 아무런 언급도 하지 않았다는 것은 일반예방이 그 한에서 어떠한 역할도 해서는 안 된다는 것을 뜻하는 것일까. 만약 그런 의미가 아니라면 일반예방은 특별예방 내지 책임원칙에 대하여 어떤 관계를 가지고 있단 말인가.

이러한 여러 문제들에 관하여 물론 입법자가 분명한 법적 해결책을 시사한 바 없기 때문에, 구체적인 사안의 해결을 염두에 둔 법적용자의 가능한 해석에 기대를 걸지 않을 수 없는 실정이다.

이와 같은 기본원칙을 갖고 있지 않은 우리 형법의 입장에서 보면 양형에서 책임과 예방관점의 구체적인 위상과 조화가 전적으로 학설과 판례의 형성에 맡겨져 있음이 분명하다. 그러나 아직

---

36) 독일형법 제46조 제1항; 오스트리아형법 제32조 제1항 등.

이 방면에서 우리의 학설이나 판례는 이렇다 할 수준에 이르지 못한 실정이므로, 특히 독일의 학설과 판례의 현황을 살펴봄으로써 앞으로 우리 형법에서 양형의 기초이론의 발전방향을 모색해 보는 계기로 삼고자 한다.

2) 현재의 논쟁상태

(a) 책임범위 내지 판단여지이론

일찍이 베르너(Berner)에 의해 주창된 바 있는[37] 책임범위이론(Schuldrahmentheorie) 또는 판단여지이론(Spielraumtheorie)은 독일연방최고법원판결(BGHSt 7, 28ff.) 이래 지배적인 양형이론으로 통용되어 왔다. 판단여지이론에 관한 연방최고법원 제5형사부 판결의 논지는 행위자의 책임에 적정한 형벌이란 유일한 것이 아니라 문언상 확정되어 있는 형벌의 상한과 하한 사이에 존재하는 다수의 형벌형태라는 것이다. 그리하여 '이미 책임에 적합한 형벌(Die schon shuldangemessene Strafe)'을 통하여 하한으로 제한하고, '아직 책임에 적합한 형벌(Die noch schuldangemessene Strafe)'을 통하여 상한으로 제한되는 이러한 판단여지 내에서 법관은 1차적으로 특별예방을, 2차적으로 일반예방도 고려하여 구체적인 양형을 정할 것이라고 한다.[38] 이렇게 함으로써 책임에 적합하고 예방적 필요에도 적절한 형벌에 이르게 되리라는 것이다. 이러한 판단여지이론은 책임이념론상 진보적 경향이나 중도적 입장에서 접근하기 쉬운 견해이다. 그것은 바로 이 이론이 일반예방과 특별예방의 형벌목적을 고려할 수 있는 이론상의 장을 제공하고, 또 이 양 형벌목적 사이에 존재하는 이율배반적 모순(Antinomie)을 법적용자의 재량적 판단에

37) Vgl., Berner, Arch. der Kriminalrechts, 1845, S.144ff.; ders., Lehrbuch des Deutschen Strafrechts, 18. Aufl., 1898, §§7~9.

38) 이 입장을 지지하는 학자로서는 Spendel, Lehre vom Schuldmaß, 1954, S.176ff.; v. Weber, Die richterliche Strafzumessung, 1956, S.12.

의해 해소할 수 있을 것으로 보기 때문이다. 이러한 이유에서 판단여지이론은 오늘날 양형론과 그 실무에서 가장 강렬한 실용성의 매력을 지닌 이론이라고 할 수 있다.[39]

그러나 위 입장에 대해서는 특히 책임이념론에서 보수적 견해를 취하는 입장들로부터 비판이 가해지고 있다. 즉 하나의 특정한 범행에 대한 적정(gerecht)한 형벌이 여러 개 존재한다는 사실은 책임에 적절(schuldangemessen)한 형벌이라는 관점에서 볼 때 이론상 성립될 수 없다는 것이다.

(b) 유일점(唯一點)형벌이론

유일점형벌이론(Die Theorie der Punktstrafe)은 책임은 언제나 하나의 고정되고 정해진 크기이며, 때문에 정당한 형벌(Die richtige Strafe)이란 항상 하나일 수밖에 없다고 주장한다.[40] 다만 책임에 상응한 형벌을 찾아내는 과정에서 우리의 인식능력의 불완전성 내지 법관의 불확실성 때문에 산술적으로 정확히 확인할 수 없을 뿐이라는 것이다.[41] 이런 근거에서 형벌확정을 위하여는 책임 이외에 어떤 다른 관점도 기준이 되어서는 안 된다는 것이 유일점형벌이론 옹호자들의 주장이다. 그러나 유일점형벌이론도 결국에 가서는 형벌의 책임적합성에 대한 합리적 척도가 존재하지 않는다는 점과 책임형벌조차 사실상 일정한 범위 내에서만 확립될 수 있다는 점을 자인하지 않을 수 없다.[42] 바로 이 같은 사실은 양형에서

---

39) Bruns, 「Alte Grundfragen und neue Entwicklungstendenzen im modernen Strafzumessungsrecht」, in: Welzel-Festschrift, 1974, S.739, 746.

40) Arth. Kaufmann, Das Schuldprinzip, 1976, S.261.

41) Heinitz, a.a.O., S.5; Arth. Kaufmann, a.a.O., S.66. Vgl., auch Badura, 「GP und Würde des Menschen」, JZ, 1964, S.343; Bruns, a.a.O., S.746.

42) 이런 관점에서 Arth. Kaufmann도 형벌의 종류와 정도가 오직 책임에 의해서만 결정될 수 없고, 책임과 예방의 상관관계에 의해 구체화될 수 있음을 최근에도 분명히 거듭 강조하고 있다(Arth. Kaufmann, 「Schuld und Prävention」,

이미 존재하는 고정된 크기의 책임(Feste und bestimmte Größe der Schuld)을 확정하여 그 책임을 응보 또는 속죄에 의해 완제(完濟)시킬 것을 형벌의 주된 관심사로 삼는 모든 착상에 대해 제기될 수 있는 이의에 해당한다.

(c) 단계이론 내지 위가(位價)이론

판단여지이론과 유일점형벌이론 사이에 논쟁이 계속되는 동안 이른바 단계이론(Stufentheorie) 내지 위가이론(位價理論, Stellenwerttheorie)이 등장하여 양형론의 새로운 발전에 기여하게 되었다. 위가이론은 일반예방과 특별예방의 형벌목적 간에 상존하는 이율배반적 모순을 '양형과정의 그때그때의 단계 또는 위가에서 개개 형벌목적이 갖는 의미와 가치'[43]를 탐구함으로써 해결하고자 한다. 이에 따르면 본래적 의미의 양형, 즉 형벌의 정도 및 기간의 결정은 오직 책임의 정도에 따라서만 행하여져야 한다. 그러나 광의의 양형, 즉 여러 형벌종류 중에서의 택일은[44] 예방적 관점만을 따라야 한다. 이 이론은 유일점형벌이론이나 판단여지이론과는 달리 책임은 유일점의 형태이든, 아니면 여러 개의 가능성형태이든 결코 미리 주어져 있는 어떤 고정형태의 크기는 아니라고 생각한다. 양형에서 중요한 것은 어떤 인식작용이 아니라 하나의 평가작용(Wertungsakt)이므로 유일점형벌이론에서 보여준 바와 같은 유일하게 정당한 형벌이란 단순한 가설에 불과하며, 그렇기 때문에 실무상 도저히 관철될 수 없다고 본다.

이 위가이론에 따르면 책임은 '형벌의 구성적 원칙'이자 '정당한 형량을 측정해주는 기본원칙'이기 때문에 책임은 양형에서

고려대 법과대학 법학연구원, 274, 280면; ders., Das Schuldprinzip, S.261.

43) Henkel, Die "richtige" Strafe, 1969, S.23.

44) 예컨대 벌금형과 자유형 사이의 선택 또는 형의 선고유예 또는 집행유예의 선택 등.

단연코 지배적인 관점으로 특징지어진다.[45] 그러나 판단여지 내에서도 먼저 주어져 있는 실재적 형벌크기(Strafgröße)란 존재하지 아니하므로 판단여지이론도 정당한 형벌은 이미(schon) 책임에 적합한 형벌과 아직(noch) 책임에 적합한 형벌 사이에 무수히 존재하는 것이 아니라, 도리어 '양형과정의 중간단계'에서 오직 법관 자신의 결정에 따라 확정되어야 한다는 방향으로 변형되어야 한다고 주장한다.[46]

그렇지만 형벌정도(Strafhöhe)의 결정은 오직 책임을 기초로 하여야 한다는 위가이론의 근본전제는 형벌정도의 측정에 이미 예방적 관점을 끌어들이려는 새로운 노력의 공격목표가 되고 있다.

양형이론 발전과정에서 이러한 위가이론에 대하여는 오늘날 적어도 세 가지 이의가 제기되고 있다.

① 법관은 형벌의 긍정적 예방의 성과에 관해서는 그다지 아는 바 없으나 종종 부정적인, 즉 예방적으로 불리한 성과에 관하여는 비교적 많이 알고 있는 편이다. 이렇게 본다면 형벌정도의 측정은 오로지 순수한 책임형벌로 되돌아서는 거의 정당화될 수 없는 형편이다.

② 위가이론은 독일형법 제46조 제1항 후단과 제2항의 분명한 어의와 모순되며, 따라서 법정형의 양정(Strafbemessung)에서 입법자가 가졌던 의도와도 모순된다. 양형에 관한 법문은 널리 특별예방목적을 명시적으로 인정하고 있으므로 위가이론은 왜 좁은 의미의 양형과 넓은 의미의 양형이 서로 구별되어야 하는지를 충분히 해명할 수 없다.

③ 위가이론은 또한 왜 책임형벌을 과하여야 하는지, 또 언제 이를 과하여야 하는지에 관해 적극적인 근거를 제시하지 못하고

45) a.a.O., S.27.

46) a.a.O., S.33.

있다. 왜냐하면 이 이론은 형벌정도의 법정에 일반예방과 특별예방의 개입가능성을 애당초 배제하고, 이로써 결과적으로 순수한 책임형벌이 되었기 때문이다. 이렇게 본다면 위가이론은 양형과정의 방법에 관한 하나의 제안에 지나지 않는다.

(d) 특별예방형 위가이론

형벌론에서 응보형론을 배제한 채 책임을 상한선으로 하고 법질서의 방위라는 적극적 일반예방목적을 하한선으로 한 뒤 그 안에서 구체적으로 형을 양정할 경우 특별예방목적의 우위를 주장하는 견해를 특별예방형 위가이론이라 한다. 이 이론은 형벌론에서 주장된, 이른바 예방적(변증법적) 합일설을 양형단계에 논리일관하게 적용하려는 의도를 갖고 있다.[47] 이에 따르면 판단여지의 범위 내에서 양형을 위한 예방목적은 책임에 상응한 형벌의 상한선까지도 중요한 역할을 수행할 수 있다는 것이다. 다시 말해서 책임의 정도는 양형의 고착점이 아니고 일정한 넓이의 가변성을 갖고 있으므로, 이 책임의 범위 안에서 예방사상이 양형에 주도적 역할을 담당하며, 특히 특별예방이 일반예방에 비해 주도적 역할을 담당한다는 것이다.

이 입장은 책임원칙과 응보사상은 절연되었다고 전제하고 응보원칙을 유지해야 할 아무런 논거도 발견되지 않는다고 본다.[48] 책임정도가 양형에서 결코 움직일 수 없는 고착점일 수는 없으므로 예방적인 동기 때문에 변동될 수 있는 책임의 변화폭은 책임의 정도를 넘지 않는 한에서 상하로 변동될 수 있어야 한다. 즉 책임의 정도는 양형의 대체적인 윤곽을 정하는 반면, 이 윤곽의 더욱

47) Roxin, 「Wandlungen der Strafrechtswissenschaft」, JA, 1980, S.221, 225. Vgl., AE, 1966, S.108f.

48) Roxin, 「Zur Entwicklung der Kriminalpolitik seit den AE」, in: JA, 1980, S.548.

상세한 교정 및 정확한 형벌정도는 예방적 고려에서 나온다.

이러한 관점에서 책임정도에 상응하는 형벌은 원칙적으로 일반예방목적에 의해 고려되지만, 구체적인 경우 책임형벌의 부과가 범인에 대한 탈사회적 효과를 가져올 것이라는 점이 인식될 수 있을 때에는 절박한 특별예방적 이유로부터 법질서의 방위에 필요불가결한 하한선까지 형벌이 내려갈 수 있다고 주장한다.

이러한 견해는 위가이론과 출발점을 같이하면서도 특별예방사상의 우위를 통해 이를 수정하려는 것이므로 위가이론과 구별하여 특별예방형 위가이론(Spezialpräventiv modifizierte Stellenwerttheorie)이라 불리어진다.[49]

3) 양형에서 책임원칙의 형사정책적 기능

(a) 책임형벌의 예방적 기능

책임형벌의 형사정책적 의미는 예방적 목적을 수행하는 데 있다. 책임의 정도는 양형의 기초가 되어야 하기 때문에 일반인에 의하여 적정한 것으로 수긍될 수 있는 책임과 형벌의 균형이 법공동체 내에서 판결을 공감할 수 있게 해주고, 그럼으로써 일반인의 법의식을 어떤 특정한 범행의 경중에 관한 법공동체의 지배적 확신으로 강화시켜 주기 때문이다(적극적 일반예방의 관점).

책임의 정도가 의심할 여지 없이 법익침해의 경중에 의해서도 결정된다면, 책임형벌은 책임정도의 범위에서 어느 정도 사회통합적 예방(Integrationsprävention)의 필요성을 고려하지 않으면 안 된다. 왜냐하면 형벌은 특히 '형법의 예방적 보호임무를 실현하기 위한 필요불가결한 수단'[50]으로서 그 기능을 수행해야 하기 때문이다. 이 한에서 책임형벌은 이미 사회통합예방이라는 적극적 일반예방

49) Roxin, Prävention und Strafzumessung, 1978, S.204.

50) BGHSt 24, 42.

의 필요에 의해 영향을 받게 된다는 점이 분명해진다.

더 나아가 책임형벌은 특별예방적 기능도 갖고 있다. 왜냐하면 범인은 자기 스스로 자기책임에 적절하다고 수긍하는 형벌만을 가장 진지하게 받아들이게 되므로 책임에 적절한 형벌(Die schuldangemessene Strafe)을 통해서만 자신의 죄책감과 가책적 체험으로부터 해방될 수 있고, 자기의 선한 의지를 활성화시켜 그 스스로 자신의 본래적 자기와 그에 의해 침해된 사회와의 평화를 회복하고 마침내 사회적인 면에서 거듭남(Soziale Wiedergeburt)에 이를 수 있기 때문이다. 이런 방법으로 책임형벌은 행위자에게 그 자신의 자기화와 사회화(재사회화)를 위하여 스스로 적극적인 투신을 하도록 호소하는 특별예방적 기능에도 기여할 수 있다.

이로써 책임형벌이 예방적 관점에서도 어떠한 의미를 갖는가 하는 점이 분명해진다. 책임형벌이 책임의 범위 내에서 '예방의 일도구(一道具)'로서 예방의 필요성과 더불어 형벌의 정도를 함께 정한다는 사실은 바로 책임형벌 자체가 예방적 기능과 불가분의 관계에 있다는 점을 의미한다는 것이다.

(b) 형벌상한선의 법치국가적 한계로서의 책임

책임원칙이 국가형벌권을 한계지음에 중요한 기여를 하고 있다는 점에 관해서는 오늘날 의견의 일치를 보고 있다. 책임원칙은 응보와는 전혀 관계없이 처벌을 받게 될 시민의 인간존엄을 보호하기 위해 법치국가적으로 빼놓을 수 없는 수단이며, 이제까지 발견된 것 중에서 국가형벌권의 제한을 위한 가장 자유롭고 사회심리적으로 가장 호의적인 수단이다. 왜냐하면 특히 예방이론이 그 자체 내에 형벌권에 대한 법치국가적으로 필수적인 한계를 가지고 있지 않기 때문이다.

책임원칙 일반을 헌법적으로 추론할 수 있는가를 놓고 아직도 여러 가지 의견이 있다. 즉 책임원칙이란 인간의 존엄(헌법 제10조)으로부터 직접 도출된다고 주장하는 사람이 있는 한편,[51] 법치국가적 원칙에 근거하고 있다고 주장하는 사람도 있다.[52] 책임원칙의 형벌제한적 기능에 관한 한 확실히 그것은 자유법치국가적 전통에서 기인하고 있다. 하지만 법치국가성(Rechtsstaatlichkeit)과 사회국가성(Sozialstaatlichkeit)을 하나의 사회적 법치국가(Sozialer Rechtsstaat) 속에 포함하고 있는 인간존엄의 법개념은 자유법치국가의 이 같은 전통도 인간존엄의 존중이란 측면에 역시 포함시키고 있다. 실질적 의미에서 법치국가란 스스로 인간존엄에로 정향하고 있는 국가를 말한다. 더욱이 오늘날의 사회적 법치국가에서 책임원칙은 형벌을 제한하는 기능(Strafbegrenzende Funktion)뿐만 아니라, 형벌을 근거짓는 기능(Strafbegründende Funktion)도 가지고 있다.[53] 이런 관점에서 보면 책임원칙을 인간존엄의 보장규범에서 직접 도출할 수 있다고 보는 입장이 정당한 것으로 보인다.

책임원칙에 형벌상한선에 대한 법치국가적 제한기능이 있음을 인정한다면, 그 점은 또한 실효성 있는 범죄투쟁이라는 공공의 이익보다 책임을 져야 할 개개 시민의 존엄이 우선되어야 한다는 점을 의미하게 된다.[54] 그 때문에 범인의 인격이라는 내적 요소와 법익침해의 정도에 의해서만 결정되는 책임의 정도는 공동체의 이

51) Stree, Deliktsfolgen und GG, 1960, S.51; Maurach, Die Kriminalpolitischen Aufgaben der Strafrechtsreform, Gutachten für den 43. DJT, Bd Ⅰ 3, Teil A, 1960, S,12,

52) BVerfGE 20, 323; Zipf, Die Strafmaßrevision, 1969, S.47, 49 (Schuldprinzip als verfassungsrechtlicher Bestandteil des Rechtsstaatsprinzips); ders., Kriminalpolitik, a.a.O., S.65.

53) Arth. Kaufmann, Das Schuldprinzip, S.276; Roxin, Schuld, Prävention und Verantwortlichkeit im Strafrecht, 1979, S.285ff.

54) Maurach/Zipf, AT, Tb1, 5. Aufl., S.93.

익에 따라 결정되는 예방적 필요성의 요구에 효과적으로 대처할 수 있다. 책임원칙은 위하예방(Abschrekungsprävention)과 보안예방(Sicherungsprävention)을 제한한다. 이는 동시에 개인적이고도 사회적인 통합예방(Integrationsprävention)을 위한 원칙적인 결정을 의미한다. 그러면서도 책임원칙은 특히 인간존엄의 존중이라는 관점에서 이러한 개인적이고도 사회적인 적극적 통합예방의 적용범위와 기간도 제한한다. 이런 식으로 국가형벌이 책임원칙에 구속될 때 개인이 예방적 목표를 추구함으로 인해 목적을 위한 수단으로 취급되고, 그 때문에 개개인의 인간존엄(Personwürde)이 침해된다는 윤리적 의구심도 사라지게 된다.

책임원칙이 책임을 상회하는 형벌을 금지시키고 있는 것은 형벌의 정도가 책임의 상한선에 못 미치거나 미달되더라도 예방적 목적이 이를 허용하는 한 좋다고 하는 생각과 일치한다. 이것은 형벌이 책임의 정도에 의해 제한될 수 있기는 하나, 예방적 필요를 전혀 고려하지 않고 어떠한 경우라도 책임정도에 상응하는 형벌을 반드시 요구한다는 응보원칙을 배제하려는 입장의 당연한 귀결이다. 따라서 특별예방의 관점에서 볼 때 책임정도의 하회는 개개인을 불리하게 하는 것이 아니라 오히려 유리하게 하는 것으로서 얼마든지 허용된다. 이는 이미 국가형벌의 보충성의 원칙(Prinzip der Subsidiarität)으로부터 나오는 결론이며, '예방제한을 위한 도구'로서 책임원칙의 본래적인 의도와도 전적으로 합치한다.

이러한 관점에서 1966년 독일형법개정택일안 제2조 제2항의 "형벌은 행위책임의 정도를 상회할 수 없다"는 명백한 규정은 이 초안 제59조 제2항의 분명한 제안을 통해서 다시 구체화된다. 즉 행위책임에 의해 규정된 형벌의 정도는 범인의 법공동체에로의 복귀와 법익보호가 이를 필요로 하는 한에서만 그 전량(全量)이 적용될 수 있다. 책임과 예방의 관계에서는 바로 인간존엄의 존중 때문에 '책임의 우위'가 인정되며, '책임의 범위 내에서 예방'이라는

하나의 이론학적 도식이 성립된다.[55)]

(c) 책임원칙과 비례성의 원칙

이미 위에서 본 바와 같이 법치국가적으로 극히 중요한 형벌제한기능은 책임원칙이 응보이론과 절연될 때 비로소 담당할 수 있는 기능이다. 이러한 논란의 여지가 없는 근본명제에 도전하여 책임원칙 대신 비례성의 원칙(Verhältnismäßigkeitsgrundsatz)을 들고 나온 학자들도 있다.

책임개념은 경험적으로 증명할 수 없고, 전통적으로 응보형법 및 철학적 논쟁과 결합되어 있기 때문에 의심스러운 점이 많으므로 책임원칙은 비례성의 원칙으로 대체되어야 한다는 것이다.[56)] 그렇게 함으로써만 형벌은 그가 갖고 있는 비난이란 특성을 버릴 수 있게 된다. 또한 일원적인 형법도 역시 보안처분(Maßregeln)이란 통일적인 제재를 통하여 '일면 행위자의 기본권실현과 타면 그 밖의 법익보호 사이의 실제적인 합치의 목표'[57)]를 달성할 수 있을 것이라고 한다. 이 경우 비례성의 원칙은 무엇보다도 '형사정책적 목표설정을 위한 기본권제한의 비례성'을 염두에 두고 있다. 이 입장에서는 순전히 목적합치적인 공권적 행위로 흐르는 경향을 가치합리적 고려에 의해 한계지을 수 있도록 이미 주어진 형사정책적 목표설정의 목적합리성에 비례성의 원칙이라는 가치합리성을 대립시키고자 한다.

그 한에서 이러한 제안은 책임과 제재기구의 탈이념화와 기능

---

55) Zipf, Die Strafzumessung, 1977, S.43. 이것은 '책임응보 내의 예방'과 동일한 것으로 오해되어서는 안 된다. 그러나 Maurach, Deutsches Strafrecht AT, 4. Aufl., S.838; '응보 내의 예방'. 이에 반해서 역시 Calliess, Theorie der Strafe im demokratischen und sozialen Rechtsstaat, S.188.

56) Ellscheid/Hassemer, 「Strafe ohne Vorwurf」, in: Lüderssen/Sack(Hrsg.), Abweichendes Verhalten Ⅱ, 1975, S.285ff.

57) Ellscheid/Hassemer, a.a.O., S.285.

화에 관한, 다시 말해서 형법의 객관화에 관한 요구로부터 나왔다는 점이 분명하다. 그러나 여기에서 적용된 비례성의 원칙은 법질서의 한계를 위해 특히 헌법으로부터 유래되었고, 이미 공법의 영역에서도 적용되고 있는 하나의 일반적인 형식에 불과하다. 또한 양형의 구체적인 적용범위에서 무엇보다도 형벌정도의 한계와 관련하여 이 비례성의 원칙은 이미 그 본래의 의도를 벗어나고 있다.

이에 대하여는 두 가지 이유를 들 수 있다.

① 비례성의 원칙은 형벌정도를 정하는 데 일반적인 단서는 될 수 있으나 그 구체적인 내용을 제시하지 못한다.[58] 비례성의 원칙은 그 일반적인 형식에서만 법익보호의 요구에 지향될 수 있다. 다시 말해서 행위자에 의하여 야기된 위험의 크기와 위협을 받은 법익의 경중 및 법익침해의 개연성의 정도에 비례성의 원칙은 적용될 수 있다. 아르투어 카우프만(Arth. Kaufmann)도 지적했듯이[59] 비례성의 원칙이 '순전히 형식적인 원칙'이라면 형벌의 정도를 측정하는데, 이 원칙은 책임원칙이 형벌을 한계짓는 효과보다도 훨씬 효과가 적다는 점을 고려해야 한다.

② 현행 독일형법에 따르면 보안처분은 그 한계를 비례성의 원칙에서 찾는다(§62 StGB). 그러나 입법자가 형벌의 최후수단으로서 보안처분을 형벌과 보안처분 이원구조(Zweispurigkeit)의 하나로 마련하고 있다면, 그 이유는 보안처분이 물론 비례성의 원칙에 의

---

58) Stratenwerth, Tatschuld und Strafzumessung, 1972, S.28; Arth. Kaufmann, 「Schuld und Prävention」, 앞의 책, 271면(순전한 형식적 원칙으로서의 비례성의 원칙).

59) Arth. Kaufmann, Schuldprinzip und Verhältnismäßigkeitsgrundsatz, 1983, S.33; 새로이 Hassemer는 범죄와 형사제재 사이의 비례성의 기준을 명확하게 하려고 노력했으나, 비례성의 원칙을 정의의 원칙으로 표현함으로써 그의 입장은 너무나 일반적인 '부정적(否定的) 철학'으로 되돌아갔다. 이에 관한 상세한 것은 Hassemer, Einführung in die Grundlagen des Strafrechts, 1981, S.209 참조.

해 제한을 받지만; 책임원칙의 한계 내에서 피고인의 자유를 제한하는 형사처벌보다 훨씬 더 거칠게 침해하는 것이라는 점에서 찾을 수 있다. 책임원칙의 한계척도가 회고적으로 이미 행해진 범행의 불법에 구속되는 반면, 보안처분에서 비례성의 원칙은 이와 반대로 전망적으로 책임과 관계없는 범인의 장래에 대한 위험성에서 측정될 수 있다. 행위자의 위험성을 예측한다는 것은 본질적으로 매우 어려운 일이며, 그 때문에 숙명적으로 미해결의 상태로 남게 된다. 그런데도 우리가 보안처분법의 비례성의 원칙에 의해 책임원칙을 용어상으로나 실질적으로 대체하고자 한다면 대혼란이 야기될 것이다.

따라서 책임원칙과 비례성의 원칙을 서로 택일적인 것으로 다루어서는 안 된다. 비례성의 원칙은 보안처분의 성과와 그 성과에 이르는 처분 사이에서 이익형량(Güterabwägung)의 적정성(Angemessenheit)을 의미한다. 과형(Strafverhängung)에 관해서 비례성의 원칙은 형벌목적의 달성에 비례한 형벌의 적정성을 의미한다. 그렇지만 선고된 형벌 자체의 구체적인 종류 및 정도와 형벌목적 달성 간의 형량적 비교에 있어서 인간의 존엄 내지 책임원칙은 인간의 가치평가를 위한 보다 철저한 기준을 제시한다.[60)]

책임원칙은 어떠한 경우에도 비례성의 원칙의 한 특별한 형상에 불과한 것이 아니다. 형벌을 제한하는 책임원칙은 오히려 인간의 존엄과 자유를 실현하는 최소한의 전제에 직접 관계된 실체적인 확신이다. 그 밖의 다른 여러 곳에서 국가의 제재를 제한하는데 이바지할 수 있는 비례성의 원칙은 '책임원칙의 일면(一面)'[61)]으로서 바로 이러한 확신의 실현에 봉사하는 기능을 형성한다. "기능이 실체적인 확신을 위해 봉사해야만 하는 것이지, 거꾸로

60) Kühne, Strafprozessuale Beweisverbote und Art. 1 Ⅰ GG., 1970, S.74.

61) Arth. Kaufmann a.a.O., S.31f.; 양 원칙 사이의 정확한 차이에 관하여는 Eb. Schmidhäuser, Strafrecht AT, 2. Aufl., 1975, S.108.

확신이 기능을 위해 봉사해야 하는 것이 아니다."[62] 이 같은 관점에서 "형벌에서 비례성의 원칙은 책임이라는 척도에 의해서만 그 구체적 내용을 획득한다"[63]는 지적도 양형책임에서 비례성원칙이 갖는 한계를 염두에 두고 하는 말이다.

(d) 일반예방적 형벌가중의 문제점

개개의 형량을 일반예방의 목적으로 가중시킴으로써 법익보호가 강화될 수 있는지는 경험적·이론적 이유에서 많이 의문시되어 왔다. 일반예방의 목적으로 형벌을 가중시킬 수 있느냐에 관하여는 먼저 그것이 위헌이라는 생각에서 그에 대한 반론이 제기되고 있다.

많은 사람들이 일반예방의 형벌목적을 단지 일반인의 위하라고 여겼던 1960년대 중반까지 일반예방적 이유로 형벌을 가중시키는 것은 비록 그것이 판단여지이론에 따라 주어진, 책임에 맞는 처벌의 한계 내에서라 할지라도 헌법상의 인간의 존엄성보장요구와 일치하지 않기 때문에 법적으로 용인될 수 없다는 의견이 지배적이었다. 왜냐하면 형벌가중의 근거로서의 일반위하의 관점은 제3자인 익명의 대중에게 일벌백계(一罰百戒)의 위협을 주기 위한 목적으로 죄인 개인을 하나의 본보기로 처벌할 위험에 빠지기 쉽기 때문이다. 그러므로 이러한 관점은 인간을 단순한 수단으로 삼는 것을 금지하고 있는 인간존엄사상과 일치할 수 없는 것이다.

스트레(Stree)는 위하적 일반예방도 범죄의 전염병적 확산효과

---

62) Spaemann, 「Was ist das Neue? Vom Ende des modernen Bewußtseins」, in: Die politische Meinung H. 203, 1982 7./8., S.25; Zipf, Die Strafmaßrevision, 1969, S.51. 과잉금지(필요성과 좁은 의미의 비례성의 원칙)는 책임비례성에 의해 한계지어진 영역 내에서 형벌목적추구에 대한 더 넓은 제한으로서 작용한다.

63) Stratenwerth, Tatschuld und Strafzumessung, 1972, S.27; Hirschberg, Der Grundsatz der Verhältnismäßigkeit, 1981, S.49.

에 대한 일반예방적 고려에서 그것이 유죄선고된 범행과 내적인 연관만 있으면, 책임을 전량 중벌의 대상으로 삼을 때에도 인간의 존엄을 침해하는 것은 아니라고 함으로써 온건한 방향으로 나아가고 있다.[64] 하그(Haag)도 일반예방적 고려를 이유로 책임이 전량 소모되는 일반예방적 고려는 유죄판결을 받은 행위와 내적 관계만 있으면 허용된다고 말함으로써 위와 같은 견해를 지지한다.[65] 이러한 견해는 독일연방최고법원의 판단여지이론에도 그 기초가 되어 있다.

그러나 바르다(Warda)와 바두라(Badura)는 판단여지이론을 포함하여 그러한 주장을 반박하고 있다. 우선 판단여지이론은 결코 제3자의 위하라는 형벌목적을 헌법상의 인간존엄성보장요구와 조화시키는 적당한 방법일 수 없다고 한다. 더 나아가 일반예방목적으로 형벌을 가중하려는 관점은 비록 그것이 이미(schon) 책임에 알맞은 형벌과 그리고 아직도(noch) 책임에 알맞은 형벌 사이의 한계 내에서라고 할지라도 책임에 적정한 처벌의 하한, 즉 책임을 근거로 한 형벌이 필요한 정도를 상회하는 형벌에 이르게 된다. 그럼으로써 유죄판결을 선고받은 사람의 형벌이 일반위하를 이유로 실제로 가중되고, 그 한에서 유죄판결을 받은 사람은 실제로 '타인을 위한 단순한 수단'으로 이용된다고 한다.[66] 이러한 이유에서 위하사상에 형벌의 정도 및 형벌의 종류에 대한 독자적인 영향력을 인정하는 형사판결은 헌법상 인간존엄보호요구에 어긋난다는 것이다.[67]

그렇지만 범죄모방의 가능성이 높은 경우에는 바르다(Warda)

64) Stree, Deliktsfolgen und GG, S.44ff. insbesondere, S.46.

65) Haag, Rationale Strafzumessung, 1970, S.21f.

66) Warda, Die dogmatischen Grundlagen des richterlichen Ermessens im Strafrecht, 1962, S.166.

67) Badura, a.a.O., S.344; Warda, a.a.O., S.166.

도 형벌가중의 가능성을 옹호하고 있다. 이 경우 가중된 형벌은 일반위하 때문이 아니라 행위의 객관적 반가치내용 및 책임 때문에 가중된다고 한다. 이와 유사한 것이 특별한 긴급 또는 위급시에 연유하는 범죄행위에 대해서도 타당하다는 것이다.[68] 그러나 그러한 경우에 행위책임의 가중은 책임이라는 허울 밑에서 실은 일반예방적 필요를 만족시키는 것으로 이해할 수밖에 없다.

그러한 와중에서 입법자는 '법질서의 방위(Verteidigung der Rechtsordnung)'[69]라는 개념을 창조함으로써 이처럼 고착된 대치상태를 어느 정도 완화시켰다. 뿐만 아니라 사회적 법치국가 이념도 일반예방의 목적으로 형벌을 가중하는 것을 허용하는 데 대한 인간의 존엄이란 법개념의 중대한 저항을 어느 정도 완화시킬 수 있었다. 왜냐하면 개인과 공동체 사이에 극한적인 충돌이 발생하는 경우, 인간의 존엄이란 법개념은 물론 개인을 우위에 두나, 그로 인해 공동체 자체가 완전히 해체되도록 방치하는 것이 아니기 때문이다. 오히려 계속 존속할 수 있도록 하기 위해 작용할 수도 있는 것이다. 세계관적으로 개방된 인간존엄의 개념은 오늘날 국가뿐만 아니라 개인에게도 평화로운 공동체구성을 위한 의무를 부여함으로써 국가 내에서 평화로운 공존을 위한 기초로서 간주된다. 이렇게 볼 때 인간존엄이라는 법개념은 '인격의 고유가치를 훼손시킴이 없이 인격의 공동체관련성과 공동체구속성에서'[70] 그 공동체도 보호한다.

결론적으로 일반위하를 이유로 형벌을 특별예방적 필요 이상으로 가중시키는 것은 ―그것이 책임정도의 범위 내에서라고 할 때에는― 절대적으로 금지되는 것은 아니다. 다만 일반예방에 대한 특별예방의 원칙적인 우위(원칙과 예외의 관계)는 법질서를 심각

68) Warda, a.a.O., S.168f.

69) §§47 Abs. 1, 56 Abs. 3, 59 Abs. 3 StGB.

70) BVerfGE 4, 95.

하게 위협하는 '범죄의 전염'[71] 현상에 직면하여 '일반예방적인 최소한의 요구'[72]인 '법질서의 방위'를 위하여 ― 물론 책임범위 내에서 ― 필요불가결한 한계에까지 수정되어야 한다. 이 점에 대한 입증 없이는 특별예방에 대한 일반예방의 우위는 허용될 수 없다.[73] 또한 통합예방의 관점에서 형벌을 가중시키는 것도 어떤 범죄의 전염병적인 효과 때문에 타인의 법적 신뢰가 동요된 때에만, 그리고 이러한 일반예방의 목적으로 형벌을 가중시키는 것만이 범행으로부터 야기된, 증가된 타인의 범죄경향을 평정시키는 데 틀림없이 기여할 수 있을 때에만 허용된다. 그러나 유죄판결을 받은 행위와 일반예방적 양형고려 사이에 아무런 내적 관여 없이, 또한 특별예방과 일반예방 사이의 이러한 원칙·예외 관계를 뒤집어야 할 부득이한 필요성도 없이 일벌백계를 위한 일반예방의 목적만으로 형벌을 가중시키는 것은 법의 최고규범인 인간존엄의 존중 요구에 반한다.

7. 형벌집행에서 고려할 책임과 예방의 관계

(1) 형벌집행의 난제

개인의 자유와 안전보장을 위한 법치국가의 원리는 마치 형사입법과 형사소송의 영역에만 해당하는 요청인 듯한 인상을 우리는 형사사법의 실제와 이론에서 자주 체험하게 된다. 죄형법정원칙과

---

71) Warda, a.a.O., S.168.

72) Roxin, Strafrechtliche Grundlagenprobleme, 1973, S.26.

73) Zipf, Die Strafmaßrevision, S.52. 개별적인 양형과 공동체의 영향 사이의 사회심리적인 작용관계는 오늘날도 여전히 분명하지 않다. 경험적인 연구 또한 미비되어 있다. 이에 관한 상세한 것은 a.a.O., S.48ff.

책임원칙, 비례성의 원칙과 같은 법치국가적 원리가 범죄구성요건과 형벌규정의 신설이나 변경, 폐지 등의 경우에는 강하게 요청된다. 또한 형사소송에서도 피의자·피고인의 인권이익은 높이 강조된다. 그러나 이와 같은 요구도 일단 피고인이 유죄판결을 받고, 이를 다툴 만한 가능한 모든 권리구제수단이 끝나 소송절차가 종료하고 형이 확정되고 나면 메아리조차 없이 사라져 버린다. 그리하여 형의 집행을 위한 행형절차는 사법절차가 아니라, 단지 합목적성만이 강조되는 행정적 규율의 대상이 되는 듯한 인상을 준다. 사법적 이념과 지도원리는 형의 확정으로 일단락되고 행형절차라는 이질적 구조가 새롭게 등장하게 되는 것일까. 그리하여 이 행형절차에서 이제 유죄확정된 범인은 수형자로서 이 사회와 전혀 다른 분위기의 교도시설 내의 엄격한 규칙과 짜여진 일정표에 예속되어 살아가야만 하는 것일까. 삭발을 강요당한 채 우중충한 수의며, 질식할 것만 같은 규율, 무서우리만치 차갑게 소외된 공간, 취미생활과 폭넓은 사귐을 송두리째 빼앗기고 가족들과의 만남조차 4~5분간의 짧은 대화로 만족해야 하는 끝없는 아쉬움, 박탈당한 명예와 자유 아래서 도대체 이들 수형자는 무엇 때문에 누구를 위해 이같은 개인적으로 견디기 어려운 불이익을 견디어 나가야 하는 것일까.

일반적으로 행형절차에서는 범인의 사회복귀를 위한 재사회화의 특별예방적 형벌목적이 강조되고 있다. 범인의 사회화와 자기화를 위한 여러 가지 행형제도상의 수단들이 동원되어 그의 개과천선을 돕는 특별한 목적을 위해 봉사한다고 한다. 그러나 높고 두꺼운 벽돌담을 통한 사회와의 절연, 수형번호에 의한 획일적인 처우로 인한 범인의 개성상실, 독거구금에 의한 극심한 고립화현상, 공동감방의 경우 하나의 부차문화(副次文化, Subkultur)로 표현되는 수형자 상호간의 범죄조장적 악영향, 무기수형자의 경우 차라리 죽음보다 더 무섭게 느껴질 수 있는 기대와 희망상실, 자유박탈로 인한 자유의 학습기회의 빈곤 등과 같은 행형의 현실에서 그 누구도 부인하지 못할 철저한 비사회화·비자기화의 엄연한 사실들을 직시한다면 행형에서의 재사회화의 형벌목적이란 피안의 세계에서나 이루어질 수 있는 공허한 이상에 불과한 것처럼 보인다. 이러한 괴리현상을 행형의 이론과 실제에서 어떻게 극복해야 할 것인가는 중요한 문제 중의 하나이다.

뿐만 아니라 형사입법을 통한 형벌위협(Strafandrohung)의 과정에서 그 우위를 차지하던 일반예방의 형벌목적이 과형절차를 지나 행형에 이르러서는 어떠한 영향력을 행사하고 있으며, 원래 이율배반적 성격을 갖고 있는 특별예방목적과의 더욱 구체적인 상호충돌을 이제 이 행형과정에서 어떻게 해결해야 하는가도 문제이다.

그러나 더욱 중요한 문제는 이들 예방목적과 책임의 관계이다. 다시 말해서 형사절차에서 이제 책임과 예방은 더 이상 논의될 실익이 없는 것인지, 만약 있다면 양자의 관계가 어떠한 것인가 하는 점이다.

책임이념(Schuldidee)의 영역, 형벌근거책임(Strafbegründungsschuld)과 양형책임(Strafzumessungsschuld)의 영역에서 항상 논의의 초점이 되어 왔던 책임과 예방목적의 관계는 이제 형법실현의 마지막 국면에 해당하는 행형단계에 이르러서 그 짙은 현실관계성과 실천적 기능 때문에 더욱 현실적이고도 구체적인 모습으로 나타나고 있음에 틀림없다.

물론 이 행형단계에서의 책임과 예방은 형법실현 전(前)단계에서의 책임과 예방에 관한 논의의 결과에 일맥상통하는 것이 사실이다. 그럼에도 행형법의 입법이나 행형의 이론과 실제에서는 유감스럽게도 이같은 일관성이 언제나 분명하게 인식되어 있는 것은 아니다. 그러므로 산재한 착안점들의 단편들을 모아 행형단계에서의 책임과 예방의 관계를 일관성 있게 논리적으로 정서하는 것은 합리적·자유적·인간존중적 형법[74]의 구체적 실현을 위한 학문적인 관심사일 뿐만 아니라, 행형의 이론적인 깊이를 검토하여 그 인간적인 형벌집행의 길로 나아가기 위한 첩경이 될 것으로 본다.

(2) 행형에서 특별예방의 우위와 한계

재사회화라는 형벌목적은 일반적으로 범인의 사회화과정의 결손을 치료교정의 처우(Behandlung)에 의해 채우고, 그에게 부조와 사회화학습의 가능성을 제공함으로써 장래에는 자유로운 생활의 기회가 주어지더라도 범죄를 저지르지 않고 정상적인 삶을 영위할 수 있도록 한다는 것을 의미하여 왔다.[75] 오늘날 행형에서 재사회화(Resozialisierung)는 특별예방목적의 일부이긴 하지만, 그 전면에서 강조되어야 한다는 점을 아무도 부인하지 않는다.

최근 수십 년간 이 특별예방목적에 의해 응보사상을 형법에서 배제하려는 노력이 계속되어 온 결과 양형에서 이미 특별예방목적의 중요성이 점차 강조되어 왔다. 더 나아가 이제는 행형에서 군림하는 지위를 차지하고 있고, 형법개정에서도 개혁방향의 주도적 목표로 설정되기에 이르렀다. 지난 1970년대를 전후하여 서구에서 형법개정의 준비과정 중 특히 그 개정방향에 관한 근본적인 토론과정에서 형법의 변화와 발전의 추진력이 되어 온 것도 바로 이 재사회화사상이었던 것이다. 그리하여 독일연방공화국헌법재판소(BVerfG)도 재사회화목적의 헌법적 지위를 승인하였다.[76]

그러나 재사회화형법을 주창하고 특별예방을 지배적인 형벌목적 내지 제1차적 행형목표(Vollzugsziel)로 승인한다고 해서 마치 이

74) 이에 관하여는 I.S. Kim, Die Bedeutung der Menschenwürde im Strafrecht, 1983, Diss. München, S.29ff. 참조.

75) Roxin, 「Wandlung der Strafrechtswissenschaft」, JA, 1980, S.224.

76) BVerfGE NJW(1977), S.1528: "법원은 재사회화의 요청이 공동사회의 명백성과 사회국가원칙에 기인한 헌법적 의무라고 누누이 강조해 왔다."

재사회화목적이 형법의 유일한 임무이며 행형목표의 전부인 것처럼 오해해서는 안 된다. 왜냐하면 오늘날의 행위 및 행위자형법(Tat-Täterstrafrecht)의 관점에서는 책임과 예방의 균형 및 형사정책적 형벌목적 상호간의 기능적 조화가 행형에서도 함께 고려될 것을 요구하고 있기 때문이다. 그리하여 점차 책임은 치료·교정 이데올로기의 내용적인 제한이 될 뿐만 아니라, 더 나아가 재사회화 목표와의 내적인 관련성을 가지고 이제 행형의 단계에서 적극적인 형사정책적 기능을 갖는다는 인식이 새로워지게 되었다.

양형단계에서 일반적으로 승인되어 온 '특별예방의 일반예방에 대한 원칙적인 우위'는 행형에서 이제 다음과 같은 의미로 이해하여야 할 것이다. 즉 행형은 일반예방 및 응보의 기능을 직접적으로 실현할 수 없고, 따라서 행형에서 일반예방적 효과란 단지 일반인의 법에 대한 성실감에 원격작용을 미치는 것을 말한다.

특별예방을 전면에 내세운다는 점은 물론 재사회화형법이 일반예방의 질적 기능도 애당초 함께 충족시킬 수 있기 때문에 요구될 수 있다. 왜냐하면 인간적·봉사적인 형법도 그것이 법적 평등에서 출발하며, 시민의 법성실감을 범죄조장적 영향에 의해 동요시키지 않는 한에서 관철될 수 있기 때문이다. 그 한에서 일반예방도 형벌의 재사회화목적에 이어 그의 독자적 의미를 행형에서 유지할 수 있는 것이다.77)

그러면 행형의 제1차적인 목표인 재사회화에서는 무엇인 문제인가. 재사회화를 위한 행형이 성과를 거두려면 무엇보다도 수형자의 인격 그 자체가 중요하다. 왜냐하면 모든 재사회화노력의 성패는 근본적으로 수형자 개인의 의지에 달려있기 때문이다.

교도시설 내에서 수형자의 인격을 올바른 길로 이끌기 위해서는 정신적·심리적 성숙, 불법통찰력의 강화, 사회적 책임의식의

77) Vgl., Noll, Die ethische Begründung der Strafe, 1962, S.25f.

조장, 수형자 자신의 모든 내재력의 활성화와 계발이 중요하다. 그러나 무엇보다 중요한 것은 자유박탈의 조건하에서도 인간의 존엄성을 배려한 치료·교정의 노력이다. 이러한 목표들을 달성하기 위해서는 무엇보다도 법률가·의사·심리학자·정신의학자·교육전문가·사회사업가·성직자·일반자선가 등의 공동노력과 협력이 필요하다. 그러나 가장 현대적인 행형제도에서조차 행형현실과 행형사상의 사이에는 어떤 딜레마가 없을 수 없기 때문에 아직은 개혁의 여지가 많은 우리 사법문화의 현실을 도외시한 채 개선형·교육형의 아름다운 이상향만을 꿈꾸는 것은 위험한 일이다.

그럼에도 행형은 가능한 한 최대의 자유를 수형자에게 넘겨주는 방향으로 발전해가지 않으면 안된다. 이렇게 보면 모든 재사회화노력은 수형자에게 행형의 모든 과정에서 사회화와 자기화에 이르려고 하는 수형자 자신의 자기 노력을 함께 돕겠다는 법적 약속과 행정적 조력제공에 다름 아니다.

수형자가 법공동체의 법적 평화와 유지·회복에 공동책임을 지듯이 법공동체도 수형자의 운명에 관한 그의 공동책임을 부담하지 않으면 안 된다.[78] 만약 이러한 출발점이 소홀하게 다루어진다면 수형자 개인의 인격의 자유로운 발전을 가로막는 집단적 조련화(調練化)의 위험이 도사리게 될 것이다. 그러므로 재사회화사상은 개인의 자율성의 헌법적 보장, 보충성과 비례성의 원칙, 그리고 책임원칙에 의해 인격을 억압하는 강제순치의 위험에서 스스로 벗어나도록 주의하지 않으면 안 된다. 이 같은 요구는 특히 인격구조를 침해하는 강제적 치료·교정, 예컨대 본인의 의사에 반하여 행하여질 수 있는 성범죄자들에 대한 거세 또는 뇌수술 등과 같은 경우에 엄격히 적용되어야 한다.

---

78) Vgl., Hauser, Mitsprache und Mitverantwortung der Insassen im Strafvollzug, 1975, insbes., S.202ff.

행형에서 특별예방이 무엇보다도 인간의 존엄성의 보장요구를 고려하여 인격존중 내지 인격발전을 위해 작용하여야 하는 한, 그것은 필연적으로 그의 적당한 한계에 머물러야 한다. 어떠한 경우라도 이 한계를 넘어가서는 안 된다. 이로써 행형에서의 재사회화 노력은, 특히 수형자 본인의 인간으로서의 사회화와 자기화의 존재론적 · 인간학적 가능성을 염두에 둘 때, 언제나 그의 개인적인 책임의 정도에 의해 그어진 자기책임의 범위 내에서만 행해져야 한다는 것이 분명해진다.

(3) 치료 · 교정 이데올로기의 의문성과 당연성

1970년대 초에 그 절정에 이르렀던 재사회화사상은 그 이후 어떤 전환점에 이른 듯한 인상을 주고 있는 것이 사실이다. '치료 · 교정 이데올로기로부터의 전향',[79] '위기에 처한 재사회화',[80] '범인의 재사회화 대신 사회의 재사회화 등'[81]과 같은 표어들이 바로 치료 · 교정의 이념에 대한 부정적 비판의 소리인 것이다.[82]

이 같은 경향의 배후에 작용하고 있는 원인은 바로 형벌과 결합된 형사적 치료효과의 불확실성과 혼란성이라 말할 수 있다. 우선 치료 · 교정개념은 단순한 기회범이나 충동범, 교통사범이나 경제범에는 적용하기 힘들다. 나아가 더 이상 교육할 가능성이 희박한 패덕(悖德)한 상습범이나 개선불가능하여 특별예방적 영향이 전혀 통할 수 없는 그러한 범죄자들에게도 치료 · 교정 관념의 실

79) Kaiser, 「Resozialisierung und Zeitgeist」, in: Würtenberger-Festschrift, 1977, S.360; Schöch, 「Kriminologie und Sanktionsgesetzgebung」, in: ZStW 92, 1980, S.142.

80) Eser, 「Resozialisierung in der Krise」, in: Peters-Festschrift, 1974, S.505ff.

81) Eser, a.a.O., S.276.

82) Vgl., Eser, a.a.O., S.276; Roxin, 「Wandlungen der Strafrechtswissenschaft」, S.222; Zipf, Kriminalpolitik, 2. Aufl., 1980, S.79.

용성과 성과는 의문시된다. 그 밖에도 오늘날의 확신범이나 테러리스트들에게도 치료·교정의 시도는 거의 무망하다. 왜냐하면 기존 사회 및 국가체제 자체를 부인하고 수단 여하를 불문하고 이것의 전복만이 문제해결의 길이라고 확신하고 있는 테러리스트들에게 형벌은 개선, 교육 또는 응보라기보다는 차라리 자기방어를 주장하는 국가사회질서의 투쟁적 방어수단이며, 내부의 적에 대한 정당방위 내지 체제 내에서 발생한 전쟁상태에서 일종의 전쟁포로의 취급과도 같은 사정을 뜻하기 때문이다. 이러한 사정하에서 재사회화이념에 관한 여러 가지 논의 중 하나가 바로 이 재사회화를 위한 처우가 수형자의 인간으로서 존엄과 그의 기본권에 대한 위험을 야기할 수 있다는 점이다.

만약 인간의 존엄성을 개개인격에 대한 정적·수동적 존중가치(Respektwürde)로서만 이해하려 한다면, 틀림없이 성인수형자에 대한 특별예방적 교육에 대해 회의를 갖게 될 것이다. 칸트(Kant)와 헤겔(Hegel)도 바로 이 같은 가능성에서 인간존엄에 대한 침해의 위험을 보았던 것이다.[83] 그러나 오늘날의 사회적 법치국가에서 인간존엄이란 법개념은 단지 정적·수동적인 것이 아니라 동시에 동적·능동적인 특성도 갖고 있다. 따라서 치료·교정의 기회제공이 이미 인간의 존엄성을 침해했다고 속단할 수는 없다. 수형자도 순전히 합목적적인 치료교정의 단순한 대상이 아니고, 행형과정에서 발생하는 각종 권리의무의 귀속주체라는 관점은 물론 옳다. 그렇기 때문에 그 자신의 주체성획득을 위한 다양한 노력을 국가가 행형과정에서 기울이는 것은 인간존엄의 실현을 위해서도

83) Kant, 「Metaphysik der Sitten」, in: Kant-Werke, Bd. 8, 1968, S.158(331); J.W.F. Hegel, Grundlinien der Philosophie des Rechts, 1821, Zusatz zu §99(형벌을 이러한 예방목표에 맞추어 근거짓는 것은 마치 개에게 몽둥이를 드는 것과 같다. 인간은 여기에서 명예와 자유를 가진 존재로 대접받지 못하고 도리어 한 마리 개처럼 취급되고 있다).

바람직한 일이다.

이에 비추어 본다면, 재사회화, 더 적절한 표현을 빌리자면 사회화와 자기화는 바로 수형자의 자유로운 성취와 업적이며, 따라서 외부에서 강요될 수 없는 것이다. 그것은 수형자에게 수동적인 감수보다는 능동적인 행동을 요구함으로써 '자조(自助)에 대한 조력(Hilfe zur Selbsthilfe)'을 의미하지 않으면 안 된다.[84] 수형자가 장래에는 다시 범행을 저지르지 않고 정상적인 삶을 영위하도록[85] 행형절차에서 그에게 사회적 책임의식의 활성화를 돕는 일이야말로 재사회화의 본질적인 구성부분이다.

일방적인 처우관념(Behandlungskonzept)이 수형자를 인위적으로 조작하고, 또한 과도한 국가적 규율에 압박감을 느끼지 않을까 하는 우려는 재사회화사고에 대한 반성의 기회를 준 것이 사실이다. 그러나 이러한 우려는 재사회화가 '자조에 대한 조력'의 의미를 앞세우는 한 특별히 문제될 것이 없다. 이렇게 본다면 재사회화에 대한 지금까지의 의문점은 전혀 치유불가능한 것이 아님을 알 수 있다. 그러므로 오늘날 특별예방적 간섭을 전적으로 포기함으로써 수형자의 자율성을 재고해야 한다는 이른바 신범죄학(Die neue Kriminologie)의 요구도 물론 그들의 입장은 응보사상에 대한 분명한 거부의사가 있긴 하지만, 자칫 잘못하면 범인의 자율성을 핑계로 응보형과 위하적 일반예방이 그 우위를 차지하고 들어설 염려가 없지 않음을 유의해야 할 것이다.

재사회화를 의문시하게 된 또 하나의 이유로는 지금까지 국내외에서 재사회화정책의 성과가 전무하거나 미미한 정도라고 할 수밖에 없다는 사실을 들 수 있다. 목적과 절연된 응보형은 원래 그 성과여부를 묻지 않는 것이지만, 특별예방적 목표설정의 경우는

84) Vgl., Eb. Schmidt, Zuchthäuser und Gefängnis, 1960, S.31ff.

85) 독일행형법 제2조.

그것이 장기간 아무 성과 없는 것이 될 때에는 바로 그 자체가 이론적으로 옳다 하더라도 당연히 비판의 대상이 될 수 있다.

이러한 이유에서 재사회화이념으로부터 형사정책의 방향을 바꾸어 보려는 경향이 최근 미국과 스칸디나비아 제국(諸國)에서 나타났던 것이다. 미국에서 재사회화에 대한 근본적인 전향은 이른바 '불간섭(nonintervention)', 즉 중대한 범죄가 아닌 경우에는 형법적 제재에 의한 개입을 전적으로 포기해 버리려는 제도에서 나타나고 있다.[86] 또한 형사제재 대신에 '원상회복의 가능성(Möglichkeit der Restitution)'이 제시되고 있다. 즉 여기에서는 좀더 세밀하게 범인의 인격에 접근하여 그에게 부담이 덜 되는 조치들, 예컨대 대화요법, 집단요법, 원상회복, 정신의학적 치료, 주택과 일자리의 주선, 금절치료(禁絶治療) 및 더욱 근본적인 불간섭에 해당하는 우회(diversion) 등이 행하여지게 된다. 이 불간섭제도가 자유형에 대한 대안으로서 자유형의 집행보다 특별예방적으로 더 유리한 사정이 존재하는 한 실시되어 마땅할 것이다. 그것은 바로 보충성의 요구에도 합치되는 일이다. 그러나 자유형의 대안으로 제시된 이같은 조치가 어떠한 경우에도 항상 수형자에게 유리한 것인지는 의문이다. 왜냐하면 이러한 우회정책을 보통의 경우에는 더 이상의 제재 없이도 방면될 수 있는 수형자에게까지 확대적용할 가능성은 항상 있는 것이고, 그렇게 된다면 오히려 간섭(intervention)보다 더 심한 결과가 될 수 있기 때문이다.[87] 뿐만 아니라 이러한 정책을 위험한 형사범, 누범 및 심한 행동장애가 있는 상습범 등에게 적용할 때 그 실효성 여부는 역시 의문이다.

스칸디나비아 제국에서도 최근 치료·교정 등의 처우론이 심한 비판에 시달리기 시작했다. 이같은 처우의 법효과가 수형자들

---

86) Vgl., Jescheck, a.a.O., S.608ff.; Hassemer, Einführung in die Grundlagen des Stafrechts, 1981, S.283.

87) Vgl., Hassemer, a.a.O., S.283; Jescheck, a.a.O., S.610.

이 재사회화하는 데 다른 어떤 수단보다 우월하다는 주장이 아직은 입증되지 않고 있기 때문이다. 도리어 자유박탈이 때로는 수형자들에게 미치는 적극적 영향을 생각할 수도 있다는 것이다. 무엇보다도 치료·교정에 입각한 제재의 체계는 법적 안정성의 약화를 초래할 염려가 많다는 점이다. 치료·교정 등의 처우정책의 실현을 구체화하는 어려움이 종종 회의를 가져왔던 것은 사실이다. 그러나 처우정책이 별로 효과가 없다는 개산(概算)이 아직은 발전가능성이 있는 이 원칙적인 방향의 정당성을 부인하는 데까지 이르러서는 안 될 것이다. 도리어 지금까지는 이의 실현을 위한 재사회화노력이 불충분했던 탓으로 원인을 돌리는 것이 옳으리라고 본다.

재사회화모델에 대한 비판은 그 밖에도 사회정책적 이상주의에 의해서도 가해진다. 이 같은 이상주의는 개선되어야 할 것은 범인이 아니라 도리어 범죄의 배양지인 사회 그 자체이므로, 이런 범죄적 환경을 가진 사회를 재사회화하고 무해화(無害化, Unschädlichmachung)해야 된다고 주장한다. 이 주장의 출발점은 이른바 계급사회의 환경조건이 범죄의 객관적 조건을 만들어낸다는 데 있다. 재사회화 요구를 사회의 변혁에로 전향시키려는 그와 같은 착안점은 이미 오래 전에 있었다. 뒤르켕(Durkheim)이 범죄란 "모든 건전한 사회를 확고히 해주는 구성분 중의 하나"라는 명제[88]를 제창한 이래, 범죄행위의 보편성(Ubiquität)과 정당성(Normalität)이라는 기본명제는 '낙인이론(labeling approach)'과 결합하여 재사회화의 관심영역을 범인에게서가 아니라 사회에서 찾게 했다. 만약 범죄가 실제로 정상성과 편재성을 지닌 형태라면, 다시 말해서 범인은 다시 사회의 범죄통제과정에서 범인으로 지목·선택하여 낙인찍는

---

88) Durkheim, Regeln der soziologischen Methode, 1895, zitiert nach Sack/König, Kriminalsoziologie, 1958, S.4.

과정의 한 산물에 불과한 것이라면 개선・재사회화되어야 하는 것은 범인이 아니고 사회라는 결론은 불가피한 것인지도 모른다. 이렇게 본다면 '범인에게 주안점을 둔 처우이론'[89]과 실제는 이제 더 이상 논의해 볼 가치조차 없는 모델이 될지도 모른다.

재사회화는 사회의 질서 자체가 건전해야 그 의미를 가질 수 있다는 지적은 옳다. 그러나 범인의 성상(性狀)이 범죄적이기 때문에 저질러질 수 있는 범죄 및 범인의 자율과 자유로운 결정에 의해 저질러지는 범죄가 있을 수 있는 한, 행형에서 사회화와 자기화의 기회제공 및 처우에 관한 관심은 등한시될 수 없는 일이다.

'자유롭고 정의로운 사회의 비전'은 우리들이 아직까지 성취한 것은 아니지만, 그럼에도 우리들에게 현재의 여건하에서도 수형자들에게 '자기책임으로 사회적인 삶을 스스로 극복하는 데 대한 진정한 원조'[90]를 제공하도록 요청하고 있다. 처우이념으로부터의 전향은 그것이 '처우의 타율적 지배모델(Herrschaftsmodell)로부터의 전향'[91]을 뜻하는 한, 이에 찬동하기를 주저할 필요는 없다. 그러나 이와 더불어 우리는 먼저 특별예방사상을 더욱 세분화하고 구체화해야 할 필요가 있음을 주목해야 하리라고 생각한다. 현재의 모든 형사정책적 노력들을 실현가능성이 없는 것으로 평가절하하고, 구조적인 사회치료(helfende Sozialtherapie)와 사회화(Sozialisation) 및 자기화(Personalisation)의 기회제공조차 없는 행형이란 사실상 행형제도의 후퇴와 비인간화를 의미할 뿐이다. 단순히 비판의 소리가 있다고 해서 또는 일시적인 관점의 변화 때문에 우리의 사법문

89) Hilbers/Lange, 「Abkehr vor der Behandlungsideologie」, in: Kriminologisches Journal, 1973, S.52, 58.

90) Würtenberger, 「Reform des Strafvollzugs im sozialen Rechtsstaat」, in: Kriminalpolitik im sozialen Rechtsstaat, 1970, S.206.

91) Haffke, 「Hat emanzipierende Sozialtherapie eine Chance?」, in: Lüderssen/Sack(Hrsg.), Abweichendes Verhalten Ⅲ, Bd. 2, 1977, S.301.

화가 오랜 각고 끝에 성취하였고, 또한 그 제도의 시행착오 속에서 숱한 수형자들의 자유희생이라는 값비싼 대가를 지급하고 얻은 형사정책적 효과들을 섣불리 포기할 수는 없다. 그것은 장기적이고 지속적인 형사정책만이 시행착오 속에서도 끊임없는 발전을 약속해 줄 수 있기 때문이다.

여기에서 우리가 개인과 사회의 상호관계·상호작용을 염두에 둔다면 치료·교정이데올로기(Behandlungsideologie)의 문제도 범인의 재사회화냐 사회의 재사회화냐 하는 양자택일적인 구호를 통해 해결하려 하지 말고, 사회와 범인 개인의 상호적인 공동관련성 속에서 사회를 변화시키고 범인에게 영향을 주는 종합적인 예방책을 통해 지속적으로 풀어나가야 할 것이다. 물론 이러한 상호관련성 속에서도 수형자 개인의 인간으로서의 존엄과 가치의 보장한계를 일탈해서는 안 됨은 물론이다.

(4) 행형에서의 책임과 예방

책임이념 및 형벌근거책임에서 보수적 입장을 취하는 사람들은 책임개념은 '자유와 부책(負責)(Freiheit und Verantwortung)'을 내용으로 하는 실체개념이며, 따라서 책임은 존재하고 확정가능하다는 결론에 이른다. 책임이 존재한다는 것은 바로 인간이 자유로운 의사결정능력을 갖고 있다는 데 근거한다. 이 책임은 범죄성립의 실질적 표지로서 형벌을 기초짓거나 정당화해 주는 요소일 뿐만 아니라 형벌제한적 요소도 된다는 것이다. 왜냐하면 오늘날의 사회적 법치국가에서는 책임이 단지 형벌을 제한하는 자유적 의미와 기능에 국한되지 않고 질서안정이라는 사회적 의미와 기능도 가지고 있고, 따라서 책임은 형벌에 대한 구성적 의미를 갖는다는 것이다. 이러한 관점에서 아르투어 카우프만(Arth. Kaufmann)은 "공동체에 필요불가결한 법익보호를 형벌로써 실현하는 것은 오직 책임 때문에 정당화"되는 것이지 결코 법익보호의 필요성과 같은 예방목적에 의해서만 정당화되는 것이 아니라고 한다.[92] 그렇기 때문에 책임은 이제 한 걸음 더 나아가 그 자체 형벌을 필요로 한다는 것이다. 형벌은 행위응보의 상당한 일부분이며,[93] 이 같은 형벌의 응보적 성격은 책임의 본성으로부터 나오는 본질적 속성으로 파악된다.

바로 이 같은 맥락에 서면 책임은 행형에서도 구성적 요소로 적극적인 의미와 기능을 갖게 된다. 왜냐하면 행형이란 엄밀한 의미에서 바로 유죄판결의 확정으로 증명된 책임을 속량(贖良)하고 상쇄(相殺)함으로써 수형자 개인으로 하여금 책임부담의 짐을 벗어버리게 하는 과정을 그 중요한 내용으로 삼기 때문이라는 것이다.

그러나 이들 보수적 입장도 책임이 예방적 형벌목적과 구체적인 관련성을 갖지 않으면 안 된다는 사실을 인정하고 있다. 즉 형법상 의미있는 책임은 형벌목적에 의해 함께 규정된다는 것이다.[94] 다만 여기에서의 예방목적은 재사회화를 그 내용으로 하는 특별예방을 주로 하며 책임과 특별예방의 상관관계로부터 재사회화는 강제와 순치(馴致)의 수단으로 전락하지 않고, 도리어 재사회화의지를 갖춘 범인의 통찰력과 이성에 대한 호소로서의 적극적 성격을 취득하게 된다는 것이다. 그럼에도 여기에서는 '책임응보 내에서의 예방'이란 원칙이 엄격히 지켜지고 있다는 데 특징이 있다.

이에 반해 책임의 개인적 비난성을 부인하고 전통적인 책임형법을 주로 예방법(Präventionsrecht)의 관점에서 이해하려는 이른바

---

92) Arth. Kaufmann, Das Schuldprinzip, S.276.

93) Arth. Kaufmann, 「Schuld und Prävention」, 고려대 법학논집 제21집, 277면. 응보형의 새로운 지지자로는 Seelmann, 「Schuldbegriff」, JuS, 1979, S.687; Streng, 「Schuld, Vergeltung, Generalprävention」, in: ZStW 92, 1980, S.679 참조.

94) Arth. Kaufmann, 고려대 법학논집 제21집, 280면.

진보적 경향에서는 책임개념을 목적, 특히 국민의 법적 신뢰의 확보라는 적극적 일반예방목적에 의해 규정하려고 한다.95) 즉 이에 의하면 "범인의 사회화 또는 타인에 대한 위하가 먼저 문제되는 것이 아니라, 도리어 기대상실의 경우에 그의 회복을 위해 기대를 보장해준다는 의미에서의 일반예방이 형법질서에서 중요하다"는 것이다.96) 따라서 범죄란 법공동체의 기대를 저버리는 것이며, 이러한 기대실추는 바로 기대를 실추시키는 행위를 실책(失責, Fehler), 다시 말해 유책(schuldhaft)한 것으로 간주하고 이를 처벌함으로써 보상될 수 있다는 것이다.

이러한 사고의 출발점은 행형에서도 그래도 나타나게 된다. 즉 책임은 이제 행형의 구성적 요소가 될 수 없으며, 행형의 제약적 요소로서도 기능할 수 없다. 오직 적극적 일반예방과 특별예방만이 행형의 구성적 요소가 된다. 그리하여 나치(Nazi)의 폭력범죄자들에 대한 행형상의 불이익처우, 예컨대 장기간의 독거구금, 귀휴(歸休)혜택의 불허조치 등도 그것이 앞서 본 보수적 주장자들의 견해에서처럼 책임응보 때문이 아니라 일반예방적 목적을 위해서라는 것이다.97)

그러나 나는 책임원칙과 행형의 상호관련성은 다음과 같은 방향에서 규정되어야 하리라고 생각한다.

즉 행형은 재사회화목적, 즉 범인의 법공동체에로의 복귀를 제1차적 목표로 삼는다. 그러나 이 재사회화목적은 그의 일방적인 추구가 형벌의 사회통제적 기능을 약화시켜 법질서의 평화로운 상

---

95) Jakobs, Schuld und Prävention, 1976, S.21ff.; ders., S.397; Achenbach, Historische und dogmatische Grundfragen des strafrechtsdogmatischen Schuldlehre, 1974, S.27ff.

96) Jakobs, a.a.O., S.27.

97) Noll, 「Strafrecht im Übergang」, in: GA, 1970, S.177f.; ders., 「Strafe ohne Metaphysik」, in: Baumann(Hrsg.), Mißlingt die Strafrechtsreform?, 1969, S.58.

태가 저해될 정도에 이르도록 방치되어서는 안 되기 때문에, 법질서의 방위(Verteidigung der Rechtsordnung)를 내용으로 하는 일반예방의 제3의 기능에 의해 제약을 받아야 한다. 그 한도 안에서는 일반예방에 대한 특별예방의 우위가 철저히 지켜질 것을 요구하게 된다. 이러한 관련하에서 볼 때, 특별예방 및 일반예방은 행형에서도 그 구성적 의미와 기능을 갖고 있음이 틀림없다.

그러나 특별예방은 그것이 수형자의 인격구조를 침해하는 강제처우가 될 때 비록 그로 인해 범인의 재사회화효과가 생긴다고 할지라도 허용될 수 없다. 그것은 바로 수형자도 인간으로서 자율적 존재이며 책임과 이성과 인격의 주체라는 데 근거한다. 따라서 어떠한 경우에도 수형자의 인격적 자율은 행형의 전(全)과정을 통해 존중되어야 한다. 바로 이 점은 책임원칙이 행형단계에서 예방목적을 최대한 제한하는 기능을 갖고 있다는 점을 말해주는 것이다. 그러므로 책임원칙은 행형에서 응보와 비난성의 요구를 가지고 등장하는 구성적 요소는 아니지만, 행형의 과도한 합목적성의 요구를 제약해 주면서 수형자의 사회성과 자기주체성의 획득이 가능하도록 해주는 인간다운 행형절차형성의 결할 수 없는 한 요청인 것이다.

8. 소　결

앞에서 주로 독일형사사법의 양형이론과 실제에서 논의된 내용들을 검토해 보았다. 그 까닭은 전통적으로 우리나라 형사사법이 추구하는 이념과 목적, 그리고 이것을 실현하는 제도적 장치들이 그 연원에서뿐만 아니라 현실에 있어서도 많은 유사점을 갖고 있다는 데 근거한 것이기도 하다.[98] 이 같은 형사사법의 문화적 맥락은 우리나라에도 2007. 5. 2. 대법원에 양형위원회가 설치되었고, 2009. 4. 24. 위 양형위원회에서 의결한 8개 범죄군에 대한 최초 양형기준이 설정됨으로써 중대한 변화를 겪을 것으로 예상된다. 그것은 이미 시험적으로 도입된 국민참여재판제도와 함께, 대륙적 형사소송 법제와는 분위기가 사뭇 다른 영미식 형사재판제도를 끌어들였기 때문이다.

특히 양형기준제에 관해서 우리나라처럼 권고적 효력이 아닌 강제적 효력을 부여하고 있는 미국의 경우 그 시행이 벌써 21년이 되었다. 2004년 미국연방 양형위원회는 연방 양형개혁법이 발표된 지 15년을 맞아 그 성과를 정리한 「연방양형기준 15년 시행보고서」를 발간한 바 있다.[99]

미국에서는 20세기 초반부터 재사회화(교화주의) 이상에 따라 부정기형의 증가, 가석방제도, 집행유예제도가 고안되었고, 의학 및 사회심리학 전문가들이 치료·감독 프로그램에 참여하였다. 1970년대에 이르러 재사회화 이념에 대한 믿음이 퇴조했지만, 전문가그룹에 의한 진보주의적 형사사법개량에 대한 믿음은 여전했다. 그 영향으로 연방형법을 합리화하기 위한 모범형법전 제정노력, 양형개혁을 위한 전문가들의 제안이 종래 형사재판 및 가석방위원회의 양형기준과 관련된 폭넓은 재량을 대체하기 위한 독립적인 양형위원회 창설로 나가게 만들었다. 종전의 법관과 가석방위원회의 재량은 너무 자의적이고 변덕스러워 범죄를 억제하는 데 비효율적이라는 점이 지적되어 왔기 때문이다. 물론 이런 배경에는 판사들에 대한 일반대중의 불신도 포함되어 있었다. 그리하여 제정된 일련의 미국 양형개혁법은 진보주의적 개량사상과 대중주의적 개량사상 외에도 미연방 상·하원 양쪽의 타협의 산물로 이

98) 남영찬, 「독일에서의 양형사실조사방법」, 외국의 양형제도연구, 법원행정처, 2003, 613면 참조.

99) 대검찰청 양형기준 태스크포스, 미연방 양형위원회 15년 평가보고서, 2008 참조.

루어진 것이다.

이처럼 미국에서 최초의 양형위원회와 그들에 의한 양형기준의 정책은 ① 양형기준개발에 사법부의 통제력 배제, ② 임의적 양형기준 관점을 배제하고 강제적 양형기준 관점의 채택, ③ 판사들의 관대한 형선고 관행에 대해 보다 엄한 형을 선고할 기준 설정, ④ 유죄답변협상(Plea Bargaining)을 규제하는 방향 포함 등이었다. 이러한 정책의 시험기간을 10여 년 거친 뒤, 1984년 레이건(Reagan) 대통령에 의해 양형개혁법이 서명되어 법률로 발효되기에 이르렀던 것이다.[100)]

이 같은 미국 양형개혁법은 목표범주와 목적범주를 표방하고 있는데, 전자의 범주는 양형개혁 자체의 목표들로서 형벌의 확실성과 엄정함의 보장, 형벌의 합리성과 투명성의 증대 및 부당한 편차의 감소 등이다. 그리고 후자의 범주는 통상적인 형벌, 억제, 자격박탈 및 재사회화로 요약되는 양형의 목적들을 가장 잘 달성할 수 있는 정책수립과 관련된 연구주제들이다. 이 범주는 'U.S.C. Title 18, section 3553(a)(2)'에 규정된 것들로서 열거하면 다음과 같다.

(a) 범죄의 경중을 반영하고, 법에 대한 존중을 증진하며, 범죄에 대한 공정한 형벌을 부과하고,

(b) 범죄행위에 대한 적절한 위하력(deterrence)을 제공하고,

(c) 피고인의 향후 예상되는 재범들로부터 공중을 보호하고,

(d) 피고인에 대하여 필요한 교육적·직업적 훈련, 의료, 기타 교정적인 치료를 가장 효과적인 방법으로 제공하는 것 등이다.

여기에서 주요한 관점은 ① 범죄에 상응한 형벌, ② 자격정지

---

100) 앞의 책, 18-26면.

나 위하를 통한 범죄통제, ③ 재사회화이다.[101]

미국의 양형위원회와 양형기준제 시행에서 특히 주목할 점은 ① 양형위원회가 응보철학이나 법경제학적 접근보다는 실용주의에 바탕을 둔 경험주의적 접근법을 양형기준작업의 철학적 기초로 삼았다는 점, ② 그리하여 과거 실무관행과 재범에 관한 자료를 이용했다는 점, ③ 필요한 구체화의 수준을 세밀하게 마련했다는 점이다. 그리고 추정적인 형의 범위를 결정하는 데는 ① 일반적인 양형인자, ② 범죄등급, ③ 범죄경력 등을 분류하여 최종적으로 형을 결정하도록 했다는 점이다. 무엇보다도 주목할 대목은 양형기준 개발에서 ① 정책입안자들, 실행자들, 그리고 다른 이해관계인들 사이의 협력, ② 전문화된 범죄학 및 양형전문지식의 활용, ③ 행정부의 참여 및 입법부의 지시와 검토를 통한 정치적 책임을 높였다는 점이다.[102] 중요한 것은 미국의 새로운 양형개혁은 사법부 주도로 이루어진 것이 아니라, 자유주의 철학에 입각하여 사법불신에 대한 입법부의 통제형식으로 입법부가 면밀하게 주도를 하여 왔고, 오늘날도 하고 있다는 점이다.

이상의 간략한 고찰은 비록 실용적인 면과 강조점에서 차이가 있을지라도 미국의 양형개혁이나 독일의 양형전통은 다같이 책임에 상응한 적정한 형벌과 예방목적을 통한 형사정책적 관점을 함께 고려하고 있음을 알 수 있다. 합리적인 양형판단의 기초가 될 책임관점과 예방관점들은 그 구체적인 관점목록들에 있어서는 각각 다른 법문화와 법제도의 전통에 따라 약간의 변수나 차이가 있을 수 있지만, 실체적 진실에 대한 근본적인 의존성과 재범예측과 같은 정책적 판단에 대한 의존성을 내포한다는 점에서는 원리적으로 공통된 요소를 갖고 있음을 알 수 있다.

---

101) 앞의 책, 27-32면.

102) 앞의 책, 33-49면.

실체적 진실에 대한 근본적인 의존성은 범죄수사와 변론절차 과정에서 엄격한 증명을 통해 대부분 해소될 수 있다. 하지만 범인의 자기화와 사회화의 가능성 및 재범가능성에 대한 형사정책적 판단에 대한 의존성은 범인의 인격탐지를 포함하여 범죄경력, 환경요인 조사 등 양형인자에 대한 과학적인 조사가 그 성패를 좌우할 수밖에 없다.

이 같은 필요성을 충족시키기 위해 당사자처분권주의에 가까운 당사자주의와 기소인부절차(arraignment) 및 유죄답변협상(Plea Bargaining) 등의 제도를 일찍부터 활용해 온 영미의 형사사법에서는 보호관찰관에 의한 판결전조사제도를 합리적 양형판단의 주요 변수로 활용하게 되었고, 실체적 진실발견을 위한 직권주의 전통에 뿌리를 둔 독일의 형사사법에서는 비공식적인 또는 제한된 범위에서 공식적인 협상(Absprachen)[103]을 논의해 오다가,[104] 2009. 8. 3. 「협상규율에 관한 법률」이 제정됨으로써 입법화되었고, 사법보조관(Gerichtshilfe)제도를 활용해 오고 있다.

우리나라의 신형사소송법에 당사자주의 요소가 종래보다 많이 가미되었다고 하더라도 우리의 형사소송절차는 대륙법계의 범주를 벗어나지 않는다. 우선 수사절차와 공소제기절차, 공판절차 및 판결절차가 대륙법계의 형식을 큰 틀에서 그대로 답습하고 있기 때문이다. 이러한 측면에서 독일형사사법에서 진실발견절차와 양형절차에 관한 형사소송법의 규정과 그에 관한 체계 및 해석론은 우리의 제도에 적합하여 대개 그대로 전용할 수 있는 경우가 적지 않다.

미국의 형사사법절차는 공판전까지 체포, 경찰입건 및 고발장

---

103) 1992. 3. 30. 헤센 주 검찰총장은 즉시 효력을 지니는 '형사소송상 협상기준(Richtlinien für Absprachen im Strafverfahren)을 마련하여 공식적인 시행에 들어갔다. 이에 관하여는 StV 1992, 346.

104) Schmidt-Hieber, Verständigung im Strafverfahren, 1986.

작성, 치안판사 앞으로의 최초출석, 보석금의 결정, 예비심문, 검사의 기소 또는 대배심의 기소, 기소인부절차, 피고인의 유죄답변의 절차를 거쳐야 한다. 피고인이 기소인부절차에서 유죄의 답변을 하는 경우에는 다른 공판절차 없이 곧바로 양형절차로 이행하고, 유죄의 답변을 하지 않는 경우에는 배심선정절차, 대심(對審)재판에서 검사와 피고인측의 공격과 방어, 최종변론, 배심원의 평의·평결, 판사의 양형절차가 진행된다.

따라서 미국 형사사법에서의 진실은 당사자의 처분과 절차과정에서 형성되는 진실이라고 말할 수 있다면, 독일형사사법에서의 진실은 절차에 앞서서 객관적으로 소여된 진실이며, 그렇기 때문에 절차의 참여주체 중 특히 법관이 발견해야 할 대상이라고 말할 수 있다. 양형이 이런 진실에 부합하는 사법적 작용의 총체적 결과라면, 독일사법의 양형판단과 그 사유논리는 이에 기초한 법관의 책임있는 주도적 결정사항이며, 다만 그 합리화를 위해 각종 양형제도와 양형이론이 발달해 온 것이다.

IV 비교법적 고찰

1. 미국의 판결전조사제도

(1) 미국의 양형제도 개관

피고인이 유죄답변(guilty plea)을 하고 법원이 그 답변을 수용하는 경우에는 특별한 사정이 없는 한 양형절차가 진행된다. 법원은 특별한 사정이 없는 한 지체없이 형을 선고하여야 한다. 그러나 피고인이 타인의 수사나 소추와 관련하여 정보를 제공하거나 증언을 해야 하는 등 정당한 사유가 있는 경우에는 그 정보의 제공이나 증언이 끝날 때까지 형의 선고가 연기될 수 있다.

미국의 양형절차에서 중요한 요소는 보호관찰공무원에 의한 판결전조사제도이다. 보호관찰관은 판결전조사를 한 후 조사보고서를 법원에 제출하고, 법원은 이를 토대로 하여 형을 선고하게 된다. 미국의 경우에는 양형가이드라인에 따라 형을 선고하도록 되어 있는데, 이것이 피고인들이 답변협상에 따라 자신에게 유리하도록 유죄답변을 하게 되는 이유 중 하나가 된다.

전통적으로 미국 연방 보호관찰관의 양대 기능은 ① 보호관찰대상자에 대한 준수사항의 이행여부에 대한 지도·감독, ② 기소된 범인에 대한 사회적 환경과 개인적 특성 등을 조사하여 소속 법원에 보고하는 판결전조사이다. 1930년대 이후에는 일반가석방자 감독(parole)과 1946년 이후 군교도소 가석방자에 대한 감독(military parole)이 추가되었다. 1984년 양형개혁법 제정으로 연방차원에서 부정기형을 폐지하고 정기형 제도가 일반화되었고, 가석방 없는 정기형도 도입되었다. 또한 이 법에 따라 연방범죄에 대한 양형기준을 관리하기 위한 양형위원회(U.S. Sentencing Commission)가 설치되었다. 그리고 보호관찰관의 판결전 조사보고시 양형기준에 의한 양형선택사항들을 보다 더 세밀하게 조사하고 양형권고를 보다 더 구체적으로 설명하도록 하였다. 1989년부터 법원의 판결에 의하여 가석방시점이 미리 정해지는 감독부 가석방(supervised release of mandatory release)자에 대한 감독이 추가되었고, 1982년 제정된 「기소전 업무에 관한 법률」(The Pretrial Service Act)에 의해 기소전 보석자 등에 대한 보호관찰업무가 전국의 연방법원 관할구역으로 확대되었다.[1)]

(2) 양형의 편차를 극복하기 위한 양형기준제

미국은 법관의 양형에 대하여 가장 강력하고도 직접적인 통제를 가하는 것으로 유명하다. 미국의 양형통제는 법관의 재량행사를 제한함으로써 양형을 합리화하는 데 목적을 두고 있는데, 이는 법관들 사이의 양형편차를 줄이는 것과 아울러 지나치게 낮은 형을 선고하거나 법관이 가석방을 남용하지 못하도록 제한하는 것을 의미한다. 보편적이고 일상화된 양형편차를 줄이기 위한 노력의

1) 이형재, 「미국 보호관찰제도 연구」, 보호관찰 제4호, 2004, 246면 이하 참조.

일환으로 양형 가이드라인(Sentencing Guideline)에 의한 양형기준의 활용이 자연스럽게 모색되었는데 1984년의 양형개혁법(Sentencing Reform Act)에 의해 1987년부터 양형기준제도가 연방단위에서 본격적으로 시행되게 된다.

양형기준이 도입되기 전의 주된 양형합리화 방안은 부정기형 제도였다. 부정기형 제도는 엄밀하게 보면 양형의 통일과는 뚜렷한 관련은 없다고 볼 수 있다. 다만 이러한 방법을 통하여 양형 당시에 있던 차이를 수형과정의 심사를 거쳐 줄일 수 있다는 점에서 실제 양형의 차이를 극복하는 유용한 방안으로 제시된 것이었다.[2] 즉, 판사는 부정기형을 선고하고 이후 복역 과정에서 가석방 심사위원회(parole board)가 범죄자의 판결 후의 성향, 태도, 기타 사정을 고려하여 석방시기를 결정하였다. 그러나 이 경우 심사위원회가 사실상 양형을 하는 셈이 될 뿐 아니라 자의적인 현상이 많아 부정기형 제도에 대한 비판이 고조되면서 그에 대한 대안으로 통일된 양형기준제가 도입되었다. 양형기준제도를 시행한 이후 집행유예비율이 현저히 낮아지고 가석방이 폐지됨으로써 양형은 과거에 비해 더욱 엄격해졌다.[3] 양형개혁법이 제정되기 이전까지 연방 형사법률은 대부분 법정형의 상한만을 규정하고 있을 뿐이었고 법정형 내에서 선고하는 이상 양형은 상소의 대상이 되지 않았다. 판사들은 양형이유를 밝히지도 않았다.

양형기준제의 실패를 주장하는 학자들은 양형기준의 가혹함을 지적하면서 양형기준의 문제점을 거론하고 있다. 즉 양형기준제도의 채택이후 선고된 형기가 3배 가까이 늘었을 뿐 아니라 필요 이상으로 자유형이 남발되고 가석방의 폐지로 말미암아 복역형기

---

2) 박홍우, 「미국연방의 양형기준제도」, 양형제도연구위원회 결과보고, 법원행정처, 2002, 65면.

3) 박홍우, 「미국연방양형기준제의 실제 적용방법」, 외국의 양형제도연구, 법원행정처, 2003, 129면.

가 장기화되었으며, 그 결과 1980년대 이래 연방교도소의 수용자는 600%이상 증가되었다.[4] 그런데 이러한 양형기준활용에 따른 부작용 외에 실제 양형기준의 가장 큰 문제는 엄정한 양형을 시행하였음에도 불구하고 범죄가 줄어들었다는 직접적인 증거가 발견되고 있지 못하다는 점이다.

(3) 판결전조사보고제도(Presentence Investigation: PSI)

1) 개　관

양형기준제도의 도입은 자연스럽게 양형자료의 조사라는 과정을 주요한 절차로 부각시켰는데, 미국 양형개혁법에서는 양형의 기준을 설정한 외에 양형판단의 과정에서도 일정한 절차적 규제를 가함으로써 양형결정의 공정성과 객관성을 담보하도록 하였다. 영미법계의 전통적 특성인 배심재판의 구조에 따라 형사재판의 공판절차가 유죄인정의 절차와 양형절차로 2원화되어 있어 기소된 피고인은 유죄답변협상(plea bargaining)이나 배심에 의한 유죄평결(conviction)에 의한 범죄사실의 증명이 된 후에 양형의 단계에 들어가게 된다.

양형단계에 있어서도 필요한 양형요소에 관련된 자료들을 엄격한 절차에 따라 확인하도록 하고 있는데 이것이 판결전조사(Presentence Investigation)와 이에 대한 보고절차이다.

하나의 양형준비절차로서 보호관찰관(Probation Officer)에 의한 판결전조사와 그에 관한 보고서(Presentence Report) 제출이 필수적으로 되어 있다. 가이드라인에 의하면 양형은 피고인의 범죄행위에 대한 구체적인 사실에 기초하여야 한다.[5] 예전에도 보호관찰관에

---

4) 사법제도개혁추진위원회, 양형제도개선 전문가토론회(Ⅰ·Ⅱ), 2005, 74면.

5) U.S. Sentencing Commission, Fifteen Years of Guidelines Sentencing, 2004.

의한 보고서는 양형판단에 중요한 자료로 활용되어 왔으나, 양형개혁법에 따른 양형지침서 제정 이후에 중요한 필수적 과정으로 보호관찰관의 역할이 커졌다.[6)]

판결전조사보고서에는 (1) 피고인의 전과기록, (2) 범죄실행상황과 피고인의 행위에 미치는 상황에 대한 진술, (3) 피해자의 경제적·사회적·심리적·육체적 손해나 손상에 대한 정보, (4) 피해자의 원상회복요구를 포함하여 판사의 양형에 도움이 될 정보 등이 기재되는데, 이 보고서는 유죄인정절차가 종료된 이후에 법원에 제출되며 사전에 공개되지 않는다. 이는 유죄확정 전에 공개되면 양형자료가 유무죄의 판단에 영향을 끼칠 수가 있기 때문이다. 보고서를 받은 법원은 필요한 경우 더 자세한 조사를 요구할 수 있고 형의 선고 10일 전까지 조사보고서를 피고인과 변호인 그리고 검사에게 공개하여야 하며 피고인측에 이의제기의 기회를 주어야 한다.

2) 자료조사 과정 및 내용

일반적으로 보호관찰관은 반드시 양형조사를 수행하고 형을 선고하기 전에 법원에 보고서를 제출하여야 한다.[7)] 보호관찰관이 양형조사의 하나로 피고인을 인터뷰하기도 하는데, 변호인의 요청이 있는 경우에는 변호인에게 통지하고 그 인터뷰에 참여할 수 있는 합리적인 기회를 주어야 한다.[8)]

보호관찰관이 담당하고 있는 판결전조사보고서의 내용은 다음

11., p.108.

6) 사실상 미국의 판결전조사제도는 최초의 보호관찰관인 John Augustus가 범죄인들에 대한 보호관찰을 실시할 때부터 태동되었다고 할 수 있다. http://www.cjcj.org/files/the_history.pdf, 『The History of the Presentence Investigation Report』, 2009, p.2.

7) 18 U.S.C. §3552(a). 다만, 일정한 경우에는 양형조사를 생략할 수도 있다.

8) F. R. Crim. P. 32(c)(2).

과 같다.

(a) 양형기준의 적용과 의견개진

판결전조사보고서에 담을 내용에 대한 공식적인 사항을 규정한 것은 연방형사소송규칙 32(d)로서 그 중 32(d)(1)에 따르면 보호관찰관은 모든 적용 가능한 양형가이드라인에 기초하여 피고인이 저지른 범죄등급(offence level)과 전과범주(criminal history category)를 산정하여 그에 따라 선고 가능한 형량의 범위와 형의 종류를 기재하고 관련된 사실적 요소를 기재한다. 그리고 필요시에는 산출된 형량의 범위를 이탈할 수 있는 근거도 기재하여야 한다.

동시에 연방형사소송규칙 32(d)(2)에 의해 보호관찰관은 조사보고서에 다음 사항을 기재하여야 한다. ① 피고인의 경력과 특성으로서, 범죄기록(prior criminal record), 피고인의 재정적 상황(financial condition), 피고인의 행위에 영향을 미치는 환경으로서 형의 부과 또는 교정에 도움을 줄 수 있는 내용 등이 포함된다. ② 범죄의 대상이 되었던 사람에 대한 재정적·사회적·심리적·의학적 영향에 대하여 다툼이 없는 방식으로 진술되고 입증된 정보, ③ 적절한 경우에는 피고인에게 적용가능한 비구금 프로그램 및 자원의 성질과 정도, ④ 법률에 의해 피해배상을 하여야 하는 경우, 피해배상명령을 내리기 위한 충분한 정보, ⑤ 법원이 18 U.S.C. §3552(b)에 따른 검토(study)명령을 내린 경우, 그 결과 보고 및 권고(recommendation), ⑥ 법원이 요구하는 기타 정보 등이다.[9)]

보호관찰관은 양형의견 기재를 위해 미연방양형위원회의 양형가이드라인과 법원의 관련판례를 해석하거나 적용한다.

---

9) F. R. Crim. P. 32(d)(2).

(b) 추가적인 기재사항

연방형사소송규칙 제32조의 범위를 넘어서지 않는 한, 판결전 조사보고서에 담을 내용에 대한 공식적인 제한사항은 없다. 일반적인 증거법칙에 의해 제한받지 않으며, 기소된 범죄사실과 무관한 사실을 기재할 수 있으며, 다양한 범주의 범죄전력, 피고인의 정신상태에 대한 심리학적 평가, 피해자의 진술 및 피해자가 입은 충격에 대한 사항도 기재할 수 있다. 다시 말해 보호관찰관은 보고서에 어떤 내용을 담을 것인가에 관해 광범위한 재량권을 가지고 있다.

(c) 기재제한사항

연방형사소송규칙 32(d)(3)에 의하면 ① 공개되면 재활프로그램에 치명적인 장애를 줄 진단내역, ② 공개하지 않겠다고 약속하고 얻은 정보의 정보원, ③ 공개되면 피고인이나 다른 사람에게 육체적 상해나 그 밖의 손해를 끼칠 정보 등은 기재할 수 없다. 이외에도 강요에 의한 진술을 보고서에 기재하거나 피고인의 종교에 대한 내용을 기재하는 것도 제한사항이 되고 있다.

보호관찰관은 위와 같이 작성된 보고서를 최소한 판결 선고일로부터 35일 전에는 피고인, 피고인의 변호인, 그리고 검사에게 주어야 한다. 다만, 피고인은 그 최소기간을 포기할 수도 있다. 한편, 각 지역의 규칙 또는 각 사건에서의 명령에 따라, 법원은 보호관찰관에게 그의 양형에 대한 권고를 법원이 아닌 다른 누구에게도 공개하지 않도록 할 수 있다. 유죄가 인정되기 전까지는, 보호관찰관은 그 보고서를 법원에 제출하지 않아야 하고, 그 내용을 다른 사람에게 공개하지도 않아야 한다. 다만, 피고인이 서면으로 동의하는 경우에는 그러하지 아니하다. 판사는 양형조사관의 권고를 따라야 할 필요는 없으나 양형조사관에 의해 수집된 자료는 양형판단의 주된 근거가 된다.[10)]

한편, 피고인은 판결전조사보고서에 대하여 이의를 제기할 수 있다. 그러한 이의에는 보고서에 기재되거나 누락된 필수적 정보, 양형가이드라인의 범위, 정책론 등에 대한 이의 등이 포함되어 있다. 그 이의는 보고서 수령 후 14일 이내에 서면으로 제기하여야 한다.[11] 보호관찰관은 이의를 논의하기 위하여 당사자들을 만날 수 있고, 추가로 더 조사하여 양형조사보고서를 적정하게 수정할 수도 있다.[12] 이러한 절차를 거치고 난 후, 보호관찰관은 최소한 선고일 7일 전에 판사와 검사, 변호인에게 양형조사보고서를 제출하며, 그 보고서에는 그 때까지 해결되지 않은 이의, 이의를 제기하는 논거, 그 이의에 대한 보호관찰관의 견해도 첨부하여야 한다.[13]

법원이 양형범위에서부터 일탈하고자 하기 전에, 그 논거가 양형조사보고서 또는 각 당사자의 사전 제출물(prehearing submission)에서 확인되지 않는 경우에, 법원은 일탈을 고려하고 있다는 점을 검사와 피고인에게 합리적으로 통지하여야 하며, 그 논거를 특정하여야 한다.[14]

(4) 양형조사 주체로서의 보호관찰관

1) 보호관찰관의 지위

미국에서 보호관찰관이나 그들이 근무하는 보호관찰소를 일컬을 때는 흔히 형사공판 이전 양형자료 등을 조사하는 공판준비담당관(pretrial service agency)이나 공판준비담당청(pretrial services), 형선

---

10) U.S. Department of State, U.S. Legal System, 2001, p.115.

11) F. R. Crim. P. 32(f)(1).

12) F. R. Crim. P. 32(f)(3),(4).

13) F. R. Crim. P. 32(g).

14) F. R. Crim. P. 32(h).

고 이후 관여하는 보호관찰관(probation officer)과 보호관찰소(probation office)를 함께 일컫는다.[15)]

보호관찰관들이 고용된 연방보호관찰소는 연방법원행정처의 보호관찰국(Office of Probation and Pretrial Services of the Administrative Office of the United States Court)과 연계되어 있는데, 보호관찰관들의 업무수행은 지역법원과 보호관찰국의 감독대상이 된다.

미연방보호관찰소는 법원소속 기관인 점에서 법무부소속인 우리나라의 경우와 대비되는데, 연방보호관찰관은 형식적으로는 법원 소속이나, 별도 사무실에서 업무를 독자적으로 수행하는 등 법원과 독립적으로 운영되고 있다.

개별주의 보호관찰소는 조직의 3/4이 행정부 소속으로 되어 있는데 이는 보호관찰이 본질적으로 행정적인 업무이기 때문에 사법부가 개입함은 부당하므로, 사법부와는 분리된 조직으로 운영해야 한다는 사고에서 기반한다. 그러나 이 경우에도 주 행정부는 보호관찰관에 대한 임명권과 예산의 책정권을 가질 뿐이며, 주법원 소속인 경우도 법원은 소장 임명에만 관여하고 운영과 예산 모두 법원으로부터 독립적으로 행해진다.

미연방보호관찰관이 되기 위해서는 미국시민권을 가진 자로서 공인된 4년제 종합대학이나 단과대학에서 관련분야의 학사학위를 취득한 자라야 한다. 일반적으로 보호관찰관은 심리학, 상담학, 법학의 전공자 중에서 충원되는데, 석사·박사학위 취득자뿐만 아니라 변호사자격을 취득한 보호관찰관도 상당수이다. 보호관찰관으로 임명된 후에도 수시로 실시되는 마약테스트와 주로 5년 단위로 이루어지는 신원조회를 반드시 거쳐야 한다.[16)]

보호관찰소를 사법부 산하기관으로 두고 있는 미국에서는 사

---

15) 오기두, 「미국의 보호관찰관」, 법조 제56권 제3호, 법조협회, 2007.3., 265면.

16) 오기두, 앞의 논문, 269면.

회복지, 특수교육, 형사학 등의 전공을 마친 보호관찰관 중에서 양형조사업무를 수행할 양형조사관을 선발하는데, 양형조사관이 되면 다른 부서와 인사교류를 할 수 없도록 하여 전문성을 고양시키는 한편 선발되면 은퇴할 때까지 양형조사와 관련된 업무를 하게 한다.[17] 또한 예산과 조직이 독립되어 있기 때문에 보호관찰관이 순환보직 형태로 법원직원과 교류하는 경우가 없고, 보호관찰관은 고유업무를 수행할 뿐 재판업무와 단절되어 있는 것이 일반적인 모습이다.

2) 보호관찰관의 소속

미국에서는 1925년 최초로 연방보호관찰법(The Federal Probation Act)이 제정되었다. 이 법은 연방차원에서 보호관찰제도를 도입하면서 연방법원에 피고인에 대한 형의 선고 및 집행을 유예하고 보호관찰에 처할 수 있는 권한은 부여했다. 1930년 연방의회의 승인하에 연방가석방위원회(The National Parole Board)가 연방차원의 가석방 결정기관으로 창설되었다.[18] 이와 동시에 가석방자(Parolees)에 대한 현장감독권을 연방보호관찰관에게 부여하도록 보호관찰법이 개정되었다. 이에 따라 연방법무성에 교정국이 창설되었고, 이 연방교정국에서 보호관찰업무도 관장하였다.

1940년 연방보호관찰제도에 대한 운영책임이 연방법무성 교정국에서 법원행정처로 이관되었다. 이것은 연방보호관찰조직에 대한 일반적인 감독권한을 법원행정처로 이관해야 한다는 연방법원

17) 우리의 경우 이와는 반대로 법원에 의해 선발된 조사관들이 5년 동안 양형조사업무를 하게 되면 다시 원래업무로 복귀할 수 있는 것으로 알려지고 있다. “양형업무 법원조사관 전문화 절실”, 법률신문 2009년 8월 20일자.

18) 이 위원회의 공식명칭은 1976년 The U.S. Parole Commission으로 개칭되었다.

행정처의 강력한 주장에 따라 이루어진 것이다. 연방법원행정처는 보호관찰관에 대한 임명권이 법원에 있고, 보호관찰대상자에 대한 지도감독 및 판결전조사 등 보호관찰관의 통상적인 업무가 법원과의 긴밀한 협의 하에 이루어진다는 점을 그 논거로 들었다.[19)]

그러나 연방법원행정처의 보호관찰제도 운영과 형사정책에 관한 안목이 전문적이지 못하다는 지적 등에 따라 1963년 연방보호관찰제도 운영에 관한 사항을 전문적으로 다루기 위하여 법원행정처를 정책적으로 지휘하는 상위의 위원회인 연방사법협의회(The U.S. Judicial Conference) 휘하에 상설위원회로 별도의 보호관찰운영위원회(The Committee on the Administration of Probation System)를 설치하였다. 이를 계기로 1966년 연방법무성은 연방차원의 교정, 보호관찰, 가석방 업무의 통합을 위하여 보호관찰업무의 법무성 이관 등을 내용으로 하는 법안들을 의회에 제출했으나, 연방사법협의회의 반대결의안에 부딪혀 무산되고 말았다.

1978년 보호관찰 중인 마약사범 등에 대한 사후치료서비스에 대한 외부전문기관과의 계약권한을 법무성에서 법원행정처로 이관

---

19) 그 밖에도 1940년 미국에서 보호관찰관의 소속변경이 판결전조사를 포함한 보호관찰업무의 중립성을 확보하기 위한 것이라는 주장도 있다(손철우, 「우리나라 양형기준의 주요쟁점과 과제」, 사법 제8호, 사법발전재단, 2009. 6., 128면 각주 62 참조). 이 같은 주장은 사실에 부합하지 않을 뿐만 아니라 오해를 불러올 위험도 있다. 사실에 부합하지 않음은 1940년 당시 미국에는 연방양형기준제도 같은 것도 없었고, 판사가 부정기형을 선고할 때였기에(징역 1년에서 10년을 선고하고 연방가석방위원회에서 1년이 지난 때부터 보호관찰부 가석방 여부를 심사하는 방식), 판결전조사보고서의 중립성이 문제될 소지가 없었기 때문이다. 또한 오해의 소지가 될 위험은 마치 법무성이 보호관찰관의 업무처리에 개입하여 판결전조사의 공정성을 해친다는 뉘앙스를 풍길 수 있기 때문이다. 법무성이든 법원행정처이든 공직윤리와 소명감에 따라 정의와 양심에 입각해 일한다는 원칙은 미국의 오랜 문화적·정신적 전통에 비추어 볼 때, 건전한 상식에 속하는 일이다.

하는 것을 골자로 하는 치료계약법(Contract Service Act)이 제정되었다. 1982년 심리전 업무법(The Pretrial Service Act)의 제정으로 심리전 업무를 전(全)연방지방법원 관할로 확대실시하게 되었으며, 그에 따라 별도의 전담기관도 설치되게 되었다. 같은 1982년 피해자 및 증인보호법(The Victim & Witness Protection Act)이 제정되어, 보호관찰관은 판결전조사보고서에 범죄피해자에 대한 영향을 기술하게 되었으며, 이후 범죄피해자에 대한 원상회복(restitution) 부과 등 피해자보호업무 강화를 통해 회복적 사법(restorative justice)의 이념이 확산되었다.

1987년에는 보호관찰업무 추적시스템(Probation & Pretrial Services Tracking System : PACTS)이라는 보호관찰 전산정보망이 구축되었다. 이로써 전국보호관찰소를 전산망으로 묶어 보호관찰사건기록과 판결전조사보고서 등 각종 보고서 등을 전산상에서 상호교환·관리할 수 있게 되었다. 1991년에는 강화된 지도감독 개념이 도입되었다. 이것은 그 사이 변화된 법률들과 증가하는 보호관찰대상자에 대응하여 보호관찰이 그 실효성을 잃지 않도록 하기 위해 이른바 강화된 지도감독(enhanced supervision)이라는 전략보고서를 발간하고, 고위험범죄자군 선별, 특별준수사항의 집행, 지역사회에 대한 재범위험의 통제, 교정치료프로그램의 실시 등 이른바 집중보호관찰전략을 담은 것이다.[20)]

요컨대 1940년 이후 연방법원행정처 보호관찰실(Office of Probation & Pretrial Services)에서 중앙차원의 보호관찰정책기획과 행정업무를 담당하고 있다. 지방차원에서는 94개의 연방지방법원별로 연방소속 지방보호관찰소를 두고 있는데, 약 530여개에 해당한다. 그 소장과 소속 보호관찰관은 연방지방법원장이 임명한다.[21)]

---

20) 이형재, 「미국 보호관찰제도 연구」, 248면 이하; 오기두, 앞의 논문, 266면 이하.

21) 연방보호관찰관은 Probation & Pretrial Services Officer로 불려진다. 그것

3) 보호관찰관의 역할

종래에는 범죄자의 생활사를 조사하는 기능만을 수행해왔던 보호관찰관이 양형기준제도가 시행되면서 양형기준을 적용하는 데 필요한 사실을 수집하여 법원에 제출하고 연방양형위원회에 양형기준을 평가하고 수정할 수 있는 정보를 제공하는 "양형기준의 수호자"로 자리매김하고 있다.[22] 보호관찰관의 양형조사는 범죄행위에 기반한 양형(Offence-based Sentence)[23]이라는 이념에 충실한 것으로 양형기준제의 성패를 좌우하고 있다고 해도 과언이 아니다.

보호관찰관의 양형자료조사에 대해 판사들은 유죄답변협상으로 검사의 재량권이 높아진 데 더하여 양형기준에 대한 보호관찰관의 의견개진에 의해 재판과 관련된 재량권이 축소되는 것을 우려하고 있는 입장이다.

양형기준제도하에서 양형에 관한 판사의 재량권은 범죄등급과 범죄경력으로 이루어진 양형범위 안에서 형종과 형량을 선택하고 이탈여부를 결정하는 권한을 의미하게 된다.

흔히 양형기준의 제정으로 검사의 재량권이 확대된 것으로 인식되고 있는데, 유죄답변협상을 통해 검사의 양형에 대한 재량권이 확대되는 것을 방지하기 위하여 실제범행을 양형자료로 삼도록 법에 규정하였지만 검사와 변호인 간의 협상을 모두 통제할 수는 없는 현실이다. 그리고 양형조사관도 양형자료는 대체로 검사의 보고서에 의존하고 있는데, 이 보고서에는 모든 정보가 제공되지는 않는다. 이러한 경우 양형조사관은 양형에 관련되는 사실을 검

은 전통적인 보호관찰과 가석방자 감독, 판결전조사업무 외에 1982년 이후 연방법원에서 빈번히 활용되는 다이버전, 심리전 감독처분자에 대한 지도감독 등의 업무를 수행하기 때문이다.

22) U.S. Sentencing Commission, Fifteen Years of Guidelines Sentencing, p.108.

23) Richard G. Singer, Criminal Procedure Ⅱ, From Bail to Jail: Examples and Explanation, 2005, p.274.

사가 제공하는 정보 이상으로 조사할 수도 있다. 변호인들은 양형조사관들이 양형에 영향을 주는 사실 때문에 공개적으로 대화하기를 꺼려한다. 대화 도중에 양형기준표상의 상향조정에 영향을 미치는 사정이 드러나는 것을 우려하기 때문이다. 일부 변호사들은 양형조사관들을 양형기준을 올리는 '제2의 검사'로 설명하기도 한다.[24)]

보호관찰관의 양형조사에 있어서는 경찰과 검찰이 제공하는 정보에 의거해야 한다는 점과 양형과 관련된 쟁점에 대하여 가치판단을 통해 적용할 양형범위를 결정하는 데 있어서 이에 상응한 권한이 주어지지 않는 상황이 개선되어야 할 부분으로 지적되고 있다.

양형조사관이 양형심리 전에 제출하는 판결전조사보고서는 단순히 법원에 양형에 관련되는 정보를 제공하는 것이라기보다는 어느 정도의 형을 선고할 것인가를 결정하는 데 출발점이 되고 있다. 이처럼 양형조사관의 임무가 양형지침서를 해석하고 적용하는 데 있어서 중대한 역할을 맡고 있음으로 인해 판결전조사를 예전부터 계속 담당했던 보호관찰관에 의한 양형자료조사가 미국에서는 당연하게 받아들여지고 있다.[25)]

2. 영국의 판결전조사제도

(1) 판결전조사보고서제도의 연혁과 기능

영국은 잉글랜드와 웨일즈, 스코틀랜드, 북아일랜드로 구성

---

24) 박홍우, 「미국연방의 양형기준제도」,양형제도연구위원회결과보고, 법원행정처, 2006, 244면.

25) The History of the Presentence Investigation Report, p.6.

되어 있지만 각각의 독자적인 사법제도를 가지고 있다. 조사연구의 주된 대상은 잉글랜드와 웨일즈이고, 이 논문에서 설명하는 모든 제도는 잉글랜드와 웨일즈에 한정된다.

영국의 양형절차에서 검사와 피고인측은 각각 양형에 관한 자료를 제출할 수 있다. 그러나 검사나 피고인측의 양형자료 조사·수집을 위한 별도의 절차가 마련되어 있지는 않고 법원에 의한 양형자료조사절차만 마련되어 있다. 법원은 양형을 하기 전에 일반적으로 판결전조사보고서(Pre-Sentence Reports: PSR)와 다른 보고서[26]를 참고한다. 판결전조사보고서는 일반적으로 양형에 관한 권고를 내용으로 하지 않는다. 그것은 범죄사실에 대한 객관적인 요약, 범죄와 범죄자의 행위, 그리고 범죄자(피고인)의 범죄에 대한 태도를 분석함으로써 법원을 지원하기 위한 것이다.[27] 즉 판결전

26) 법원은 판결전조사보고서 이외에도 의료적 치료보고서, 알코올이나 마약재활센터의 적합성에 대한 평가 등을 제출받을 수도 있다. 한편 위의 표준판결전조사보고서(Standard PSR) 외에도 판결전조사보고서의 범주에 포함되지만 명칭과 기능이 다른 보고서도 있는데, 특정양형보고서(Specific sentence report, SSR－법원에 의해 선고가 예상되는 특정한 형벌에 대한 범죄자의 적응 적합성이 중심 내용), 서면약식판결전조사보고서[Fast Delivery PSR(written)－공공에 대한 심각한 해악의 위험이 중심 내용], 구두약식판결전조사보고[Fast Delivery PSR(oral)－법원이 범죄자에 대한 한정적인 정보만을 필요로 할 때 행해지는 구두보고], 형선고유예보고서(Deferred Sentence Reports－법원이 형의 선고를 유예할 경우에 범죄자의 개선가능성 및 개선과제의 수행 방법, 적절한 선고유예의 결정을 위해 법원을 지원하기 위한 정보가 중심 내용), 법원검토보고서(Court Review Reports－사회내명령이나 형선고유예명령을 함에 있어서 법원이 범죄자의 개선이나 준수사항의 준수 여부에 대해 정기적으로 검토하고 그에 대한 보고서를 작성할 공무원이 필요할지를 결정하기 위한 정보가 중심 내용임)가 그것이다. 이에 대한 자세한 내용은 Probation statistics quarterly brief January to March 2009, England and Wales, Ministry of Justice Statistics bulletin, 2009. 7., p.7 참조.

27) 권오걸, 「영국양형제도의 분석과 국내도입의 문제점 검토」, 형사정책연구 제19권 제4호, 2008, 15면.

조사보고서는 공공에 대한 심각한 해악의 위험도, 범죄자의 해악의 위험·재범가능성·범죄의 특성 및 범죄자의 범죄적성을 고려한 양형 제안을 법원에 제공하게 된다.[28)]

19세기에 법원은 획일적인 양형의 엄격함을 완화하기 위해 피고인이 처해 있는 환경이나 그가 범행을 하게 된 사정에 대한 상세한 정보를 근거로 양형결정을 하였다. 점차 판결전조사자료의 실효성을 인정하게 된 법원에서는 이러한 절차를 확대 시행하였으며, 지역사회 내에 되돌려 보내도 충분한 복귀가 가능한 경우 어떤 피고인에게도 이 사법권한을 적용할 수 있게 되었다.

(2) 판결전조사보고서의 작성 주체

재판 개시 전의 피고인 특성의 현출에 관한 보고서조항은 형사법원의 임무 수행과 관련하여 보호관찰의 필수적 기능의 하나를 실현한다. 판결전조사보고서는 양형절차를 지원하는 보고서의 작성에 있어서 핵심적 역할을 하는 재판관계인으로서 보호관찰관의 위상을 강조한다. 보호관찰관은 보호관찰 시행의 초창기부터 이 판결전조사자료를 수집·작성하는 임무를 수행해 왔다.

1991년 형사사법법(Criminal Justice Act 1991: CJA)에는 형사법원의 재판을 지원하는 당시까지의 각종 보고서의 명칭에서 시작하여 유형, 내용, 체제까지 규정되어 있다. 1992년 10월 1일자로 잉글랜드와 웨일즈에서 사회조사보고서(social inquiry report)의 작성은 중단되었다. 보호관찰소 및 사회복지국이 현재 판결전조사보고서(Pre-Sentence Reports: PSR)를 작성한다. 1991년 형사사법법이 제정되면서 판결전조사보고서의 작성 및 법원에 대한 보고가 명문화되

28) Probation statistics quarterly brief January to March 2009, England and Wales, Ministry of Justice Statistics bulletin, 2009. 7., p.6.

었다.[29)]

판결전조사보고서의 작성은 18세 이상 성인의 경우에는 지방보호관찰위원회(local probation board)에 소속된 보호관찰관[30)]이 담당하고, 18세 미만의 자에 대하여는 지방보호관찰위원회 소속 보호관찰관, 지방자치단체 소속 사회복지사(social worker)[31)] 또는 소년비행방지팀(Youth Offending Team: YOT) 소속원이 담당하게 된다.

영국의 보호관찰관은 종래 내무성(Home Office) 산하 국가보호관찰서비스(National Probation Service) 조직에 속해 있다가, 2007. 5. 9. 법무부(Ministry of Justice)의 교정과 보호관찰이 통합된 국가범죄자관리청(National Offender Management Service) 소속으로 변경되었다.[32)] 국가범죄자관리청(NOMS) 산하 10곳에 광역범죄관리본부가 있고, 광역지역은 경찰청・법원・검찰청 관할구역과 일치하는 42개 중간권역으로 구분되며, 42개의 중간권역 보호관찰소에서는 지역본부를 포함한 600여개의 일선 보호관찰소를 관리하고 있다. 42개의 중간권역 보호관찰소마다 본부소장이 있고, 본부소장이 당연직 위원이 되는 보호관찰위원회가 별도 설치되어 있다. 보호관찰위원회에는 본부소장 외에 비상임위원이 있으며, 예산, 관리, 보호관찰관 선발 및 훈련 등 업무를 수행한다.

---

29) Probation Service Manual, 5th ed., 1993, p.147.

30) 판결전조사보고서를 작성하는 보호관찰관은 2007. 5. 9. 이전까지는 내무성에 소속되어 있었지만, 법원에 배속되어 법원의 명령에 의해 판결전조사보고서를 작성하게 되는 것이다. 보호관찰관은 직접적으로는 지방단위기관인 보호관찰위원회(local probation board) 소속이지만, 중앙기관으로는 2007. 5. 9. 이전까지는 내무성 형사국(Home Office Criminal Department) 내의 형사사법 및 헌법부서(Criminal Justice and Constitutional Department)에 의한 직무상 감독을 받았다.

31) 사회복지사는 지방정부의 사회복지부서(local authority social services department) 소속으로 되어 있다.

32) 법무부 범죄예방정책국 보호법제과, 보호관찰소 소속관련 입법례, 2009. 12., 13면.

판결전조사보고서의 작성에 임해서 보호관찰관은 범죄자사정시스템(Offender Assessment System, OASys)에 기초해서 범죄자 및 범죄에 대해서 조사한다. 여기서 얻은 정보는 그 후 범죄자에 관한 중요한 정보로서 보호관찰(Probation Service) 및 행형(Prison Service)에 이용된다.[33)]

(3) 판결전조사보고서의 대상범죄와 내용

법원은 구금형(custodial sentence)이나 사회내형벌(community sentence)[34)]을 명하기 위해서는 반드시 판결전조사보고서의 내용을 참

---

33) 2003년부터 경찰도 범죄자사정시스템의 정보를 공유할 수 있도록 되었다(Richard W. Ward & Sarah M. Ward, Community Sentences: Law and Practice, London, 1993, p.167).

34) 1991년 형사사법법(Criminal Justice Act 1991: CJA)은 종래의 구금형(custodial sentence)의 대체형으로 취급되는 프로베이션 명령(probation order)이나 사회봉사명령(community service order) 등을 '사회내형벌'(community sentence)이라는 신개념 아래 형벌체계상 독립적인 형벌로 설정하였다. 독립적인 형벌로 설정함에 따라서 1991년 형사사법법 제6조 제1항에서는 사회내형벌의 부과 요건으로서 "당해 범죄가 그 형벌을 정당화할 만큼 충분히 중대성을 갖출 것"을 들고, 제6조 제2항에서는 "선고할 사회내형벌을 구성하는 명령의 조합은 그 범죄자에게 가장 적합한 내용이어야 할 것, 명령에 의해 제한되는 범죄자의 자유는 저지른 범죄의 중대성과 균형을 이룰 것"을 규정하고 있다.

1991년 형사사법법상 사회내형벌의 종류는 ① 프로베이션 명령(probation order), ② 사회봉사명령(community service order), ③ 결합명령(combination order), ④ 외출금지명령(curfew order), ⑤ 지도・감독명령(supervision order), ⑥ 출두센터 출두명령(attendance centre order)이 있지만, ①~③의 명령은 2000년 형사사법법 및 법원법(Criminal Justice and Courts Service Act 2000)에 의해 명칭이 변경되어 현재는 ① 사회갱생명령(community rehabilitation order), ② 사회징벌명령(community punishment order), ③ 사회갱생 및 징벌 명령(community punishment and rehabilitation order)으로 불리고 있다(2000년 형사사법법 및 법원법 제43조). 그리고

고해야 한다고 규정하고 있다.[35] 영국에서 현재 양형자료 조사에 대한 근거법령으로는 2003년 형사사법법(Criminal Justice Act 2003), 2000년 형사법원의 (양형)권한법[Powers of Criminal Courts (Sentencing) Act 2000] 등이 있고, 내무성이 보고서의 작성기준으로 마련한(사회내 범죄자의 지도·감독을 위한) 전국기준(National Standards for the Supervision of Offenders in the Community)에 의하여 세부적인 내용을 규율하고 있다. 2003년 형사사법법에 의하면 법원은 원칙적으로 판결 선고에 앞서 판결전조사보고서를 제출받아 그 내용을 참작할 것을 요구하고 있다[s 156(3)].[36] 다만 성인의 경우 법원이 불필요하다고 생각하는 경우에는 보고서의 제출이 없더라도 판결을 선고할 수 있지만[s 156(4)], 18세 미만 범죄자의 경우에는 보고서의 제

2003년 형사사법법(Criminal Justice Act 2003)에는 2005년 4월 4일 이후에 저질러진 범죄에 대해서 독립적이고 포괄적인 사회내명령(Community Order)이 도입되었다. 이 사회내명령은 종래의 성인을 대상으로 한 모든 사회내명령을 대체하도록 기획되었다. 법원이 사회내명령을 선고하는 경우에 12가지의 부가조건 중 적어도 하나 이상을 부가하도록 되어 있다. 12가지의 준수사항은 지도·감독을 받을 것(supervision), 무급노동(unpaid work), 허용된 특정 행위(specified activities), 금지된 행위(prohibited activities), 인정 프로그램(accredited programs)에의 참여, 외출금지(curfew), 접근금지(exclusion), 주거제한(residence), 정신질병의 치료(mental health treatment), 약물중독으로부터의 재활(drug rehabilitation), 알코올중독의 치료(alcohol treatment), 25세 미만자의 출두센터에의 출두(attendance centre requirement)이다.

35) Richard W. Ward & Sarah M. Ward, Community Sentences: Law and Practice, London, 1993, pp.16-17.

36) 법원이 만약 판결전조사보고서와 다른 보고서를 획득하는 것이 불필요하다고 판단하지 않는 한 구금형의 선고를 고려하는 경우에는 반드시 제출받아야 한다(CJA 2003 s. 156은 "법원은 가중요소와 감경요소를 포함한 범죄의 환경에 관하여 이용 가능한 모든 정보를 고려하여야만 한다"고 규정하고 있다). 하지만 법원이 판결전보사보고서를 제출받지 않고 형을 선고했다고 해서 그것이 무효가 되는 것은 아니다(Philip Plowden, Criminal Litigation in Practice, Northumbria Law Press, 2006, p.138).

출을 원칙적으로 의무화하고 있다[s 156(5)].

이렇게 보호관찰소(Probation Service)[37]가 구금형 또는 사회내형벌에 상당한 범죄자에 대하여 판결 전에 면접하고 판결전조사보고서의 작성을 관장한다. 1991년 형사사법법에 의하면 구금형에 상당한 경우 또는 통상보다 엄격한 사회내형벌이 적절한 경우에 판결전조사보고서를 필요로 하였지만, 1994년 형사사법 및 공공질서법(Criminal Justice and Public Order Act 1994)에서는 법원에 판결전조사보고서의 요부에 관한 광범위한 재량권을 부여하여 이 보고서의 제출을 임의적 사항으로 하였다. 보고서의 양식에 대해서는 (사회 내 범죄자의 지도·감독을 위한) 전국기준(National Standards for

---

37) probation의 기원은 과거 19세기의 경찰법원 선교사의 자선사업이라 할 수 있다. '프로베이션(probation)이란 용어가 영국에서 최초로 공식적으로 사용된 것은 1887년 초범자프로베이션법(Probation of First Offenders Act 1887)에서이지만, 현재의 프로베이션제도가 형성된 것은 1907년의 범죄자프로베이션법(Probation of Offenders Act 1907) 이후부터이다. 1907년의 범죄자프로베이션법은 1948년 형사사법법(Criminal Justice Act 1948)에 의해 프로베이션명령의 충실과 프로베이션업무의 조직화가 이루어졌고, 프로베이션명령은 법률상 형벌의 대체조치로서 자리매김 되었다. 그 후 프로베이션명령은 1991년 형사사법법의 제정에 의해서 독립된 형벌로 규정된 것은 전술한 대로이다. 'probation'이라는 용어는 '보호관찰'로 번역되지만, 영국에 있어서 보호관찰소(Probation Service)의 관장사무는 한국의 보호관찰업무와 다르다.

1991년 형사사법법에서는 법률에서는 처음으로 프로베이션의 목적이 명기되었는데, 여기서 제시된 프로베이션명령의 목적은 범죄자의 개선·갱생을 확실히 하는 것, 범죄에 의한 피해로부터 일반시민을 보호하는 것, 범죄자의 재범을 방지하는 것의 세 가지인데, 이들 목적의 하나 또는 그 이상의 목적을 달성하기 위하여 바람직하다고 법원이 판단한 경우에만 프로베이션명령을 선고할 수 있도록 규정하고 있었다. 명령의 기간은 6개월 이상 3년 이내이다. 1991년 형사사법법에서 규정된 프로베이션명령의 목적은 사회갱생명령으로 명칭이 변경된 현재에도 변경되지 않았다. 2000년 형사법원(양형)권한법[Powers of Criminal Courts (Sentencing) Act 2000]에서도 동일하게 규정하고 있다.

supervision of offenders in the community)[38]에 제시되어 있다. 즉 판결전조사보고서는 표지, 본문, 결론으로 구성되고 본문에는 범죄관련사항, 범죄자관련사항, 사회에 대한 해악의 위험과 재범가능성이 기재되고 결론에는 사회내처우의 적합성, 양형의견 등이 기재된다.[39] 이상과 같은 일반적인 보고서 이외에 특별한 보고서가 요구되는 경우가 있다. 예컨대 성범죄자의 위험성에 대한 보고서나 치료를 요건으로 하는 사회내처우명령에 앞서서 의사의 보고서를 요구할 수 있다.[40] 특히 정신장애의 의심이 있는 자에 대하여는 법원이 구금형을 선고하기에 앞서서 의사의 보고서(medical report)를 제출받아 참작할 것을 요구하고 있다.[41]

---

38) 내무성(Home Office)의 2000년도 전국기준 2002년 개정(National Standards for supervision of offenders in the community revised 2002)에 의함.

39) 전국기준(National Standards for the Supervision of Offenders in the Community, 2002)에 의한 보고서의 구성은 아래와 같다.
- 표지 : 범죄자, 범죄, 법원, 보고서작성자 등의 기본 정보
- 범죄의 분석 : 범죄사실의 요지, 중대성의 평가, 범죄자의 당해 범죄에 대한 태도
- 범죄의 사정(査定) : 읽기·수량적 사고의 능력, 주거, 고용의 상황, 가정환경이나 물질 의존·정신적 질환 등 범죄와 직접 관련이 있다고 생각되는 문제, 전과와의 관련성, 범죄자의 개인적 배경과 범죄와의 관련
- 공중(사회)에 대한 해악의 위험과 재범의 가능성 : 현재의 범죄와 범죄자의 태도, 기타 정보에 기초한 재범의 가능성 사정, 공중(사회)에 대한 심각한 손해의 위험도 평가
- 결어 : 적절한 처분, 그것이 사회내형벌일 경우 가장 적절한 내용의 사회내형벌 제안

40) Ward & Wragg, English Legal System, 9. ed. 2005, p.665.

41) Criminal Justice Act 2003, s 157. 이 경우에도 법원이 불필요하다고 판단하는 경우에는 보고서의 제출이 생략될 수 있으며, 보고서가 제출되지 않은 경우에 판결이 무효로 되지 않고 항소심에서 보고서를 고려할 것이 요구되는 것은 일반적인 판결보고서의 경우와 마찬가지이다[Criminal Justice Act 2003, s 157(2), (4)].

(4) 판결전조사보고서에 대한 재판당사자의 열람과 사용

위와 같은 판결전보고서가 법원에 제출되면 피고인 등에게 열람권이 인정된다. 즉 법원은 제출된 판결전조사보고서를 피고인과 변호인[피고인이 18세 미만인 경우에는 재정(在廷)하는 부모와 후견인], 그리고 당해 사건의 공판을 담당하는 검사에게 사본을 제공하여야 한다[Criminal Justice Act 2003, s 159(2)]. 그러나 예외적으로 열람이 제한될 수도 있다. 즉 피고인이 18세 미만인 경우에 판결전조사보고서의 내용을 피고인이나 부모 또는 후견인에게 공개하면 피고인에게 중대한 손해(significant harm) 발생의 우려가 있는 경우에는 법원은 판결전조사보고서의 전면적 공개를 하지 않을 수 있다[Criminal Justice Act 2003, s 159(3)]. 사본을 통하여 당사자 등에 제공된 보고서의 내용은 그에 관하여 법원에 진술할 것인지의 여부를 결정하거나 진술 자체를 하기 위한 목적 이외의 다른 목적으로 사용하거나 개시하는 것이 금지된다[Criminal Justice Act 2003, s 159(5)].

3. 독일의 판결전조사제도

(1) 독일의 양형제도 개관

독일 형사소송법은 우선 수사기관이 양형의 판단자료가 될 양형사실을 충실히 조사하도록 규정하고 있다. 우선 검사는 양형 등 형사제재의 판단에 필요한 사실을 조사해야 하며, 그 가운데는 범인의 인적 사항에 관한 상세한 조사를 포함한다. 이 경우 검사는 피의자에게 불리한 사정뿐만 아니라 유리한 사정에 대해서도 조사해야 한다(§160②). 수사기관으로서 피의자를 최초에 신문할 경우에도 피의자의 재산상태를 포함한 인적 사항들을 조사해야 한다(§136③).

경찰·검찰이 양형사실을 조사하는 방법은 주로 피의자·참고인에 대한 신문, 서증의 입수, 관련기관에 대한 조회, 감정의뢰 등이다. 양형사실 중 행위불법과 책임에 관련된 범죄사실은 범죄수사의 일환으로 조사되지만, 행위자와 관련된 범인의 인적 사항은 양형의 자료로서 그것이 지니는 중요성 때문에 조사되는 것이다. 따라서 수사기관은 범죄사실 수사와 같은 노력으로 범인의 전력, 성장과정, 인격의 발달, 범행 당시의 인격상태, 범행으로 인한 인격상태의 변화 등을 조사해야 한다. 여기에는 가족관계, 생년월일, 출생지, 국적, 부모와의 관계, 직업, 피의자의 생계유지수단 및 재산상태, 자동차 등 운전면허의 소지여부, 그 밖의 자격취득 사항, 취미, 총기나 폭발물 소지 및 사용허가관계, 군복무관계, 전과사실 등이 포함된다.[42]

독일 형법상 형사제재의 종류 중 재산형은 오늘날 주형화되었을 뿐만 아니라, 우리나라와 같은 정액벌금제에서 1975년 이래 일수벌금제(Tagessatzsystem)로 변경되었으므로, 수사기관은 피의자의 경제적 재산관계에 관해서 비교적 자세한 조사의무를 진다. 따라서 수사기관은 피의자의 직업, 그에 관한 고용주의 진술, 결혼한 피의자인 경우 배우자의 직업, 미성년자인 경우 부모의 직업을 조사해야 하고, 피의자의 급여·이자·임료의 액수, 토지나 다른 부동산 등의 소지여부 등 지급능력에 관한 사항도 조사해야 한다. 이에 대한 조사를 위해 필요한 경우 금융·세무·사법관서에 필요한 정보를 요구할 수 있으며, 피의자가 무직인 경우에는 그가 받는 사회복지적 생활보조금의 내역과 그 거래계좌를 조사해야 한다.[43] 재산상황의 조사에 물론 피의자·고용주의 진술은 불가결한

42) 물론 피의자가 소년이나 청소년인 경우에는 수사기관에게 성인인 경우보다 더 상세한 인격탐지의무가 부과된다(소년법원법 §§43, 109).

43) 이 같은 경제사정에 관한 조사는 대부분 피의자의 진술이 불분명하거나

것이지만, 필요한 경우 금융·세무·사법관서, 법원의 집행공무원이나 구(區)법원의 채무자 명단, 경찰 기타 관서 등에서 정보를 수집할 수 있다.

수사는 공소제기 후에도 원칙적으로 가능하므로 양형사실의 부족한 부분은 공소제기 후 보완이 가능하나, 공판단계에서는 직권주의가 지배하기 때문에 법원도 사법보조관을 통하여 양형사실을 직권적으로 조사할 수 있다. 이론적으로는 수사기관에서 양형자료를 준비했다가 법관의 유죄심증이 형성된 후, 법원의 양형심리절차에서 이를 제출하게 함으로써, 공판절차를 비공식적으로 2분화해야 한다는 논의가 활발하지만 아직 제도화까지는 이르지 못한 실정이다.[44]

범죄로 인하여 피해자가 입은 손해의 정도는 결과불법의 요소로서 불법과 책임의 정도를 고려함에 있어서도 중요한 인자가 된다. 더 나아가 독일형법상 피해원상회복제도(Schadenswiedergutmachung)가 형사제재수단의 한 유형으로 입법화되었을 뿐만 아니라(§46a StGB), 형사소송법상으로도 가해자와 피해자의 화해조정(Täter-Opfer-Ausgleich) 절차가 도입되어(§155a,b StPO), 피해자학적 관점 내지 회복적 사법의 관점이 오늘날 점점 더 중요한 비중을 차지하게 되었다.[45] 따라서 양형사실조사에서도 당연히 피해자가 입은 손해의 정도 및 범죄인의 피해자에 대한 원상회복 여부 내지 그 정도가 확정되어야 한다. 예컨대 상해죄에서는 상해의 정도, 치료기간, 노동력 상실정도를 조사하여 확정해야 하고, 극히 경한 경우를 제외하고는

범죄 후 사정변경이 생길 개연성이 높으므로, 보다 더 신뢰할 만한 조사자료를 내놓기 위해 검사는 사법보조관(Gerichtshelfer)의 도움을 요청할 수 있다.

44) 이것이 이른바 독일에서 공판절차의 이분론이다.

45) 물론 독일 형사소송법은 사소(私訴: Privatklage) 및 화해시도(§380)를 통해 일찍부터 주거침입, 명예훼손, 상해, 재물손괴 등의 죄에 대한 형사소송절차에 피해자의 능동적인 참가를 제도화하고 있다.

치료한 의사의 진단서를 첨부하여야 한다.[46)]

직권주의를 채택하고 있는 독일형사소송법은 실체적 진실을 발견하기 위해 법원이 직권으로 재판에 의미가 있는 모든 사실 및 증거방법에 관한 증거조사를 반드시 하도록 규정하고 있다(§244 ②). 이 규정의 해석상 법원은 양형판단에 의미 있는 모든 사실도 직권으로 조사해야 할 의무를 부담한다. 범죄사실과 관련된 양형인자들은 대부분 범죄사실에 대한 증거조사를 통해 입증되는 것이 원칙이므로, 양형사실만 조사하는 경우는 피고인의 인적 사항에 관한 증인이나 책임능력에 관련된 증인이나 감정인의 참여가 주된 경우이다.[47)]

독일의 형사재판에서 공판절차는 재판장이 사건호명, 피고인・변호인・소환된 증인・감정인의 출석여부를 확인한 후 증인을 퇴실시키고 피고인에 대한 인정신문을 한다. 이어서 검사의 공소장 낭독 후 특이한 점은 피고인이 공소에 대해 의견을 진술할 기회를 갖는다는 점이다. 피고인은 이 법정에 서게 되기까지 자신의 생활사와 이력, 특히 범행에 이르게 된 사정과 연관된 사업의 실패 내지 가정생활의 파탄 등을 시간적 압박 없이 진술한다. 이어서 피고인에 대한 재판장의 신문이 진행된다. 여기에서는 범죄사실에 관한 것뿐만 아니라 피고인의 인적 사항 등 순전한 양형사실에 관해서도 신문이 이루어진다. 다만 전과는 판결에 의미 있는 한에서만 확인된다(§243④ StPO). 그리고 합의부 판결의 대부분은 적게는 2, 3면, 많게는 7, 8면에 이르는 지면을 할애하여 피고인의 이 같은 인생역정의 개략을 비교적 소상히 기재한다.[48)]

---

46) 남영찬, 「독일에서의 양형사실조사방법」, 외국의 양형제도연구, 법원행정처, 2003, 596면.

47) 경미한 사건을 취급하는 구법원(Amtsgericht) 관할사건에서는 양형만을 위한 증거조사는 극히 예외적인 경우에 한한다.

48) 남영찬, 앞의 논문, 587면: 물론 이 부분은 사실관계의 일부로 취급되나,

피고인의 신문 후 증거조사가 진행된다(§244① StPO). 피고인 신문은 증거조사 그 자체는 아니지만, 그가 임의로 한 진술은 증거방법으로서 의미가 있기 때문에, 실무에서는 피고인의 진술이 중요한 증빙자료로 취급되는 경향이 있다.

범죄사실 및 양형사실 모두 증거조사의 대상이다. 책임과 형벌에 관련된 모든 사실이 엄격증명의 대상에 속하므로, 양형에 영향을 미치는 인적 사항에 대하여도 법원은 엄격증명의 원칙에 따라 확정해야 하고, '의심스러운 때에는 피고인의 이익으로'라는 원칙이 적용된다.[49)]

중범죄의 재판에서 피고인의 인적 관계는 양형의 중요자료이며, 이에 대한 입증은 실무상 피고인 주변인물, 즉 학교동료, 선생님, 부모, 친구, 고용주 등을 증인으로 불러 조사한다. 양형사실과 관련하여서는 서증이 중요한 역할을 한다. 관련 형사기록, 형사판결, 범죄인등록부의 일종인 연방중앙등록부, 교육등록부 및 교통중앙등록부, 교적부 또는 호적부, 각종 신문조서, 의사의 진단서, 소득증명, 고용주의 고용관계 진술서, 손해사정액 또는 피해배상액에 관한 피해자의 진술서 내지 합의서, 보호관찰관(Bewährungshelfer)의 진술서 등이 그것이다.

이와 같은 입증자료를 종합하여 법원은 불법과 책임의 정도를 고려하여 책임에 적합한 형벌의 종류와 크기를 선택하고, 그 위에 중한 범죄의 경우에는 일반예방적 고려, 중간범죄와 경한 범죄의 경우에는 특별예방적 고려를 가미하여, 구체적인 형의 크기 및 그 유예 내지 유예처분에 부수될 다이버전 프로그램의 선택 등을 결정하게 된다.[50)]

양형의 기초를 이루는 사실부분으로서의 의미도 있다.

49) 남영찬, 앞의 논문, 594면.

50) Roxin, 「Wandlungen der Strafzwecklehre」, in: FS-Müller-Dietz, 2001, S.715.

(2) 판결전조사와 사법보조제도

1) 개 관

독일 형사소송법상 수사의 주재자는 검사이다(§160①, §161① StPO). 검사는 준사법기관이며, 법의 객관적인 수호자의 위치에서 피의자에게 불리한 사정뿐만 아니라 유리한 사정까지지도 수사해야 한다(§160② StPO).[51] 더 나아가 검사는 범죄사실에 관하여는 말할 것도 없고, 형사제재라는 법효과의 결정에 의미있는 사정에 대해서도 수사해야 한다. 그리고 이와 같은 양형사실의 조사에 필요하다면 사법보조(Gerichtshilfe)제도를 활용할 수 있다(§160③ StPO). 검사가 공소를 제기한 후에는 법원도 검사와 변호인의 양형자료 제출이나 피고인의 신문만으로 양형판단을 내리기 어려울 경우, 그 재량으로 사법보조제도를 활용할 수 있다.[52]

이와 같은 사법보조관(Gerichtshelfer)에 의한 양형자료조사제도는 양형결정에 중요한 사실적 준거점이 될 피의자 또는 피고인의 인격, 생활형편, 성장배경, 환경 등에 대한 분명한 그림을 검사나 법원에 제공하는 데 그 임무가 있다. 사법보조관에 의한 이러한 조사활동 및 그 조사보고서의 제출은 분명 수사활동의 일환은 아니지만, 그럼에도 불구하고 양형자료조사를 위한 집중적이고 의도적인 수사활동과 그 목적을 같이 한다. 즉 유죄판결이 내려질 때까지 피고인을 불필요하게 공개된 법정에 불러내어 구경거리가 되게 하거나 피고인의 인격과 관계된 생활사실들을 놓고 너무 지나칠 정도로 변론을 벌이는 것을 피하기 위한 목적이다.[53]

---

51) 이것을 검사의 객관의무라고 한다. 검사의 이 같은 지위 때문에 검사를 사법기관(Organ der Rechtspflege)이라고 하고, '법관 배후의 법관'이라고 하기도 한다. 이에 관하여는 김일수, 독일·오스트리아·스위스의 형사법 개정추이 연구, 법무부 용역과제, 2005, 93면 참조.

52) Pfeiffer, StPO-Kommentar, 5. Aufl. 2005, §160 Rn. 5.

수사와 재판이 아무리 합목적적 활동이라 하더라도 비례성의 원칙상 피의자와 피고인의 사생활이나 개인의 내밀한 부분까지 파고 들어가서는 안 된다. 그렇다면 피의자·피고인의 인격탐지는 인간의 인격적 존엄성을 해치지 않는 한에서만, 그것도 전문식견을 가진 전문가들의 배려적인 특별한 기법에 따라 수행되지 않으면 안 된다. 일정한 범위에서 범인의 인격탐지가 필요한 까닭은 수사대상 내지 소송대상인 범행(Tat)은 행위자(Täter)를 고려하지 않고는 올바로 이해하기 어렵다는 점 때문이다. 행위자는 바로 범죄의 수행자이다. 따라서 그의 범행을 바로 이해하고 정의롭게 평가하며 합목적적으로 다루려면 판단자들에게 그 행위자의 인격에 대한 인지가 선행되어야 한다. 행위는 행위자의 인격의 객관적 표현이기 때문이다.[54] 행위자는 결코 고립된 개체가 아니라 가족, 이웃, 사회, 직업, 학교 등등의 사회적 공동체의 일원으로 살아가고 있다. 그렇기 때문에 범인에게도 사회의 일원으로 다시 회복되어야 할 권리와 의무가 주어져 있는 것이다. 그러한 의무의 위반, 실패, 정신적·심리적 불완전성 내지 흠결, 결손된 환경 등등이 그의 범행의 토양인 셈이다.

이러한 인간상에서 출발하여,[55] 독일 소년법원법은 일찍부터 소년형사범에 대한 재판은 그의 사회복귀를 위한 처우의 관점을 미리 고려하기 위해 1923년에 사법보조제도를 도입했고(§38③ JGG), 그 후 1974년에 이르러 형법시행법을 통해 형사소송법에도 성인에 대한 사법보조제도가 도입되었다(§160③, §463 d StPO). 다만 이 사법보조기능이 소년사건에는 필요적인 데 반해 일반성인사건에는 기소 전인 경우 검사의 재량, 기소 후에는 법관의 재량 등

---

53) Pfeiffer, a.a.O., §160 Rn. 6.

54) 이 같은 입장이 행위론에서 거론되는 인격적 행위개념이다. 이에 관하여는 김일수, 한국형법 I (총론上), 제2판, 264면 이하 참조.

55) 형법에서의 인간상에 관하여는 앞의 책, 79면 이하 참조.

으로 임의적이라는 점, 그리고 소년사건의 경우 사법보조관이 절차참여자가 되는 데 반해, 성인사건에서는 그렇지 않다는 점 등의 차이가 있다.

2) 성인에 대한 사법보조제도

(a) 법적 근거

1974년 독일 형법시행법(EGStGB)은 "사법보조는 주 사법행정의 업무영역에 속한다. 주정부는 법규정을 통하여 사회보장행정의 영역에 속하는 다른 기관을 사법보조기관으로 정할 수도 있다(§294 EGStGB)"고 규정했고, 이에 따라 형사소송법은 "검사는 범행에 대한 법효과를 결정하는 데 있어 중요한 사정에 대하여도 수사해야 한다. 이 경우 검사는 사법보조를 이용할 수 있다(§160③ StPO)", "제453조 내지 제461조에 의한 재판의 준비를 위하여 법원이나 집행기관은 사법보조를 이용할 수 있으며,[56] 특히 집행유예나 가석방의 취소에 관한 결정에 앞서서, 만약 보호관찰관의 활동이 이미 부과되어 있지 않은 상태라면, 사법보조를 이용할 수 있다(§463d StPO)"고 규정했다. 더 나아가 법원은 일반적으로 양형판단을 위해서 사법보조를 이용할 수 있다.[57] 양형사실에 관하여 불분명한 점이 있음에도 불구하고 법관이 직권으로 사법보조를 활용하지 않고 양형판단을 내렸다면 독일 형사소송법 제244조 제2항에 규정된 법관의 석명의무를 위반한 경우가 될 것이기 때문이다.[58]

---

56) 제453조부터 제461조까지의 규정이란 보호관찰부 집행유예·선고유예에 관한 사후재판, 보호관찰기간 중의 감독, 가석방, 보호관찰기간의 연장, 자유형과 대체자유형의 집행, 형집행정지, 직업금지, 벌금형의 납입부담 감경, 벌금형집행의 중지 등에 관한 것들이다.

57) Bruns, Strafzumessungsrecht, 2. Aufl. 1974, S.186f.

58) Peters, Strafprozess, 4. Aufl., 1985, S.191.

그런데 문제는 이와 같은 입법조치에도 불구하고 사법보조관의 조사가 어떤 경우에, 어떤 방법으로 시행되어야 하는지, 심지어 사법보조관의 소속을 어디에 둘 것인지, 그 임명은 누가 어떻게 할 것인지에 관해 아무 규정도 두고 있지 않다는 점이다. 물론 그 이유는 성인에 대한 사법보조제도의 이용이 검찰, 법원 또는 형집행기관의 임의적인 재량사항이라는 점, 독일형사사법에서 비교적 일찍 도입된 보호관찰(Bewährungshilfe) 외에 1975. 1. 1.부터 행상감시(Führungsaufsicht)와 사법보조가 동시에 실시되면서, 유사한 기능으로 중첩된 사법보조, 보호관찰, 행상감시가 질서정연하게 서로 제자리를 잡을 수 없었다는 점, 그리고 이들 제도가 공통적으로 사회복지적 성격을 띠고 있기 때문에 연방국가인 독일 내에서 각 주의 재정상황, 사회복지재정 운용기조에 각각 차이가 난다는 점에서 찾을 수 있을 것이다.

(b) 사법보조의 소속 및 임명

앞에서 언급한 그와 같은 사정 때문에 사법보조의 소속 및 임명절차 등을 각 주마다 주법으로 정하게 되어 있고, 각 주법에 따라 다양한 형태를 띤다. 먼저 함부르크 자유도시(Freistadt)는 구청(Bezierkamt) 사법사회국에 사법보조를 두고 있고, 베를린자유도시는 법무부 사법사회국에, 그리고 브레멘자유도시는 지방법원 사법사회국 소속으로 하고 있다. 니더작센 주, 헤센 주, 라인란트-팔츠 주, 바이에른 주 등 대부분의 주에서는 사법보조를 지방검찰청의 소속으로 하고 있다. 바덴-뷔르템베르크 주는 2006년 말까지 사법보조를 지방검찰의 소속으로 두었으나, 2007년 초부터 주정부가 유럽 전역에서 전문성과 효율성이 뛰어나다고 평가받는 사회복지 민간 공익법인 Neustart회사와 위탁계약을 체결, 사법보조와 보호관찰 두 업무를 통합하여 이 회사의 민간전문가에게 맡기고 있다. 그 밖에 노르트라인-베스트팔렌 주는 전반적으로 사법보조를 지방검찰청 소속으로 하고 있으나, 이 지역에 속한 대도시 쾰른은 지방법원에 소속시키고 있다. 옛 동독에 속하였던 작센-안할트 주는 1994년부터 사법보조제도를 법무성 사법사회국(Sozialer Dienst der Justiz)에 두어 시행해 오고 있다.

사법보조관으로 임명되는 자는 대부분 사회복지학, 사회심리학, 사회교육학 전공자들이다. 사법보조관의 임명과 배치 그리고 사후교육은 대부분 주법무성의 관할에 속한다. 독일은 검찰과 법원 및 그 밖에 사법업무와 관련된 유관기관들이 다 법무성 소속이기 때문이다. 사법보조관이 소속된 지방검찰청 또는 지방법원이 사법보조 업무의 분담, 배치에 직접·간접으로 관여하는 경우도 있다. 실제 사법보조자로 선발된 자들에 대해서는 사단법인 독일 사법보조협회(Die Arbeitsgemeinschaft Deutscher Gerichtshilfe e.v.)가 추가교육을 실시한다.[59]

(c) 업무와 활동범위

독일에서 사법보조는 주로 조사업무이며, 부수적으로 사회복지적 임무를 수행할 경우도 있다. 사법보조는 수사절차에서 공판절차를 거쳐 형벌 내지 보안처분의 집행과 그 종료에 이르기까지 검사와 법원 및 형집행기관과 사면기관 등의 위임을 받아 주로 범인의 인격과 생활관계에 관한 조사활동을 벌이고 그에 관한 보고서를 제출하는 작업을 한다.

우선 형사법제도와 관련된 업무들을 보면, 첫째, 형법상 양형인자와 관련된 사실(§46), 원상회복(§46a), 보호관찰부 집행유예(§56) 및 그 부담부조건(§56a-d), 유기자유형의 보호관찰부 가석방(§57), 무기자유형의 보호관찰부 가석방(§57a), 행상감독부과처분(§68a) 등

---

59) 이동조, 「독일의 사법보조제도」, 외국의 양형제도 연구, 법원행정처, 2003, 559면.

의 결정에 사법보조관의 조사 또는 중재가 필요한 경우이다. 둘째, 형사소송법상 양형사실에 관련된 피의자의 인격 및 생활관계의 수사(§160③), 범행 후의 정상 또는 피해자와의 화해 및 원상회복적 노력, 공익적 사업에 지급한 공익적 급부 등을 고려한 잠정적인 부담부 기소유예(§153a), 보호관찰부 집행유예·선고유예에 관한 사후재판, 보호관찰기간 중의 감독, 가석방, 보호관찰기간의 연장; 자유형과 대체자유형의 집행, 형집행정지, 직업금지, 벌금형납입부담의 감경, 벌금형집행의 중지 등에 관한 재판을 준비하기 위해, 그리고 집행유예나 가석방의 취소에 관한 결정에 앞서서 사법보조관의 사실조사가 필요한 경우이다(§463d). 셋째, 피해자보상법률과 사면법의 시행에 필요한 사항의 조사가 필요한 경우도 있다.

그 다음 형법실현의 각 단계별 절차와 관련된 업무들을 보면, 첫째, 수사절차에서 사법보조활동을 들 수 있다. 검사는 법관과 동등한 법률가적 관점에서 구속여부의 결정, 공소제기 여부의 결정에 앞서 행위자에게 유리한 다른 조치를 취해야 할 사회적 조건이 행위자의 인격과 관련하여 존재하는지를 조사해야 할 필요가 있다. 물론 검사는 범죄사실과 관련해서는 경찰의 보조를 받을 수 있지만, 심리사회학적인 인격진단과 관련된 양형사정들은 사회활동가(Sozialarbeiter)로서의 자격을 지닌 사법보조관들의 전문적인 조사활동의 보조를 받을 수밖에 없다.

둘째, 공판절차에서 법원의 정상참작에 필요한 각종 양형자료 조사에 사법보조활동이 활용될 수 있다. 특별히 법원의 공판심리결과 대체자유형 등 다이버전 프로그램의 투입을 위한 전제로 사법보조활동은 중요한 의미를 갖는다. 법원이 사리에 합당한 결정을 내리는 데 중요한 인식자료를 사법보조관이 제공할 수 있기 때문이다. 즉 범인의 인격과 그의 사회적·심리적·경제적 생활관계와 형편, 그들의 문제상황, 예컨대 중독상태, 부채상황, 실직상태 등을 조사하여 보고함으로써, 법관이 범인의 재사회화를 위한 특별예방목적에 걸맞은 양형선택과 결정을 내릴 수 있다는 것이다.

셋째, 형벌과 보안처분의 집행과 조건변경 등 판결후 사후집행절차, 즉 가집행여부의 결정, 보호관찰기간의 연장 결정, 형집행정지, 벌금납입부담의 경감 등의 결정에 있어서도 법원과 검찰은 당해 판단에 앞서 현재의 수형자의 상태, 재범위험성 예측 등에 관한 사법보조인의 조사를 활용할 수 있다. 그 밖에도 벌금을 낼 수 없거나 집행유예와 함께 사회봉사명령이 부과된 자에 대하여 법원과 검찰은 적절한 공공근로를 할 수 있도록 사법보조관에게 감독임무를 요청하는 경우도 있다.

넷째, 가해자와 피해자의 화해에 참여하여 사법보조관이 중재자 역할을 할 수 있다. 독일형법 제46조 a, 독일형사소송법 제155조 a, b 및 제153조 a 등은 가해자가 피해자의 고통과 손해에 대해 그 책임을 인정하고 원상회복이 이루어진 경우 또는 손해의 원상회복을 위해 진지하게 노력한 경우, 법원은 형을 감경 또는 면제할 수 있고 검찰은 공소제기를 잠정적으로 유예할 수 있도록 했을 뿐만 아니라, 검찰이나 법원은 소송절차의 어느 단계에서든 가해자와 피해자가 화해할 수 있는 사안으로 판단되면 이를 위해 노력하도록 의무를 부과하고 있다. 물론 화해주선이 가능한 범죄로는 주거침입, 재물손괴, 모욕, 상해, 협박, 절도, 사기 기타 재산범죄 및 공갈 등이다. 이 같은 임무는 경찰이나 검찰 또는 법원의 관료적 개입보다 사회봉사적인 중재노력이 훨씬 효과적일 수 있다. 따라서 실무적으로 검찰이나 법원은 사법보조관을 이용하여 가해자·피해자 간의 화해를 도모하는 경우가 많다. 피해자와 가해자가 개인적으로 만나는 것을 거부하는 초기단계를 넘어서도 사법보조관의 전문적인 조정기법으로 위자료지급, 피해액 배상 또는 진지한 사과 등으로 당사자간 화해가 이루어져, 법적 평화의 회복이라는 형사사법 본래의 목적을 성취하게 된다.[60]

다섯째, 적합한 양형을 도출하기 위해서는 피해자에 대한 정보도 필요하므로 검찰이나 법원은 사법보조관으로 하여금 피해자의 인성이나 생활상태, 범죄피해로 인한 심리적·정신적 충격, 사회적 관계의 장애여부 등 피해자에 대한 조사보고를 하도록 위임할 수 있다. 이것은 법원과 검찰의 가해자·피해자 화해주선의무의 실현에 기초자료가 되기 때문이다.

여섯째, 일부 주법의 사면령에 따라 사면기관도 사면에 앞서 개별사안의 신속한 판단을 위해 해당자의 신상에 관한 일정한 조사가 필요한 경우 사법보조를 이용할 수 있다.

(d) 조사방식

검찰 또는 법원이 사법보조관(Gerichtshelfer)에게 그 조사업무를 위임할 때 구체적으로 그 내용을 명시하지는 않는다. 하지만 수사기법상 검찰이 특정부분에 대한 조사를 제외하고자 할 때나 특정한 조사를 검찰 또는 법원이 위임하고자 할 때는 구체적인 명시가 필요하다. 이 경우 사법보조관은 그 제한을 따라야 한다. 사법보조관이 특정한 조사방식을 취하고자 할 때에는 검찰의 사전동의가 필요한 것으로 검찰이 조건을 붙여 위임할 수도 있다.[61]

사법보조관은 검찰이나 법원으로부터 위임받은 업무수행을 거부할 수 없다. 반면 위임받지 아니한 사항을 조사하기 위하여 단독적으로 활동할 수도 없다. 일찍부터 페터스(Peters) 교수와 케르너(Kerner) 교수 등의 범죄학연구소 활동에 힘입어 사법보조제도를 모범사례적으로 활용해 온 튀빙겐의 경우 모든 재산범죄와 성범죄, 그리고 중상해죄, 약물복용, 사기죄에 사법보조를 이용해 왔고, 특히 부부, 형제, 친척관계 범죄에 있어서는 범죄의 종류를 불문하고 검찰과 법원의 사법보조이용이 있었다고 한다.[62] 튀빙겐대학

60) 김일수, 「형사상 원상회복제도의 형사정책적 기능과 효용에 관한 연구」, 성곡논총 제21집, 1990, 579면 이하 참조.

61) 이동근, 앞의 논문, 563면.

페터스(Peters) 교수의 오랜 연구결과인 오판사례분석도 사법보조를 이용한 경우가 그것을 이용하지 않은 경우보다 오판가능성이 훨씬 낮은 것을 보여주고 있다.[63)]

특별한 제한이 없는 위임의 경우, 사법보조관은 피의자·피고인의 ① 출생·양육·교육·가족관계·사회적 관계·전과 등의 이력사항, ② 정신적 문제, 알코올 또는 약물 중독 관련사항, 질병에 대한 치료사항, ③ 직업, 수입·채무 등 경제적 상태와 장래의 전망, 주거관계, ④ 행위비난, 위반에 대한 처벌의 예방효과, ⑤ 가족·고용주 등 제3자와의 면담결과, ⑥ 사법보조관 자신의 사회교육적·사회복지적 의견 등을 조사하여 조사보고서에 담는다.

형사소송법 제160조 제3항에는 사법보조관이 양형에 관한 의견을 기술하도록 명시된 바 없으나, 실무적으로 그의 의견제시가 관행화되어 왔다. 그의 의견은 피의자·피고인에 대한 사법적 처분과 관련하여 위험예측적 측면을 담고 있어 중요한 의미를 지니기도 한다. 특히 사법보조관은 보호관찰을 위한 집행유예나 구금형 종료 후의 행상감독 부과와 같은 판결의 선고시 보호관찰관의 지도 또는 행상감독소의 감시하에 두는 것이 의미가 있을지를 사회교육학적 관점에서 조언할 수 있다.[64)]

형사판결의 사실관계에 들어갈 피고인의 이력은 대체로 이 보고서를 토대로 하는 경향이 많다. 적정한 양형은 행위자의 불법과 책임에 비례할 뿐만 아니라 예방적 관점에서 특히 피해자를 포함한 일반인의 반응도 중요하므로 검찰과 법원은 사법보조관으로 하여금 피해자의 인격이나 생활실태, 피해자의 현재상황, 범죄로 인한 정신적·심리적 영향, 범죄 당시의 상황에 대해서도 조사를 위임할 수 있다.[65)]

62) 이동근, 앞의 논문, 564면.

63) Peters, Strafprozess, S.189.

64) 이동근, 앞의 논문, 574면 이하 참조.

사법보조관이 그에게 맡겨진 조사업무를 수행하는 데 가장 중요한 수단은 당사자와 당사자 주변의 관련인물들, 즉 가족·친구·고용주 등과 목표의식적이고도 상담전문가적 방법의 대화와 면담이다.[66] 독일의 사법보조제도는 이미 법제화 이전에도 실무관행상 대개 관·민 복지행정의 공동작업으로 수행되어 온 오랜 전통을 가지고 있기 때문에, 사법보조의 근본적인 성격은 범죄라는 최악의 수단을 선택할 수밖에 없었던 사건당사자를 심리·사회적인 진단을 통해 새로 세우기 위해 돕는 사회봉사(Sozialarbeit)의 일환이라는 데 있다.[67] 따라서 사법보조관이 피의자 또는 피고인과 면담한 결과, 그의 인격성과 사회적 배경에 특히 주목할 면이 있어서 정신의학 또는 심리치료 전문가의 도움이 필요한 것으로 판단되면, 이를 보고서에 명시하고 조사를 위임한 검사 또는 법관에게 그 취지를 전달하여야 한다.[68]

사법보조관이 형사소송법 제160조 제3항에 의한 양형사실조사에 임하여서는 피의자 또는 피고인과의 면담시 그의 진술이 형사재판에서 증거로 사용될 수 있음을 미리 알려주어야 하고, 또한 진술거부권을 행사할 수 있음도 고지해야 한다. 왜냐하면 사법보조관의 피의자·피고인 면담은 그 한에서 수사의 성격을 띠고 있고, 이와 같은 수사성격을 띤 조사임무 수행은 형사소송법의 기본원칙에 철저하게 상응하는 것이어야 하기 때문이다.[69] 피의자 또는 피고인의 주변인물에 대한 조사시에도 증언거부권(§§52, 53 StPO), 진술거부권(§55 StPO)을 고지해야 한다.

---

65) 남영찬, 앞의 논문, 597면.

66) 이동근, 앞의 논문, 564면: 사법보조관이 피의자 내지 그 주변인물들과 최소 3, 4회 정도의 접촉을 실시한다고 한다.

67) 이에 관하여는 Peters, a.a.O., S.190 참조.

68) 이동근, 앞의 논문, 567면.

69) Peters, a.a.O., S.191.

사법보조관은 그 자체 수사기관이 아니므로 기록열람권이 없다. 그러므로 검찰의 허가 없이는 체포된 피의자를 면담할 권리도 없다. 변호인은 사법보조활동에 참여할 권리가 없으므로, 사법보조관과 피의자와의 면담일시를 통보받을 권리가 없다. 피의자 또는 피고인은 변호인의 참석을 조건으로 사법보조관과의 면담을 요구할 수 있다. 더 나아가 사법보조관은 그의 조사활동을 위한 강제수단을 가지고 있지 않다. 수사기관이 갖고 있는 정보공개청구권(§161 StPO)을 사법보조관은 갖지 않는다. 또한 공공기관의 비밀유지의무 있는 정보나 비밀에 속한 기록은 해당 기관의 동의 없이 제출받을 수 없다. 하지만 조사활동 중 알게 된 사실에 관하여는 비밀유지의무를 진다(§203② StGB).[70)]

사법보조관은 조사를 마치면 그 조사자료를 정리한 후, 보고서를 작성하여 검찰 또는 법원에 제출해야 한다. 이 조사보고서는 양형자료로서 형사기록에 편철되고, 변호인은 그 후 이를 열람할 수 있다(§147 StPO). 이것은 형사소송법 제463조 d에 의한 사법보조의 조사보고서에도 동일하게 적용된다. 수사기관이 변호인의 이 보고서열람청구를 거절하려면 형사소송법 제147조 제2항에 따른 수사목적이 위험에 처할 염려 등의 특별한 근거를 제시해야 한다. 사법보조관의 조사보고서에는 개인의 사생활정보도 포함될 수 있기 때문에 피해자가 이 조사보고서를 열람하고자 할 때, 피의자 또는 피고인 혹은 제3자의 중대한 보호이익을 해하는 경우에는 그 기록열람이 불허된다(§406 e ② s.1 StPO). 이와 같은 맥락에서 사법보조관은 그 조사보고서를 임의로 위임자 아닌 타인, 변호인 또는 피의자・피고인에게 제공하거나 전달해서는 안 된다.[71)]

물론 사법보조관의 보고서는 공판절차에서 서증으로 조사되는

70) 이동근, 앞의 논문, 564면 이하 참조.

71) 이동근, 앞의 논문, 567면 이하 참조.

것은 아니다. 공판절차에서 직접주의·구술주의의 원칙상 피고인을 신문하거나 증거조사의 일환으로 증인이나 감정인을 신문하는 방식으로 그 내용을 원용하거나 보고서를 제시해 보임으로써 신문의 보조수단으로 이용되고, 그 결과가 양형사실에 대한 입증방법이 된다. 주목할 점은 조사보고서 자체가 직접 유죄의 증거나 행위자에게 불리한 양형판단의 증거자료로 사용될 수 없다는 점이다.[72] 피고인이 양형자료조사내용에 대하여 침묵, 부동의 또는 다른 내용을 진술하는 경우에는 사법보조관 자신이나 면담을 했던 제3자가 증인으로 신문을 받게 된다. 법원이 사법보조관을 증인으로 조사할지 아니면 보다 더 직접적인 증인의 진술을 듣거나 관련 문서의 제출을 받을지는 법관의 석명의무와 관련하여(§244② StPO) 법관 스스로 판단할 문제이다.[73]

성인사건 사법보조관은 소년법원법에 따른 소년사건 사법보조관과는 달리 공판절차에 참여할 권한을 가지지 않는다. 따라서 법원은 성인에 대한 사법보조관에게는 공판기일 통지를 하지 않는다.

(3) 독일의 보호관찰과 행상감독 시스템

앞에서 이미 언급한 바와 같이, 독일 형사사법에서 사법보조와 보호관찰(Bewährungshilfe) 그리고 행상감독(Führungsaufsicht) 세 가지 제도는 유사한 기능으로 서로 중복되는 측면이 있다. 연혁적으로 사법보조와 보호관찰은 범죄인들에 대한 사회복지적 측면에서 일찍부터 민간차원의 사회복지활동, 즉 개별상담자나 사회독지가들의 활동영역이 강했던 반면, 행상감독은 이를테면 집중보호관찰

72) 남영찬, 앞의 논문, 601면; Peters, a.a.O., S.191f.

73) 남영찬, 앞의 논문, 598면: 사법보조관의 보고서는 대부분 정확한 편이어서 실무에서 사법보조관이나 제3자가 증인으로 나서야 하는 사례는 거의 없다고 한다.

제도처럼 다분히 입법자의 형사정책적 고려에서 나온 산물이다. 요컨대 독일의 사법보조는 영미국가들의 판결전조사(PSI), 독일의 보호관찰은 영미국가들의 프로베이션(Probation), 독일의 행상감독은 영미국가들의 가석방감시(Parole)와 같은 제도이다. 영미국가들은 이 기능들을 모두 하나의 보호관찰시스템에 통합하여 운용해 온 오랜 전통을 갖고 있는 데 비해, 독일은 이 기능들을 분리하여 운용해 온 전통을 갖고 있다.

사법보조는 주로 검찰과 법원, 때때로 사회복지관청의 업무에 연계된다. 검찰과 법원의 위임사항은 주로 영미국가에서 널리 시행되는 판결전조사제도에 상응한다. 따라서 사법보조관의 양형자료조사는 검찰·법원의 법적인 양형판단에 필요한 사회심리학적·사회교육학적 준거점을 제시할 수 있고, 이 점은 특히 특별예방우위의 양형단계에서는 더욱 중요한 의미를 지닐 수 있다. 다만 미국의 판결전조사는 보호관찰관의 전속권한이고, 또한 보호관찰관은 1940년대 이래 연방법원행정처 소속인 점이 독일의 사법보조관 제도와 다른 점이다. 이처럼 독일의 사법보조관은 물론 여러 가지 다양한 활동영역을 가지고 있지만, 영미의 판결전조사 기능을 담당하는 유일한 전문기관이라는 점, 그리고 대부분의 주에서는 검찰소속인 점이 차이가 난다. 독일사법은 법원, 검찰 모두를 법무성의 관할하에 두면서도 사법의 독립성과 민주적인 사법정의 실현의 전통을 실현시켜 온 오랜 전통 때문이다. 법관과 검사 그리고 때로는 변호사까지도 사법기관(Organ der Rechtspflege)이라고 부르는 이유가 여기에서 비롯된다.

이에 비해 독일에서 보호관찰제도는 법구조(Rechtshilfe) 외의 사회복지활동의 전통을 가지고 있었으나 1955년 법제화되면서 조직상으로는 법무부 소속 사법사회국 부서이며, 주로 보호관찰부 집행유예, 보호관찰부 가석방 등의 집행과 그 사후조처에 봉사하고 있다. 보호관찰관은 주로 사회교육학적 관점에서 사회내처우를 받는 자들에게 원조와 지도를 제공함으로써 특별예방적 재사회화 목적을 실현하는 데 기여한다. 이들은 대부분 지방법원에 배속되어 활동하지만, 업무의 성격이 주로 사회복지적 활동이라는 점에 특색이 있다.

끝으로 행상감독제도는 1975년 사법보조와 함께 입법화되었고, 조직상으로 사법보조 및 보호관찰과 함께 일반적으로 법무부 산하 사법사회국에 속해 있다. 이것은 사회내처우를 하기에 불리한 사회적 예측을 가진 중범죄자들을 대상으로 그들이 형기를 종료한 후 또는 보안처분시설 수용기간(보호감호처분 및 치료감호처분 등) 종료 후 사회에 복귀하게 될 때, 주로 그들의 생활영위를 감시하고 법원의 지시사항을 준수하도록 지도하는 임무를 맡고 있다.[74] 보호관찰업무가 주로 사회적인 원조와 선도임무라고 한다면, 행상감독업무는 주로 사회안전을 위한 감시와 감독 임무이다. 보호관찰임무를 사회방위적 차원에서 한층 강화한 것이다.

독일의 행상감독소도 대개 법원건물에 배속되어 있고, 주로 그 행상감독소의 장은 법관과 동일한 자격을 갖춘 법률가가 임명된다. 그리고 같은 법원에 소속된 보호관찰관들의 근무 및 전문능력에 관한 통제권한을 갖기도 한다. 이 경우 보호관찰관은 행상감독소의 장에게 보고의무를 진다. 특히 행상감독 대상자에 대한 감시와 통제기능은 그들의 임무가 사회교육적 기능과 절연된 것은 아닐지라도 다소 경찰의 치안기능과 유사한 임무라고 말할 수 있다.

이러한 사정 때문에 보호관찰과 행상감독은 업무상 갈등이 전

74) 독일은 사형제 폐지 후 무기자유형이 가장 중한 형벌이지만, 재사회화 형법의 관점에서 15년을 경과하면 가석방하도록 되어 있고, 불리한 재범 예측상황에서도 17년을 경과하면 가석방하여 사회로 복귀시켜야 한다. 그로 인한 안전에 대한 위험은 국가와 사회가 져야 한다. 이 때 행상감독과 같은 강화된 보호관찰제도가 수반되어야 함은 두말 할 것도 없다. 이에 관한 상세한 논의는 김일수, 「종신자유형은 완화되어야 한다」, 법・인간・인권 제3판, 419면.

혀 없는 것이 아니다. 일찍이 페터스(Peters) 교수는 사법보조, 보호관찰, 행상감독이 하나의 기구로 기능적으로 통합될 수 있다는 견해를 피력한 바 있다.[75] 바덴-뷔르템베르그 주는 이런 관점에서 2007년부터 보호관찰과 사법보조를 기능적으로 통합시켜 외부 민간전문기관에 아웃소싱(outsourcing)했다. 우리나라의 보호관찰제도는 그 기능적인 면만 놓고 볼 때 영미국가들의 예처럼 바로 이런 기능적 통합상태에서 출범했고, 지난 20여 년간 '열정과 희망의 발자취'를 잘 엮어온 셈이다.[76] 이 점은 범죄예방과 형사정책에 종사하는 전문가들과 연구자들에게 매우 고무적인 일로 평가될 일이다.

4. 스웨덴의 양형조사제도

(1) 양형조사의 주체

스웨덴의 양형조사는 법원 또는 검찰의 결정·요청에 의하여 법무부 소속 교정·보호당국(Kriminalvården, Prison and Probation Service)이 수행하고 있다.[77]

교정·보호당국의 주된 과제는 법원에 의해서 선고된 형을 집행하는 것이다. 정부와 의회는 형벌의 집행이 인도주의적이고 동시에 효과적일 것을 요구한다. 즉 형의 집행이 법에 기초해야 한다는 것을 의미하며, 지역사회에 적절한 안전을 제공하고, 수용자와 피보호관찰자의 인격의 완전성(integrity)에 대하여 존중을 표해야 한다는 것이다. 이러한 접근방식은 스웨덴의 문화, 전통, 세

75) Peters, a.a.O., S.190.

76) 법무부, 한국보호관찰 20년사: 열정과 희망의 발자취, 2009.

77) 형사사건에 있어서 특별인격조사에 관한 법률(Lag (1991:2041) om särild personutredning i brottmål, m.m.) 제1조, 제2조.

계관에 기초하고 있다.[78)]

교정·보호당국은 대략 7,500명의 직원을 고용하고 있으며, 그들 중 대부분은 교도소에서 일하고 있다. 특기할 점은 직원의 대략 43%가 여성으로, 교도관의 1/4 이상과 보호관찰관의 71%가 여성이라는 점이다.[79)]

보호관찰이란 형벌의 유예 또는 중단을 전제로 실시하게 되지만, 선행유지조건인 일정준수사항을 부과하고 이를 스스로 이행하도록 개별상담자(case worker) 내지 사회독지가(social worker)의 지위와 자격을 지닌 보호관찰관이 피처분자들을 조력한다는 점이 특장이다. 거기에는 시설 내에서와 같은 팽팽한 신경전 대신 연민의 정을 가지고 설득하고, 권유하고, 세워주는 돌봄이 있다. 이 같은 지도·감독·원호는 대상자들을 사회 내에 방치하는 것이 아니라 약자보호를 위한 사회정의의 관점에서 교화·개선·자립·갱생할 수 있도록 국가가 스스로 돕는 자를 돕는 역할에 해당한다.[80)] 이러한 역할을 생각할 때, 스웨덴의 보호관찰관의 다수가 여성이라는 점은 우리에게 시사하는 바가 크다고 생각한다.

보호관찰과 관련해서 살펴보면, 보호관찰국은 43개의 보호관찰지소로 조직되어 있다. 이 지소는 법원에 판결전조사보고서를 제공하여 법원이 적절한 제재를 선택하도록 지원하며, 지역사회 내의 피보호관찰자와 가석방된 자를 감독하고, 전자감시를 통한 집중감독을 통하여 자유형의 대체이행을 도모하고 있다. 보호관찰지소는 또한 수용자의 가석방을 계획하고 준비하는 데 있어서도

---

78) Bertel Österdahl, Prison and Probation: The Swedish Perspective, Corrections Today, 2002. 2., p.54.

79) Information about the Swedish prison and probation service, Ministry of Justice, Sweden, 2004.

80) 김일수, “보호관찰제도의 과제와 발전방향”, 보호관찰 제4호, 한국보호관찰학회, 2004, 12-13면.

교도소 및 구치소와 공동으로 활동하고 있다.

(2) 양형조사의 절차

스웨덴의 양형조사제도는 「형사사건에 있어서 특별인격조사에 관한 법률」(Lag om särskild personutredning i brottmål, m.m.)에 의해서 이루어지고 있다. 이 법률은 원래 1964년에 제정되어 시행되어 온 것을 1991년에 전면개정한 후 2002년, 2005년, 2009년 일부개정을 거쳐 현재에 이르고 있다. 또한 「형사사건에 있어서 특별인격조사에 관한 시행령」[Förordning (1992:289) om särskild personutredning i brottmål, m.m.]이 1992년 제정된 후 1994년, 2005년, 2006년에 일부 개정되어 현재에 이르고 있는 실정이다.[81)]

검찰 또는 법원이 형사사건에서 형사제재나 기타 사항을 결정하기 위하여 피의자·피고인의 인격사항에 관하여 또는 피의자·피고인의 장래 재범을 방지하는 데 도움이 된다고 보이는 조치들에 관하여 특별조사가 필요하다고 판단되는 경우, 교정·보호당국에 그 조사보고(의견, yttrande)를 요구해야 한다(법 제1조 전단). 구체적으로 이 보고는 피의자·피고인의 주소 또는 거주지를 관할하고 있는 교정·보호당국 산하 보호관찰소를 통하여 이루어진다(시행령 제1조). 단, 필요한 조사가 법원에 의하여 직접 입수될 수 있거나 다른 방식으로 구할 수 있는 경우라면, 이런 보고를 반드시 요구할 필요는 없다(법 제1조 후단).

교정·보호당국에 보고를 요구하는 결정은 법원에 의하여 이루어진다. 공소가 제기되기 전에는, 검사에 의하여 이 결정이 이루

81) 스웨덴의 양형조사제도에 대해서는 스웨덴 의회 입법모음집에 스웨덴어로 실려 있으며, 스웨덴 의회 공식사이트에서 내려받기가 가능하다. 1964년에 제정된 법률이 1991년에 전면개정이 이루어졌고, 2005년에 역시 대폭 개정된 것으로 나와 있다.

어질 수 있다. 이 결정은 가능한 한 빨리 이루어져야 한다. 공소가 제기되지 않은 경우에는, 피의자가 사실을 자백하였거나 또는 그가 범행을 했다고 볼 만한 상당한 근거가 있는 때에만 교정·보호당국의 보고를 요구하는 결정이 이루어질 수 있다(법 제2조).

교정·보호당국은 보고서를 제출하기 위하여 필요한 조사를 수행해야 한다. 이를 위해서 필요하다면, 당국은 조사를 도울 특별 인격조사관을 임명할 수 있다(법 제3조 전단).

구금 중이 아닌 피의자는 교정·보호 당국이 정한 장소와 시간에 조사를 위하여 출석해야 한다. 그 피의자가 불출석하는 경우, 피의자가 출석하도록 경찰의 조력을 구할 수 있다(법 제3조 후단).

조사 도중에 피의자에게 개인적 지원이나 기타 조력이 필요하다고 판단되는 경우, 피의자가 동의한다면 교정·보호 당국은 그를 위하여 개별대리인(förtroendeman)을 제안할 수 있다. 물론 피의자가 요청하는 경우, 개별대리인을 취소할 수 있다(법 제4조 전단). 이후 교정·보호당국이 조사보고서에서 피의자에 대한 제재로서 보호관찰을 제안하는 경우, 그에 대한 특정 보호관찰관도 제안할 수 있는데(시행령 제5조), 가급적 제4조상의 개별대리인을 그 보호관찰관으로 임명해야 한다(시행령 제9조). 이 제도는 양형조사단계부터 보호관찰관과 피의자의 인격적 만남을 통하여 피의자의 재사회화에 도움을 주고자 하는 취지이다.

그러나 이 개별대리인의 임명은 다음의 경우에 중단된다(법 제4조 후단).

1. 공소의 개시가 없이 예비조사가 중단되는 경우
2. 공소가 취하된 경우
3. 피고인에게 무죄방면의 선고가 내려진 경우 또는 형 면제나 감경으로 석방되는 선고가 내려진 경우
4. 피고인에게 벌금형이나 보호관찰의 형의 선고가 내려진 경우
5. 피의자에게 불리한 또 다른 형사제재가 존재하는 경우

조사를 수행함에 있어서 피의자와 그 가족들이 불필요하게 고통받거나 다른 상처를 입지 않도록 유의해야 한다(시행령 제3조).

보고서제출을 위해 필요하거나 특별한 반대주장이 없는 경우, 교정·보호당국이나 인격조사를 돕기 위해 임명된 자는 예비조사에서 나온 기록이나 다른 문서들에 접근할 수 있을 뿐만 아니라 피의자·피고인에 대한 신문과정에 임할 수 있다(법 제5조).

조사가 완료되면 보고서는 보고를 요청한 법원 또는 검찰에 3부씩 제출되어야 한다. 법원이 보고를 요청한 경우라면 법원은 즉시 보고서의 사본을 검사와 피고인에게 보내야 한다. 만약 검사가 보고를 요청한 경우라면 검사는 그 사본을 피의자에게 보내야 하고, 공소가 제기된 때에는 법원에도 보내야 한다(시행령 제7조). 법원이 요청할 경우 교정·보호당국은 보고서를 보완해야 한다. 검사가 요청한 경우에도 마찬가지이다(시행령 제8조).

교정·보호당국과, 당국이 특별인격조사관 또는 개별대리인으로 임명한 자는 조사과정에서 발견된 사실에 대하여 정보를 제공하기 위해 소환된 경우, 법원에 출석해야 한다(시행령 제12조).

(3) 양형조사보고서의 내용

교정·보호당국의 조사보고서는 개별사건의 판단을 위한 법원의 요청에 부합해야 한다. 만일 피고인에 관한 다른 개별조사가 있어서 그것으로 충분하다고 판단되는 경우, 교정·보호당국은 이 사실을 법원에 알려야 한다. 이 때 조사를 계속할지 중단할지 여부는 법원이 결정한다. 이는 검찰이 조사보고를 요청한 경우에도 동일하게 적용된다(시행령 제2조).

교정·보호당국은 조사결과 피의자·피고인에게 보호관찰이 가능하다고 판단하는 경우, 보호관찰의 필요성과 개별사건에 있어서 적용되는 보호관찰의 구체적인 유형을 언급해야 한다. 더 나아가 교정·보호당국은 피의자·피고인에게 보호관찰이 반드시 부과될 필요가 있다고 판단하는 경우에는, 보고서에서 특정 보호관찰관을 제안해야 한다. 이 때 피의자·피고인은 보호관찰관의 선택에 대하여 발언할 기회를 가져야 하고, 제안된 보호관찰관을 접견할 수도 있어야 한다(시행령 제5조).

또한 교정·보호당국은 피의자·피고인이 거주하고 있는 보호관찰소를 통하여 구체적인 보호관찰 처우계획도 조사하고 수립해야 한다. 이 때 관련 사회복지단체나 처우담당관계자와 협력해야 한다. 조사보고서는 치료와 처우를 위하여 중요하다고 판단되는 피의자·피고인의 약물중독, 기타 주위환경 등의 내용을 포함해야 하며, 이 처우계획에 대한 피의자·피고인의 동의 여부도 명시해야 한다. 사회봉사명령을 조건으로 한 집행유예판결을 제안하는 경우에도 피의자·피고인의 동의 여부가 명시되어 있어야 한다(시행령 제6조).

5. 소 결

이상에서 보호관찰제도의 선구자격인 미국과 영국에서 보호관찰관에 의한 판결전조사제도를 살펴보았고, 대륙적 형사소송의 전통을 지키고 있는 독일에서 사법보조관에 의한 판결전조사제도를 살펴보았다. 끝으로 서구 여러 나라의 형사정책에서 제도개혁에 앞장섰던 스웨덴의 보호관찰관에 의한 판결전조사제도를 간략히 살펴보았다.

기능적인 면을 볼 때, 미국·영국·스웨덴 등 보호관찰제도를 활용하고 있는 세계 대다수의 나라들은 판결전조사·보호관찰·가석방감시(Parole, Führungsaufsicht)를 체계적으로 통합하여, 형사정책의 통일성·효율성·전문성의 시너지효과를 제고해 나가는 경향인 반면, 독일은 이를 각각 나누어 운용하는 법제인 것을 알 수 있다. 조직적인 면을 볼 때, 영국·독일·프랑스·스웨덴 등 대부분의 국가가 판결전조사·보호관찰·가석방감시 세 기능을 담당하는 정책부서를 모두 법무부 교정·보호 또는 사법사회국에 두고 있는 것을 알 수 있다. 다만 미국은 1940년 이후 그 소속을 연방 사법행정처의 소속으로 하고 있고, 독일은 판결전조사기관을 주로 검찰에 배속시키고, 보호관찰과 행상감독은 법원에 배속시키고 있다. 독일의 경우 보호관찰의 변경, 가석방의 변경 등을 행정위원회 제도로 운영하지 않고 사법부의 결정으로 운영하는 데 그 원인이 있지 않나 생각된다.

우리나라의 현안인 판결전조사제도와 관련하여 볼 때, 미국·영국·스웨덴 등 여러 나라가 대체로 이를 보호관찰소의 업무로 하고 있다는 점이다. 다만 미국의 경우만 보호관찰소의 소속을 법원행정처로, 그 외의 다른 나라들은 법무부 소속으로 하고 있다. 현명한 형사정책적 입안의 수립과 집행 그리고 그 환류와 개선을 위해서는 후자의 방식이 더 나아 보인다. 또한 이 기능을 분리해서 운영하는 독일은 이를 대부분 검찰 소속으로 하고 있음은 위에서 언급한 바와 같다.

어쨌거나 이미 일반적인 상식이 된 영미법계와 대륙법계 법문화의 준별은 오늘날 특히 유럽연합의 법적 통일을 목전에 둔 시점에서 그리고 세계화의 추세 속에서 비추어 보면 빛바랜 과거적 유물일지도 모른다. 법권역 사이의 경계는 점점 낮아지고, 경계를 뛰어넘는 법적 사유와 삶의 세계가 점점 넓어지고 있기 때문이다. 그럼에도 불구하고 한 가지 간과하지 말아야 할 점은 각 나라의 법제도, 특히 판결전조사제도와 같은 법제도는 그 나라의 법문화적 정체성 속에서 변용되고 발전되어 왔다는 사실이다. 뿐만 아니라 그것은 형사사법의 가치이념이라는 큰 틀과, 작게는 형사재판에서 합리적 양형과 그에 따른 법집행과정과 연관성을 지닌 주제여서, 그 유기적인 연관관계 속에서 고려해야 한다는 사실이다. 이 점은 우리나라처럼 근대적 법문화 전통이 일천하여 외국의 선진제도들을 직수입해야 하는 상황에서는 그 법정책적 결정에서 시행착오를 최소화하기 위해 반드시 유념해 두어야 할 사항이라고 생각한다.

비교법적 고찰의 결과로서 필자는 다양한 스펙트럼에도 불구하고 몇 가지 공통된 방향을 확인할 수 있었다.

첫째, 판결전조사제도는 양형기준제와 불가분리의 관계는 아니라는 사실이다. 양형기준제가 도입되지 않은 나라에서도 판결전조사제도는 오늘날 형사정책에서 지배적인 경향인 재사회화 형법이념 및 회복적 사법이념의 방향으로 나가는 데 필요불가결한 제도라는 사실을 확인할 수 있었다.

둘째, 판결전조사제도는 이와 같은 이념의 방향에서 사회내처우의 필요성과 밀접한 연계성을 두고 활용되는 제도라는 사실이다. 현대 형사정책의 흐름에서 보면 테러와의 전쟁, 마약·성범죄와의 전쟁 등 몇몇 이슈에 대한 강벌주의(Punitivism)의 예외를 제외하고는 사회통합을 위해 응보보다는 처우위주로, 강벌주의보다는 회복적 사법으로, 시설내처우보다는 사회내처우의 방향으로 나아가고 있다. 또한 형법실현의 각 단계에서 형사정책적 목적도 역동적·변증론적으로 합일되어 진행하기 때문에, 수사절차 및 재판절차에서부터 형의 집행과 관련된 형사정책적 관점을 고려하지 않을 수 없다.

셋째, 보호관찰은 수사에서부터 판결확정 그리고 교정단계에 이르기까지 다양한 일련의 기능들을 수행하는 복합적 성격을 지닌 법제도라는 사실이다. 보호관찰은 인류사회가 인도주의적 형벌관념을 확립한 후, 형벌제도 개혁에서 패러다임의 전환을 가져온 획기적인 제도 중 하나이다. 즉 형벌보다 더 나은 그 무엇으로서 형사정책의 꽃이라고 해도 지나침은 없을 것이다. 따라서 한 나라의 형사정책의 수준은 보호관찰의 정착과 발전 및 그 활용도에 있다고 말할 수 있다.

넷째, 보호관찰의 다양한 기능은 분리될 수도 있다. 독일의 제도가 보여주듯 판결전조사는 사법보조, 보호관찰부 유예판결 및 가석방의 집행은 보호관찰, 중범죄자의 구금시설로부터 석방 뒤 부과되는 행상감독 같은 역할의 분리가 그것이다. 그러나 보호관찰에서는 근원적으로 사회정의와 사랑의 법 관념이 그 정신적 연원이었듯이,[82] 원조와 지도관념이 기본이고 그 위에 감독과 감시 내지 통제가 부가되는 변형을 거쳐 왔다. 이러한 맥락에서 볼 때, 보호관찰의 다양한 기능은 분리보다는 통합으로 나가는 것이 합목적적이다.

다섯째, 판결전조사제도를 법관의 양형합리화의 수단으로만 쓰는 것은 미국적 사법제도의 전통에 특유한 것이라는 점이다. 기소편의주의를 예외적으로 인정하는 독일의 형사사법에서도 '법관 배후의 법관'으로서 검찰의 사법적 판단을 위해 사법보조가 유용하게 이용된다는 사실을 확인할 수 있었다. 그렇다면 하물며 기소편의주의를 원칙으로 인정한 우리나라의 형사사법에서 판결전조사제도가 수사단계에서부터 유용하다는 점은 두말 할 필요조차 없다.

여섯째, 판결전조사제도가 검찰의 사법적 판단에도 유용한 수단으로 인정되어, 수사절차에서부터 활용되어야 한다면 판결전조사 임무를 담당하는 기관은 법원 밖에 두는 것이 합리적이다. 판결전조사기관을 이중으로 검찰과 법원에 분산시켜 두는 것은 당사자의 편익과 경제적 효용면에서 전혀 타당하지 않아 보인다.

---

82) 김일수, 「형벌실현에서 사랑과 희망의 이념」, 범죄와 사회: 현상과 과제(남상철교수 정년기념논문집), 2006, 1면 이하 참조.

V 조사주체와 조사방식에 관한 한국적 모델의 모색

1. 우리나라의 양형자료조사 실태

우리나라에서는 실무관행상 판결전조사제도를 "범죄인 개개인에 상응하는 적절한 처우방법을 결정하기 위하여 법원 등의 요청으로 유죄가 인정된 피고인 등에 대하여 보호관찰관이 그 인격과 환경에 관한 상황 내지 범죄위험성의 양태와 정도를 객관적으로 조사하고 이를 양형의 기초자료로 이용하게 하는 제도"라고 한다. 협의의 판결전조사제도는 '법관이 양형에 참고하도록 양형자료를 조사하고 수집하는 제도'라 하며, 이를 양형자료조사, 정상조사, 또는 예비조사라고도 한다. 법관의 양형편의를 위한 판결전조사라는 데 역점을 두어, 검사의 기소·불기소 결정의 편의를 위해 행하여지는 양형자료조사를 '기소전조사'라 하여 구별하기도 하고, 그 밖에도 특별법상의 조사제도를 '결정전 조사', '청구전 조사'라고 하여 판결전조사나 기소전 조사와 구별하며, 교정당국의 재소자 분류 등 행형편의나 가석방 등의 결정에 참고할 실형받은 자 내지 재소자의 인성 및 환경조사를 '판결후 조사' 또는 '귀주환경조사'라 하기도 한다.[1)]

이와 같은 용어가 이론적으로 널리 확립된 개념정의에 따른 것은 아니라는 점은 영미의 판결전조사제도나 독일의 사법보조제도가 다같이 양형사실 내지 양형인자에 해당되는 범인의 인성과 생활환경, 피해자와의 관계 내지 피해자의 피해진술 등의 조사에 집중된다는 점에 미루어 짐작할 수 있다. 여기에서 공통적인 사실은 형법실현의 각 단계에서 사법적 판단과 결정에 참고될 양형사실에 대한 사회심리학적, 사회교육학적, 사회복지적 관찰자료가 주류를 이룬다는 사실이며, 이 같은 조사활동은 그 명칭이 어떠하건 전통적으로 보호관찰제도와 불가분리의 관계를 맺고, 그 일환으로 수행되어 왔다는 점이다.

우리나라 보호관찰제도의 역사와 함께 발전해 온 다양한 조사업무를 일별해 보면, 역시 위에서 언급한 공통성의 범주를 벗어나지 않음을 알 수 있다:

① 1989. 7. 「보호관찰법」 제정으로 소년에 대한 판결전조사·환경조사제도 도입

② 1997. 1. 「보호관찰 등에 관한 법률」 개정으로 보호관찰 사안조사제도 실시

③ 2003. 2. 「법무부지침 관찰 61350-83」으로 귀주환경조사 실시

④ 2007. 8. 「가정폭력특별법」 개정으로 가정보호사건 결정전 조사제도 도입

⑤ 2007. 8. 「성폭력특별법」 개정으로 성매매보호사건 결정전 조사제도 도입

⑥ 2008. 6. 「소년법」, 「보호관찰 등에 관한 법률」 개정으로 소년보호사건 결정전 조사제도 도입

⑦ 2008. 6. 「소년법」 개정으로 검사의 결정전 조사제도 도입

---

1) 법무부, 보호관찰 20년사, 334면.

⑧ 2008. 9.「특정성폭력범죄자 위치추적전자장치 부착에 관한 법률」 제정으로 위치추적전자장치 부착 청구전 조사제도 도입

⑨ 2009. 3.「보호관찰 등에 관한 법률」 개정으로 성인에 대한 판결전조사제도 도입

우리나라에서 보호관찰제도 시행 당시에는 서울보호관찰소 한 곳만 전담조사과가 설치되었고, 나머지 본소급 기관에서는 사무과에서 전담하고, 지소급 기관에서는 보호관찰업무와 조사업무를 병행하였다. 따라서 전문성 및 조사결과의 신뢰성 제고를 위해 조사기구 강화와 조사전문인력 양성이 시급한 과제로 인식되었다. 그리하여 2005. 8. 수원과 부산 보호관찰소에 조사팀이 신설되었고, 2007. 7. 인천, 대전, 대구, 창원, 광주, 전주 등 6개 보호관찰소에 조사팀이 추가로 편성되었다.[2] 또한 2006년 이후 임상심리사를 특별채용하여 2008년 말까지 춘천과 제주를 제외한 전국 14개 본소급 보호관찰소에 임상심리사를 배치하여 전문적 조사역량을 강화하였다.

조사내용은 초기부터 대상자의 인적 사항, 당해 범죄관련사항, 범죄경력, 생활환경, 성장과정, 정신 및 신체상태, 학교생활, 교우관계, 직업, 보호자의 관심 및 보호능력, 진술태도, 조사자의 의견 등이 바탕을 이루었다. 조사방법은 이 제도시행 초기에 대상자 및 보호자 위주의 면담조사였으나, 점차 현지확인조사, 관계인 면담, 피해자 면담 등으로 그 조사대상이 확대되었다. 대상자 면담조사는 구속피조사자인 경우 교도소를 방문하여 조사했고, 불구속자인 경우 소환조사방식을 취하였다.

---

2) 현재 보호관찰소에서 판결전조사를 전담하는 보호관찰관은 41명 수준이고, 보조자로 책임관을 두고 있는 실정이다. 업무의 중요성에 비추어 볼 때, 전문가 확충이 시급한 것이 사실이다.

제도시행 초기부터 일정기간동안 일부 보호관찰소에서만 심리검사도구가 활용되었으나, 2005. 9. 「재범방지 강화를 위한 보호관찰업무추진 관련지시」 이후 피조사자에 대한 과학적인 심리평가가 전국 54개 보호관찰소로 확대실시되었다. 위 지침에 따르면 과실범과 문맹자 등을 제외한 모든 조사대상자에 대하여 의무적으로 다면적 인성검사(MMPI)를 실시해야 하며, 소년에게는 MMPI-A를, 성인에게는 MMPI-Ⅱ를 적용하도록 되어 있다. 2008. 10. 「판결전조사 등 조사업무 수행시 심리검사 효율성 제고방안」이 시달된 후로 주된 검사도구는 다면적 인성검사 외에 인성평가목록(PAI: Personality Assessment Inventory)이 추가되었으며, 그 밖의 보조도구로 한국형 결혼만족도 조사(K-MSI), 문장완성검사(SCT), 정신병질자 선별도구(PCL-R), 한국 성범죄자 위험성 평가척도(KSORAS), 강간통념척도(Rape Myth Scale), 로젠버그 자존감척도(Rosenberg Self-Esteem Scale), 대인관계 반응지수(Interpersonal Reactivity Index), 성을 통한 대처척도(Coping using Sex Inventory), 지능검사 등 사범별 특성과 수준에 맞는 다양한 검사도구가 판결전조사, 각종 결정전조사, 청구전조사에 활용되고 있다.[3)]

소년에 대한 판결전조사는 1989. 7. 1. 보호관찰법의 발효와 함께 본격 시행에 들어갔다. 동법 제26조는 "법원은 보호관찰을 조건으로 한 형의 선고유예나 집행유예를 선고하기 위하여 필요하다고 인정하는 경우에는 그 법원의 소재지 또는 피고인의 주소지를 관할하는 보호관찰소의 장에게 피고인에 관한 범행의 동기, 직업, 생활환경, 교유관계, 가족상황, 피해회복 여부 등 필요한 사항의 조사를 요구"할 수 있도록 규정하였고, 그 조사요구를 받은 보호관찰소의 장은 지체없이 이를 조사하여 서면으로 당해 법원에 통보하도록 하였다. 1989. 6. 23. 제정된 동법시행령은 법원이 보호관

3) 법무부, 앞의 책, 338면.

찰소의 장에게 판결전조사를 요구할 때에는 피고인의 인적 사항 및 범죄사실의 요지를 통보하여야 하며 필요하다고 인정하는 때에는 참고자료를 송부할 수 있도록 하였다.

그 후 1996. 12. 12. 개정 「보호관찰 등에 관한 법률」에서는 소년에 대한 판결전조사시 피고인과 기타 관계인을 소환하여 심문할 수 있는 규정과 법원에서 보호관찰소의 긴밀성 및 보호관찰관의 조사활동의 원활을 도모하도록 하였다. 그럼에도 불구하고 이 제도 시행 초기 5년여 동안 조사실적은 총 23건에 불과했고, 특히 1993년도에는 단 1건에 머무는 등 제도의 활용실적이 매우 저조했다. 이에 법무부 및 일선 보호관찰소에서는 대법원과 법원 등에 대한 업무협의와 제도홍보 등을 지속적으로 전개하는 한편, 신속하고 신뢰할 만한 조사결과 확보에 진력한 결과, 1996년 연간 2,000건을 넘어섰고, 1997년 3,344건, 1998년 2,275건, 1999년 3,090건, 2000년 3,383건, 2001년 3,378건, 2002년 2,963건, 2003년 2,602건, 2004년 2,212건, 2005년 1,955건, 2006년 1,533건, 2007년 1,389건, 2008년 1,209건에 이르렀다.[4)]

고무적인 일은 2003. 9. 3. 대법원 재판예규 제905호에 의해 법원과 보호관찰소의 장, 보호관찰관, 위탁집행기관의 대표자들로 구성된 보호관찰협의회가 각 지방법원 또는 지원별로 연 2회 실무적인 협의를 위해 모임을 개최한다는 점이다. 여기에서 각 법원의 책임법관을 포함한 부장판사·단독판사들과 보호관찰관들이 원활한 보호관찰업무 및 조사제도 활용을 위해 의견을 교환하고, 제도의 개선점들을 긴밀하게 모색해 왔다는 사실이다.

성인에 대한 판결전조사는 1995년 말 형법개정에 맞춰 「보호관찰 등에 관한 법률」 개정시 확대실시토록 입법조치 되었어야 했

4) 법무부 범죄예방정책국, 법원양형조사관제 도입관련 쟁점사항, 2009. 10., 3면.

으나, 보호관찰제도 및 판결전조사제도에 대한 이해가 부족했던 당시 사법부의 미온적 태도로 입법화되지 못했다. 그러나 실무적으로는 성인 형사범 전체로 보호관찰제도가 확대·실시된 1997년 이후 법원으로부터 성인범에 대한 판결전조사 요구가 꾸준히 증가하여, 1997년 44건을 시작으로, 1998년 47건, 1999년 83건, 2000년 271건, 2001년 525건, 2002년 704건, 2003년 1,438건, 2004년 2,448건, 2005년 3,009건, 2006년 2,666건, 2007년 2,242건, 2008년 2,753건에 이르렀다. 2004년 이후에는 소년에 대한 판결전조사를 능가하게 되었다.[5)]

성인범에 대한 판결전조사 의뢰건수 중 실형선고 건수는 2003년 555건(38.5%), 2004년 870건(35.5%), 2005년 875건(29%), 2006년 596건(38%), 2007년 891건(40%), 2008년 881건(31.5%) 등으로 평균 35% 가량을 차지하여, 보호관찰소가 성인범에 대한 양형조사 기능을 일정한 비율로 안정되게 수행하고 있음을 엿볼 수 있다.[6)] 몇 가지 중요사건에 대한 판결전조사와 선고결과를 대비하면 양자 사이에 일정한 비례관계가 있음을 알 수 있다:

중요사건 판결전조사보고서와 선고결과

사건번호 사건명, 성명	죄명	조사기관 및 조사자 의견	선고결과
2004고합972, 973 서울서남부연쇄살인사건 유영철	살인 등	서울서부보호관찰소 사회로부터 격리	사형
2006고합30 대전발바리성폭행사건 이중구	성폭력법위반 (특수강도강간)	대전보호관찰소 사회내교정처우는 바람직하지 않음	무기징역

5) 앞의 자료, 3면.

6) 앞의 자료, 3면.

2007고단342 수원부친살인사건 이수광	존속살해, 살인미수	수원보호관찰소 시설내 처우	무기 징역
2008노71 보성어부살인사건 오종근	성폭력법위반 (강간등살인)	광주보호관찰소 엄중한 처벌	사형
2008고합170 안양초등생살인사건 정성현	특가법(영리약취· 유인 등) 성폭력(강간등살인)	수원보호관찰소 사회로부터 격리	사형
2008고합1388 강남고시원방화살인사건 정상진	현주건조물방화치사 등	서울보호관찰소 엄중한 처벌	사형
2009고합6 나영이 사건 조두순	강간상해	안산보호관찰소시설 내 처우(형집행종료 후 위치추적전자장 치 부착감독)	징역 12년

2007. 4. 「특정성폭력범죄자에 대한 위치추적전자장치부착에 관한 법률」이 제정되면서 법률상 성인에 대한 판결전조사가 최초로 입법화되었다. 2008. 9. 1.부터 시행된 동법 제28조 제3항은 "법원은 성폭력범죄자에 대한 집행유예시 전자장치부착을 위하여 필요하다고 인정하는 때에는 피고인의 주거지 또는 그 법원의 소재지를 관할하는 보호관찰소의 장에게 범죄의 동기, 피해자와의 관계, 심리상태, 재범의 위험성 등 피고인에 관하여 필요한 사항의 조사를 요청"할 수 있도록 규정하였다. 이어서 2008. 12. 26. 개정 「보호관찰 등에 관한 법률」에서 판결전조사의 대상을 소년형사범을 넘어 모든 형사사범으로 확대하였다.

우리나라에서 시행된 보호관찰제도는 소년 위주에서 성인 중심으로 변화하는 추세에 따라[7)] 판결전조사제도도 소년 위주에서 성인 중심으로 변화하는 추세에 있음은 앞의 통계에서도 확인한 바였다. 다만 성인에 대한 판결전조사가 지금까지는 법제도상 주로 보호관찰·사회봉사명령·수강명령 부담부 유예판결의 참고자료로 활용되는 경향이었으나, 실무상 사회적 충격을 불러일으킨 강력범죄나 흉악범죄를 대상으로 한 경우도 점차 증가하는 경향을 띠고 있다.[8)]

2. 최근 법원조사관에 의한 양형조사 실태

2009. 7. 1. 시행되는 양형기준제 실시에 대비함과 동시에 앞으로 양형조사관 제도가 입법화될 때에 대비하여 대법원은 2009. 6. 초 21명의 법원조사관을 선발하여 양형조사관으로 전환하기 위한 6주간의 교육을 실시했다. 뒤이어 2009. 7. 20.자로 이들을 전국 7개 법원에 양형조사관으로 분산배치하여 양형조사업무에 임하도록 했다. 양형기준제 실시와 동시에 양형조사관제가 입법화되었어야 했지만, 입법지연으로 말미암아 과도기적으로 법원조사관을 양형조사관으로 활용할 수밖에 없다는 이유에서였다.

이 같은 과도기적 조치의 법적 근거는 법원조직법 제54조의3이라는 것이다.[9)] 물론 현행법상으로 소년 및 성인 피고인에 대하

---

7) 이에 관하여는 한영수, 「보호관찰관련 법률의 제·개정의 역사와 보호관찰제도의 발전」, 보호관찰 제9권 제1호, 한국보호관찰학회, 2009, 49면 이하 참조.

8) 예컨대, 연쇄살인범 유영철사건(2004. 5), 대전발바리 연쇄성폭력사건(2006. 5), 김태촌 뇌물사건(2006. 12), 제주 감귤농장 초등생살인사건(2007. 6), 영화 '그놈목소리' 모방유괴사건(2007. 11), 보성어부 연쇄살인사건(2008. 4), 안양초등생 살인사건(2008. 5), 강남데코빌고시원 방화사건(2009. 5) 등의 판결전조사 사례.

9) 법원조직법 제54조의3(조사관) ① 대법원과 각급 법원에 조사관을 둘 수 있다. ② 조사관은 법관의 명을 받아 법률 또는 대법원규칙이 정하는 사건에 관한 심판에 필요한 자료의 수집·조사 그 밖에 필요한 업무를 담

여 보호관찰, 사회봉사 및 수강명령을 위하여 필요한 때에는 보호관찰관을 통한 판결전조사 형식으로 양형조사가 가능하다.[10] 그러나 이와 같은 입법조치가 없었을 때에도 법관은 양형자료조사를 위해 형사소송법에 의한 증거조사(사실조회)의 일환으로 보호관찰관에게 사실조회(형사소송법 제272조)나 감정촉탁(형사소송법 제179조의2)을 명하여 양형조사를 할 수 있었으며, 그런 방법으로 1997년 이하 2008년까지 11년간 16,056건 이상의 양형조사를 실시했다는 것이다. 양형자료의 조사는 최종적으로 법관의 의무이며, 이를 실현하기 위해 보호관찰관을 활용해 온 법논리는 법원조사관에게도 그대로 타당하다는 것이다. 물론 이 기간동안 법원조사관을 통한 양형조사를 의뢰한 사례는 1건도 없었으리라 추정된다. 바로 여기에 법원의 논리와 현실 사이의 괴리가 극명하게 나타난다. 이에 대한 대법원측의 변명은 없다.

그럼에도 불구하고 대법원은 법원조사관에 의한 양형자료조사가 오히려 보호관찰관에 의한 그것보다 더 큰 장점이 있음을 강조한다. 첫째, 공정성과 객관성이 더 확보된다는 점이다. 법원소속 조사관은 소추기관과 피고인으로부터 자유로운 반면, 보호관찰관은 검사장이 국장으로 있는 법무부 범죄예방정책국 소속이어서 소추기관으로부터 자유롭다고 하기 어렵다는 점을 든다. 둘째, 정확성과 효율성이 더 담보된다는 점이다. 법원소속 조사관은 재판부와 같은 지붕 밑에 있어서 공식적·비공식적인 의사소통이 가능할 뿐더러 유기적으로 긴밀한 업무관계를 유지하기 때문이라는 점을

당한다.

10) 보호관찰 등에 관한 법률 제19조(판결전조사) ① 법원은 피고인에 대하여 「형법」 제59조의2 및 제62조의2에 따른 보호관찰, 사회봉사 또는 수강을 명하기 위하여 필요하다고 인정하면 그 법원의 소재지 또는 피고인의 주거지를 관할하는 보호관찰소의 장에게 범행의 동기, 직업, 생활환경, 교우관계, 가족상황, 피해회복여부 등 피고인에 관한 사항의 조사를 요구할 수 있다.

든다. 셋째, 전문성이 더 확보된다는 점이다. 법원조사관 대부분이 형사재판 참여의 경험이 있고, 가사조사관, 소년조사관, 가정보호조사관 등 합계 97명의 조사관이[11] 지금까지 쌓아온 전문적인 조사경험을 법원조사관에게 전수할 수 있다는 점을 든다. 이에 더하여 매년 조사관에 대한 충분한 교육과 심리학 등 전문가와의 사례연구를 통해 더욱더 전문성을 확보해 나갈 예정이라는 점도 든다.

대법원의 입장에 따르면 양형조사관의 역할은 제한적일 수밖에 없다는 것이다. 즉 양형조사관이 모든 양형인자를 처음부터 다 조사하는 것이 아니라는 것이다. 양형인자에 관하여 검사와 변호인이 먼저 다툼을 벌이고, 이들이 제출한 양형자료만으로는 부족한 경우에 양형조사관이 보충적으로 양형사실을 조사한다는 것이다. 그리고 조사해야 할 양형인자의 결정은 판사가 맡아 조사관에게 명한다는 것이다. 대개 검사는 피고인에게 불리한 양형자료를, 변호인은 피고인에 유리한 양형자료를 제출하는 경향이 있으므로 양형인자에 관한 다툼이 발생하기 쉬운데, 변호인과 검사가 다투는 부분을 검사의 지휘를 받는 보호관찰관이 조사하게 하면 피고인이 불리해질 것이라는 것이다. 따라서 이 같은 다툼 있는 양형인자에 관해 추가적인 자료가 필요한 경우 법원은 양형조사관을 투입한다는 것이다.

일단 양형조사관이 투입되어 조사한 내용에 관하여는 검사와 변호인의 의견진술이 가능하도록 하며, 검사와 변호인의 공방내용과 양형조사관의 조사결과를 참작하여 판사가 직접 양형기준을 적용한 후 적정한 판결선고에 이르게 된다는 것이다. 이것이 양형조사관제 도입 이후 양형심리절차의 대강인 셈이다.

법원은 양형기준이 설정된 8개 범죄군에 대해서는 100% 양형

---

11) 보호관찰소의 판결전조사 담당직원은 41명인 점을 들어, 보호관찰시스템의 판결전조사의 빈약성을 암시한다.

조사를 실시하되 양형기준 미설정사건에 대해서는 약 50% 양형조사를 실시할 예정으로, 양형조사관 1인당 한달에 약 16건 처리를 기준으로 삼을 때, 적어도 전국에 151명의 양형조사관이 필요하다는 추산을 내놓고 있다. 2008년 기준 양형조사대상 사건수와 필요인력은 양형기준설정 합의사건 7,668건에 필요인력 40명, 단독사건 8,044건에 필요인력 42명, 양형기준 미설정 합의사건 6,347건(전체의 50%)에 필요인력 33명, 단독사건 7,005건(전체 50%)에 필요인력 36명, 도합 29,064건에 필요인력 151명이 그 내역이다.

최근 대법원은 양형조사관을 법원조사관으로 채우는 데 대한 검찰·법무부의 반대뿐만 아니라 변협과 민변 등의 반대에 부딪히자 소속에 관계없이 해당 분야의 전문가에게 양형조사를 의뢰할 수 있도록 전문심리위원을 내용으로 한 양형조사위원제라는 대안을 제시했다. 여기에는 변호사, 법원조사관, 가사조사관, 보호관찰관, 기타 전문가 집단에서 양형조사위원을 탄력적으로 위촉하여, 기관이기주의를 극복하고 양형조사의 전문화수준을 높이겠다는 이유를 내세웠다. 이렇게 되면 이미 양형조사관으로 투입된 법원조사관 21명에 보호관찰관 약 41명 도합 62명 외에 더 필요한 89명은 변호사, 가사조사관, 그 밖의 법원조사관, 외부전문가 등에서 충원할 셈이다.

그러나 이러한 착상은 이미 대법원에서 양형조사관제 도입과 관련하여 내세웠던 기존의 명분들과 충돌되는 것이어서 대법원 스스로가 사로잡혀 있는 기관이기주의 관철을 위장하고 있다는 인상을 주기에 충분해 보인다. 앞서 본 공정성과 객관성, 정확성과 효율성, 전문성 중 전문성을 제외하고는 법원조사관 이외의 인력군에게서 비록 공직자인 보호관찰관이라 할지라도 대법원이 깊이 우려했던 바 객관성과 공정성, 정확성과 업무기동성을 어떻게 찾을 수 있겠느냐 하는 점 때문이다. 이 점이 법원 주장에서 정직성과 신뢰성을 떨어뜨리고, 임기응변식의 대응논리를 펴는 가벼움을 느끼게 하는 대목이다.

어쨌거나 2009. 7. 20.자로 전국 법원에 분산배치된 양형조사관들은 그 동안도 계속 활동을 이어가고 있다. 문제는 이들의 양형조사활동이 대법원이 명분으로 내세웠던 공정성·객관성·정확성·효율성·전문성을 기대했던 바대로 충족시키고 있으며, 기존의 보호관찰관의 조사서와 얼마나 차등화된 결과를 내놓고 있는가 하는 점이다. 두 기관, 두 종류의 조사서를 비교분석하기 위해 필자는 보호관찰관의 판결전조사서 2건과 그와 같은 죄명을 지닌 법원조사관의 양형조사서 2건을 면밀히 검토해 보았다.

3. 문제점 및 대안

앞에서 판결전조사 내지 양형조사 제도의 실태를 논하면서 보호관찰관과 법원조사관의 양형자료조사보고서 각각 2건, 도합 4건을 선별하여 검토해 보았고, 그 기록은 이 책의 부록에 전부 수록하였다. 죄명은 살인죄와 성범죄이다. 성범죄에 관한 조사서 중 서울보호관찰소의 문건은 검사의 요청에 의해 「특정 성폭력범죄자에 대한 위치추적전자장치 부착에 관한 법률」에 따른 전자장치 부착을 청구할지에 관한 청구전조사서이고, 서울중앙지법의 문건은 법원의 요청에 의해 양형기준제 실시에 따른 양형조사서이다. 살인죄에 관한 문건은 다같이 법원의 요청에 의한 양형조사서이지만, 보호관찰소가 행한 판결전조사는 아마도 법원조사관에 의한 양형조사가 실시되기 이전에 시행된 것으로 추정된다. 왜냐하면 법원조사관에 의한 양형조사가 시행된 후 최근에 이르러 법원에서 보호관찰소에 의뢰한 '정상관계에 관한 사실조사 의뢰'가 취소되는 경우가 생겼고, 대전지방법원의 경우 2009. 12. 17. 대전보호관찰소에 의뢰하였던 판결전조사를 2009. 12. 21. "보호관찰관의 판결전조사제도에 관하여 대전 관내 법원판사들의 논의가 있으므로 대전지방법원 제○ 형사부가 기 의뢰한 사건에 관한 판결전조사 및 결과물 통보를 잠시 보류 및 중단하여 달라"는 요구서를 보내고 있는 실정 등을 감안한 때문이다.

양형기준제 실시 후 형사판결문은 이유설시에서 종전처럼 ① 범죄사실, ② 증거의 요지, ③ 법령의 적용(범죄사실에 대한 해당 법조 및 형의 선택, 가중·감경, 미결구금일수 산입 등), ④ 피고인 및 변호인의 주장에 관한 판단(위법성조각사유 또는 책임감면·조각사유에 대한 주장이 있을 경우), ⑤ 양형이유를 밝히되, 특히 양형기준 적용대상 범죄인 경우 그 적용기준을 설시하는 것이 새롭게 변경된 형태이다.

따라서 양형이유에서 다음과 같은 사항들이 양형위원회가 결정한 양형기준에 따라 설시된다:

① 처단형의 범위

② 양형기준의 적용[12)]

— 유형의 결정 : 제1, 제2, 제3 유형 등 표시

— 특별양형인자 : 특별감경인자, 특별가중인자 등 표시

— 일반양형인자 : 일반감경인자, 일반가중인자 등 표시

— 권고형의 범위 : 제1, 제2, 제3 유형에 따른 감경, 기본, 가중 범위 표시

③ 선고형의 결정

주지하는 바와 같이 형의 양정은 "국민의 건전한 상식을 반영하고 국민이 신뢰할 수 있는 공정하고 객관적인 양형을 실현하기 위한 것"이다(법원조직법 제81조의2 제1항). 이를 위해 대법원에 양형위원회를 두었으나, 미국의 양형기준제 제정 역사에서 보았듯이

---

12) 대검찰청, 양형기준, 2009. 6., 2면 이하 참조.

양형위원회를 대법원에 두는 것은 공정성과 신뢰성에 문제가 많다. 대법원 밖에 독립된 기구를 두어야 할 이유는 양형위원회에서 만들어진 양형기준이 바로 법원의 양형현실에서 빚어지는 불합리한 편차를 교정하기 위한 가늠자가 되어야 하기 때문이다.

그러나 미국과 달리 현행 우리나라 양형기준제는 법관을 구속하지는 않는다. 다만 법원이 양형기준을 벗어난 판결을 하는 경우에는,[13] 판결서에 그 양형결정의 이유를 기재하여야 한다(법원조직법 제81조의7 제1항, 제2항).

현재 법원은 양형기준제를 적용하는 판결에 대해서는 판결전조사 내지 양형조사가 필수적으로 선행되어야 한다는 강박관념을 갖고 있는 것으로 보인다. 보호관찰제도에서 발전해 온 기존의 조사시스템을 활용하는 한에서는 이 같은 강박관념은 긍정적인 사법부의 태도로 평가할 만하다. 하지만 보호관찰관에 의한 판결전조사제도를 거부하면서 굳이 법원조사관에 의한 양형조사만을 고집하고 더 나아가 이것을 반드시 양형기준을 적용하는 판결의 선결조건으로 삼아야 한다는 강박관념은 근거가 없을 뿐만 아니라 부정적인 사법부의 태도로 밖에는 보이지 않는다.

앞에서 언급한 바, 보호관찰관과 법원조사관이 행한 각각 2가지씩의 조사문건은 살인죄에 관한 한 법원이 법원소속 양형조사관제의 근거로 삼는 공정성·객관성, 정확성·효율성, 전문성이라는 관점목록에 비추어 특이점이 보이지 않는다. 오히려 종전 보호관찰관의 판결전조사 양식과 방식을 그대로 옮겨놓은 수준으로 보인다. 물론 법원조사관으로서는 피고인 본인을 면담할 수 없었던 물리적인 한계가 있었던 점을 감안하더라도, 왜 보호관찰관의 판결전조사가 아니고 법원조사관의 양형조사여야 하는지에 대한 해답은 실무베이스에서 나온 두 조사서의 내용을 놓고는 찾기 어렵다.

---

13) 이를 영미에서는 양형기준의 이탈(departure)이라고 한다.

오히려 과학적 전문지식의 활용으로 얻을 수 있는 다면인성검사(MMPI)나 문장완성검사(SCT)의 결과를 보호관찰소의 판결전조사서는 담고 있는 반면, 법원의 양형조사서에는 그 흔적을 찾아볼 수 없다.

반면 성범죄에 관한 조사서에서는 두 기관의 문건 차이에 확실한 질적 차이가 눈에 띈다는 점을 언급하지 않을 수 없다. 물론 보호관찰소의 청구전조사서는 전자발찌 부착을 위한 환경·인성 및 그와 관련된 양형자료조사이므로 목표가 명확하게 한정되어 있어 결론에 이르는 논리의 전개가 단순한 양형자료조사보다는 유리한 고지에 있는 것은 사실이다. 그럼에도 불구하고 보호관찰소가 내놓은 이 조사서에는 다면인성검사(MMPI)와 문장완성검사(SCI) 이외에도 한국성범죄자 위험성평가척도(KSORAS) 등 과학적 전문지식을 활용한 전문가적 기법이 동원되었다는 점이다.

이것은 이미 한국의 보호관찰제도 내에서 조사서의 구성 및 평가내용이 전문화·과학화의 수준에 도달해 있음을 보여주는 증거인 셈이다. 원천기술이 축적되지 않은 초기단계에서야 조사기관을 어디로 하던 실용성과 현실기반에서 논증의 우열을 구별하기 힘들겠지만, 이미 축적된 기술과 인력, 그리고 전문지식을 갖고 있는 조사기관이 있는 현실에서는 이 현실기반을 무시하는 어떤 논리도 구체적 합리성을 얻기 어렵다. 그것을 도외시한 논쟁은 단순한 공리공론이거나 아니면 이해타산적인 기관이기주의의 발로가 아닐까 한다. 판결전조사이든 양형조사이든 그것은 바로 사법의 근원적인 주체인 국민의, 더 구체적으로 피의자·피고인의 편익을 위한 것이지, 법원이나 검찰의 권력 또는 그 편익을 위해 있는 것이 결코 아니다.

오늘날 실무에서 이미 통용되는 양형기준제하의 양형인자들은 대개 불법과 책임에 관련된 행위 및 행위자적 요소로서, 이에 관한 사실은 범죄사실의 입증과 밀접한 연관성을 띤 것들로서(이를 협의의 정상자료라고도 한다) 수사기관의 수사자료로 밝혀질 내용이 대부분이다. 이것을 벗어나 이른바 광의의 정상자료, 예컨대 범죄인의 인성과 생활환경, 피해자와의 관계 내지 피해자와 가해자의 화해여부,[14] 그리고 일반인들이 당해 사건에 대해 갖는 소박한 정의감의 요구들은 형사정책적 예방목적의 관점에서 고려해야 할 양형관련 사실들이다.

바로 이 후자의 측면에 수사기관이 아닌 보호관찰관에 의한 보충적인 판결전조사제도의 중점이 놓여 있는 것이다. 그 이유를 다음과 같은 데에서 찾을 수 있을 것이다. 즉, 검사는 수사의 주재자일 뿐만 아니라 법의 수호자로서 준사법기관이기 때문에 범인에게 유리한 정상자료도 조사·수집하여야 할 의무가 있다. 그러나 형사재판의 실제에서 피의자·피고인에게 유리한 정상자료는 본인 또는 변호인이 수집·제출하는 경향이 있어서, 검사는 관성적으로 행위자에게 불리한 정상자료 조사에 치우칠 경우가 많다. 판결전조사의 본래적인 의미는 협의의 양형요소가 아닌 광의의 양형요소 중, ① 피의자·피고인의 진술에만 의존해 있는 정상자료인 경우, ② 검사와 피고인·변호인 양측에서 제출하지 않은 정상자료이지만 법원의 양형판단에서 신뢰할 만한 보충자료가 필요한 경우, ③ 법원이 선고유예 또는 집행유예 판결에 부수될 보호관찰·사회봉사명령·수강명령의 부가결정을 할 경우, ④ 그 밖에도 전자발찌 등의 부착명령 여부를 판단해야 할 사안 등에서 그 고유한 빛을 발할 수 있기 때문이다. 여기에서 특히 ③, ④의 경우는 형사정책적 예방목적을 함께 고려해야 할 사항이기 때문에 조사자의 형사정책적 입장표명이 중요한 의미를 지닌다.

현재 법원조사관에 의한 양형조사서의 내용을 들여다보면 이

---

14) 정상자료를 광·협으로 구분하는 관점에 관하여는 이상철, 판결전조사제도에 관한 연구, 한국형사정책연구원, 1994, 73면.

같은 형사정책적 기능을 거의 고려하고 있지 못한 형편이다. 물론 위험평가와 재범예측 등의 정책적 평가는 고도의 전문가적 업무영역에 속한다. 그럼에도 세계적으로 보호관찰제도는 이 같은 조사영역과 보호 및 지도영역을 아우르면서 범죄학·형사정책학·교정학·사회복지학·사회교육학·사회심리학들과 긴밀한 공동작업을 통해 성과를 이루어가고 있는 것이 현실이다.

한국적 현실에서 양형기준제는 앞으로 몇 단계를 더 거쳐 개선해 나가야 할 과제로 보인다. 양형기준제 적용대상을 넓히는 것만이 능사가 아니다. 국민의 상식과 공감대가 쉽게 형성될 수 있는 비교적 간단한 대상, 예컨대 과실범분야부터 양형기준제를 실시해 나가면서 그것이 국민의 법생활과 법의식에 배어나도록 유도할 필요가 있다.[15] 그 때까지 법률가들도 양형의 표준화를 내면적으로 체화해야 하며, 그것이 법률가들의 공통된 상식으로 자리잡도록 할 필요가 있다. 그 단계에 이르기까지 양형자료조사는 주로 사회내처우와 관련된 기존의 범주를 벗어나지 않는 범위에서 활성화하는 것이 적절해 보인다. 양형기준제가 대륙법계 형사사법에서는 이질적인 것이므로, 영미의 제도가 아닌 우리의 제도로 체화되는 단계에 이르렀을 때, 판결전조사제도도 그 활용범위를 넓혀나가는 것이 합리적인 법정책이 아닐까 한다.

이렇게 점진적으로 양형제도를 개선하고, 그의 형사정책적 예방기능까지 도모하려면 무엇보다 직업법률가들의 양형판단을 위한 전문성과 책임성 제고가 중요하다. 양형기준제 및 양형조사제는 대륙적 형사사법의 전통에서 보면 형법과 형사소송 구조 속에서 직업법률가들의 합리적인 양형실현을 위한 보조수단에 불과한 것이지, 직업법률가들의 양형판단을 대신할 만큼 구성적인 요소가

---

15) 이와 동일한 입장에서 점진적 방법으로 양형기준을 설정해 나가는 것이 바람직하다는 견해로는 손철우, 「우리나라 양형기준의 특징과 과제」, 한국형사소송법학회 제2회 월례발표회, 2009. 7., 8면.

못 된다. 행여나 이 제도가 너무 평가절상되거나 기대치를 높여서, 직업법관의 양형재판 실패에 대한 책임을 분산시키고 비난의 초점을 흐리는 도구가 되어서는 결코 안 될 것이다.

우리의 형사소송은 미국과 달리 수사기관의 피의자신문조서가 여전히 중요한 의미를 지니고 있고, 비록 신형사소송법에서 보충적이라고 할 피고인신문도 실무적으로 여전히 중요한 증거방법으로서의 의미를 잃지 않고 있다. 따라서 판결전조사에서 피의자·피고인과의 면담을 통한 범죄인의 인격조사는 미국의 판결전조사와 같은 양형절차상의 큰 비중을 갖는다고 할 수 없다.

지난 2009. 7.부터 비록 8개 범죄에 도입된 양형기준이 실시되고 있고, 또한 조만간 그 대상범죄군이 확대될 전망이 있음에도 불구하고, 우리의 형사사법 현실에서 양형조사가 이 기준제의 성패를 좌우할 선결조건이라고 단정할 필요는 없어 보인다. 더욱이 국민이 납득할 수 있는 형사재판은 반드시 이 양형기준에 맞춘 판결일 것이라고 과신해서는 안 될 것이다. 오히려 양형에서 책임과 예방관점을 좌우로 둘러보는 해석학적 논증을 갖춘 사려깊은 판결, 이 양형의 결론에 이르러가는 소송주체들의 열린 대화와 상호주관적인 의사소통이 훨씬 국민과 소송관여인들을 만족시키는 재판결과를 낳을 것으로 보인다.

따라서 한국적 현실에서 바람직한 양형조사주체는 보호관찰소와 보호관찰관밖에 다른 대안이 없다. 현재의 보호관찰 시스템이 곧 지고지선의 제도라 속단할 수는 없지만, 그럼에도 불구하고 선진사회의 형사사법에서 널리 시행되고 있는 역할과 기능을 우리의 현실에 맞도록 수용하여 최선의 방법으로 수행하고 있다는 사실을 간과해서는 안 될 것이다. 양형조사주체로서 보호관찰관의 업무장소를 법무부 산하의 독립된 보호관찰소로 하느냐 아니면 미국식으로 법원 산하에 두느냐는 부차적인 문제로 보인다. 이 논점과 관련하여 몇 가지 짚고 넘어가야 할 주제가 바로 다음에 볼 형사소송법상의 기본원칙들과 관련된 것들이다.

4. 현행 형사소송구조와 공판절차원칙과의 갈등문제

(1) 논점의 제기와 두 가지 접근법

종래 판결전조사제도의 도입 내지 판결전조사제도의 성인범 확대실시를 놓고 몇 가지 이론적으로 보듬어야 할 논점들이 제기되곤 했다.[16] 첫째, 사실인정절차와 양형절차 미분리상태에서 그리고 무죄추정의 법리를 제쳐놓고 판결전조사를 개시할 수 있느냐, 둘째, 당사자주의를 벗어나서 판결전조사제도를 활용할 수 있느냐, 셋째, 직접주의를 벗어나서 판결전조사제도를 양형심리에 접목시킬 수 있는가. 이러한 문제점들은 이미 사실인정절차와 양형절차가 분리된 배심재판 전통을 지닌 영미법계의 형사소송절차에서는 별문제가 될 수 없지만, 단일한 공판절차 속에서 사실심리와 양형심리가 동시에 이루어지는 대륙법계의 형사소송절차에서 이 제도를 접목시키려고 할 때 생겨나는 고민거리이다. 더욱이 당사자주의 소송구조하에서 법원의 불합리한 양형편차를 줄이기 위해 양형기준제를 도입한 영미 소송구조하에서 판결전조사가 유용한 도구가 되지만, 직권주의 소송구조하에서 양형기준제를 시행하지 않는 대륙적 형사소송절차에서는 판결전조사제도가 영미제도권 국가들에 비해 제한적 의미를 지닐 수밖에 없다. 더욱이 우리 형사소송법처럼 대륙법계의 형사소송절차와 영미법계의 형사소송절차를 혼용하여 독특한 형사사법구조를 지닌 곳에서는 시각에 따라 판결전

16) 이상철, 판결전조사제도에 관한 연구, 81면 이하; 서보학, 「판결전조사제도의 성인범 확대실시방안」, 보호관찰 제4호, 118면 이하.

조사제도가 이론적인 갈등에 부딪힐 소지가 높다.

판결전조사제도가 재사회화 형법이념과 회복적 사법이념을 근거로 형사소송절차, 특히 양형심리 분야와 사회내처우와 교정 등 행형분야에서 합리적인 양형과 합목적적인 처우를 위한 유용한 제도로 승인되었을 뿐만 아니라 실무관행 및 법제도로서 확립된 곳에서는 이와 같은 난제들을 둘러싼 논의는 순전히 이론적인 관심사에 속한다고 할 것이다. 그러나 이러한 논점들은 앞에서 언급한 바와 같이 판결전조사 담당기관을 검찰·법무부 소속으로 하느냐 또는 법원 소속으로 하느냐에 대한 합리적인 해답을 도출하는 데 실용적인 가치가 있으며, 또한 그 대상, 조사시기, 보고서제출시기를 가늠하는 데도 실천적인 의미가 없지 않다.

따라서 여기에서는 판결전조사제도 도입 또는 확대 방안을 놓고 벌이는 순이론적 검토의 차원이 아닌, 제기된 문제해결을 위한 실용적인 접근법의 관점에서 몇 가지 원칙들을 검토해 보고자 한다.

(2) 공판절차 미분리 상황에서의 판결전조사

소위 공판절차 이분론은 대륙법계의 단일한 공판절차를 양분하여, 제1단계 절차에서는 단지 범행의 불법과 책임 문제만을 다루어 그 존부에 관한 중간재판(Tat-oder Schuldinterlokut)을 거친 뒤, 유죄가 인정된 경우에 한하여 제2단계 절차로 넘어가 형사제재의 종류, 범위와 정도를 다루도록 하자는 주장이다.[17] 역사적으로 사실인정절차와 양형절차를 중간재판을 통해 분리하여 취급하려는 사상은 영미형사소송의 특징인 배심재판의 전통에서 비롯된 것이

---

17) Schöch, Die Reform der Haupfverhandlung, in: Schreiber(Hrsg.), Strafprozess und Reform, 1979, S.53.

다.[18] 배심재판은 프랑스 혁명기에 영국의 모델을 따라 프랑스법에 도입된 후, 19세기 중엽 이래 프랑스의 개혁된 형사소송법의 영향으로 한때 독일·스위스 등 유럽대륙에 풍미했었다. 그러나 독일에서 배심재판(Schwurgericht)은 1877년 독일제국 법원조직법과 형사소송법에 자유주의 투쟁의 상징으로 등장했다가 1924년 당시 바이마르 공화국 법무대신이었던 에밍거(Emminger)의 개정안에 따라 폐지되었고, 큰 틀의 참심재판(Schöffengericht)안이 전면으로 부상한 뒤 오늘에까지 이르고 있어, 이 배심재판이 오늘날 새롭게 도입될 전망은 제로에 가깝다.[19] 대륙법계 형사소송에서 공판절차 이분론이 새로운 개혁방향으로 활발하게 주장되는 이유가 여기에 있다.[20]

유·무죄의 범죄사실판단과 유죄시 양형판단은 우선 그 기초와 방향, 목표와 절차에서 상이하다. 범죄사실판단절차에서는 자유법치국가원리가 지배하며, 무죄추정의 원리에 입각한 원칙적인 자유추정(in dubio pro libertate)이 기초가 되어 있다. 여기에서도 책임원칙과 일반예방목적이 고려되지만, 본질적으로는 이미 발생한 범행을 회고적으로 관찰하는 방향이다. 유죄의 기초되는 형벌근거책임(Strafbegründungsschuld)은 개인심리적·특별예방적 관점에서 확정되는 것이 아니라, 일반인과 비교하여 규범적·일반예방적으로 확정된다. 그러므로 이 사실판단절차에서는 재판공개주의가 요청되며, 반면 인성심리학자나 사회교육학자, 행형전문가들의 활동여지가 없다.

---

18) Herrmann, Die Reform der deutschen Hauptverhandlung nach dem Vorbild des angloamerikanischen Strafverfahrens, 1971, S.447ff.

19) 이에 관하여는 김일수, 독일·오스트리아·스위스의 형사법 개정추이 연구, 2005년 법무부 용역과제, 75면, 150면 이하; 김일수, 「공판절차의 이분론」, 월간고시, 1983. 12., 61면 참조.

20) Roxin, 「Die Reform der Hauptverhandlung im deutschen Strafprozess」, in: Probleme der Strafprozessreform, 1975, S.62.

이에 반해 형의 양정절차에서는 범인의 원칙적인 부자유의 추정(in dubio contra libertatem) 내지 범인의 재사회화의 필요성이 지배한다. 따라서 범인의 원칙적인 부자유에 대한 지원과 원호를 위한 사회법치국가원리가 우위를 점한다. 사회사업가, 사회교육가, 심리학자, 정신의학자, 정신분석가, 의사, 사회학자, 범죄학자, 행형전문가들이 이 절차에 필요불가결한 재판보조인으로 참여하여 범인의 인성조사(Persönlichkeitserforschung)를 돕고, 보편적인 책임원칙과 일반예방목적의 관점을 넘어서 특히 범인의 특성에 알맞은 특별예방적인 제재가 과하여질 수 있도록 기여한다. 종국적으로 과해질 처단형은 개인심리적·특별예방적으로 고려된 과형책임(Strafbemessungsschuld)에 터잡아 이루어진다. 이 양형절차에서는 판결선고를 제외하고는 재판공개주의가 반드시 관철되어야 할 필요는 없다. 피고인이 양형심리과정에서 비공개재판을 원할 때는 그것을 허용해도 좋다.

이러한 양 절차의 대칭성을 고려한다면, 공판절차를 양분하여 순차적으로 진행시키는 것이 합리적이며, 제1단계의 형벌근거책임과 제2단계의 양형책임을 구별하는 것이 합당해 보인다.[21] 그렇게 할 때 피고인의 인격에 대한 보호가 강화되어 그에 친화적인 재판이 전개될 수 있다. 무죄판결을 선고받을 피고인은 자신의 인성·생활환경 등에 관련된 사생활의 비밀을 더 이상 공개법정에 노출시킬 필요가 없기 때문이다. 뿐만 아니라 피고인의 범행전력이나 피고인에게 불리하게 작용할 수 있는 이력 등을 미리 범죄사실판단절차에 제출하는 것을 피할 수 있어, 법관의 예단방지에도 결정적인 기여를 할 수 있다.[22]

그러나 행위요소(범행과 책임)와 행위자요소(인성과 생활환경)

---

21) Wolter, 「Schuldinterlokut und Strafzumessung」, in: GA, 1980, S.95.

22) 강구진, 형사소송법원론, 학연사, 1982, 33면; 김일수, 「법원의 소송법상 지위」, 고시연구 제143호, 고시연구사, 1986. 2., 62면.

사이를 성질상 양분하기 곤란한 사정 때문에 절차이분(二分)이 유·무죄 중간재판을 통해 확연히 구별되기 어렵다는 반론도 만만치 않다. 예컨대 유기죄에서 범인이 요부조자를 보호할 의무를 다했는가는 범인 자신의 직업, 사생활의 배경을 들여다보지 않고는 확정할 수 없고, 영아살해의 경우 치욕은폐 등 참작할 만한 동기는 범죄사실의 요소이면서 또한 양형을 위한 정상자료로 양형단계에서도 해명되어야 할 요소이다. 모든 범행동기의 탐지는 행위자의 인격영역에 대한 탐지 없이는 불가능하다. 그렇다면 공판절차이분은 행위와 행위자요소의 불가분성 때문에 관철되기 어려운 것인가? 여기서 다수설인 책임중간재판(Schuldinterlokut) 외에 범행중간재판(Tatinterlokut), 책임여지중간재판(Schuldspielrauminterlokut) 등의 입장이 일찍부터 독일학자들 간에 논의되어 왔다.[23)]

책임중간재판론은 형벌근거책임에 대한 형벌이론학적 원칙을 강조하고 있지만, 공판절차에서 구체적인 현실관련성과 형사정책 기능을 고려하면, 형법이론학적 원칙을 절차분야에서 엄격히 관철시키려는 입장은 실제적인 문제해결에 바람직하지 못하다. 책임여지중간재판론은 양형적 고려를 앞세우는 입장인데, 공판절차는 양형자료의 수집이 중요한 목표의 일부이나 절차이분론은 사실 자체의 공평무사한 판단을 통해 무죄추정의 원리를 강화하려는 소송법적 고려가 강하게 작용하는 분야라는 점을 놓쳐서는 안 된다. 이런 점들에 비추어 볼 때, 책임중간재판론보다는 더 합목적적인 고려를 하는 입장이고, 책임여지중간재판론보다는 범죄사실확정에 더 비중을 두는 범행중간재판론에 더 경청할 점이 있어 보인다.

범행중간재판론에 따르면, 범행사실판단에 부정적인 영향을 미칠 수 있는 전과, 누범사실 등은 제1단계 공판절차에서 유보되어야 한다. 다만 일정한 행위유형의 방법이나 종류가 새로운 범행

---

23) 이에 관한 상세한 논의는 김일수, 앞의 논문, 64면 이하 참조.

판단의 열쇠가 되는 경우에는 전과사실도 예외적으로 제1단계 절차에서 논의될 수 있다. 그 밖에 범죄사실과 양형에 이중으로 의미있는 사정은 제1단계 절차에 포함해도 좋다. 예컨대 범행동기가 특히 문제되는 범죄에서는 피고인의 개인적인 생활관계 등이 범죄사실 입증절차에서 함께 입증되어야 한다. 또한 금지착오에서 회피불가능성이 문제되는 경우 피고인의 지적 수준이나 직업숙련도 수준 등이 제1단계 공판절차에서 함께 다루어져야 한다. 이 같은 예외사정을 제외하고는, 재사회화형법실현을 위해 필요한 예측적·치료적 목적에 제공될 인성관련자료와 제재에 의미있는 관련자료는 원칙적으로 제2단계 공판절차에서 다루어져야 한다. 만약 어떤 사정이 제1단계절차의 취급대상이냐 제2단계절차의 취급대상이냐에 관해 소송주체들 간에 의견대립이 있으면, 법원이 결정으로 이를 판단하고 법원의 이 결정에 이의가 있을 경우 상급법원의 결정에 의해 수정될 수 있도록 하면 될 것이다.

사개추위의 판결전조사제도 도입 논의과정에서 공판절차 이분론에 관한 심도있는 검토가 없었고, 이론상으로 신중론을 펴는 입장도 없지 않다.[24] 하지만 2007년 우리나라에도 배심재판제도가 시험적으로 도입되었고, 2012년부터 그 완전한 시행여부가 다시 검토될 상황이어서 우리 형사소송에서도 사실인정절차와 양형절차의 구분이 생소한 경우가 아니다.

문제는 이 같은 절차이분론과 양형심리절차에서의 판결전조사제도의 활용이 소송절차의 지연을 낳는다는 점이다. 한 사건을 놓고 두 번 변론하고, 두 번 합의하고, 두 번 재판하다 보면, 재판이 길어질 수밖에 없다. 그러나 절차지연은 일부 과장된 면이 있고, 타면 극복될 성질의 것이다. 즉 무죄판결의 경우, 양형심리를 불필

---

24) 이상철, 판결전조사제도에 관한 연구, 83면; 김혜정, 「형사소송법적 관점에서 바라본 판결전조사제도 확대의 문제」, 형사정책연구 제14권 제1호, 한국형사정책연구원, 2003, 140면 이하.

요하게 하므로 오히려 공판절차의 단축을 가져와 소송경제적일 수 있다. 유죄판결의 경우, 포괄적인 인격조사가 초래할 약간의 절차지연은 반드시 절차이분의 결과가 아니고, 그와 같은 인격조사를 필요로 하는 형사정책적 노력의 결과이다.[25] 그리고 이와 같이 예상되는 절차지연도 피고인·변호인의 동의가 있는 한, 유죄판결 전에 사실조사와 더불어 피고인 개인의 생활관계, 인성에 관한 양형자료조사를 개시하고, 그 보고서 제출은 법원의 유죄심증이 형성된 뒤로 미루게 하면 막을 수 있다. 독일의 경우 수사경찰과 사법보조인의 조사결과는 두 개의 별개서류로 검사에게 넘겨지게 되며, 범행에 관한 수사기록은 공소장과 함께 제1단계 공판절차에서 사용되고, 사법보조인의 범인에 대한 사생활 및 인격조사결과는 검사의 손에 있다가 유죄인정 후 제2단계 절차에서 비로소 법원에 제출토록 하는 제안도 눈에 띈다.[26]

어쨌거나 이와 같은 범행중간재판론의 요지는 제1단계 공판절차에서는 죄책의 유무를 오직 행위책임의 관점에서 확정해야 하고, 자유형·벌금형 및 선고유예·집행유예 등 형벌의 종류와 정도는 앞서 확정된 책임의 크기와 예방의 관점에서 규정되어야 할 것이라고 한다. 이러한 사고유형의 토대는 예방형 위가이론의 관점과 일맥상통하는 것이다.

우리 형사소송법은 짧은 역사에도 불구하고 대륙법계와 영미법계 형사소송제도들의 수출자유지역이 되어버린지 오래다. 직권주의의 바탕 위에 당사자주의의 보충형식을 넘어서 양형위원회제, 양형기준제, 판결전조사제, 그리고 배심재판제 등 영미법 특유의 제도들이 부분적으로 중요한 위치를 점하게 되었다. 이와 같은 현

25) 보호관찰 전문가들은 약 2주간이면 판결전조사서를 제출할 수 있다고 한다. 이에 관하여는 남정희, 「성인에 대한 판결전조사제도의 필요성」에 대한 토론요지, 보호관찰 제2호, 한국보호관찰학회, 2002, 287면 참조.

26) Roxin, a.a.O., S.68.

상은 체계적 모순과 혼란을 부추기고, 형사소송의 광장을 광야로 변모시켜 버렸다는 사실을 눈여겨볼 필요가 있다. 길 없는 광야에서 개별법관들은 재판의 독립이라는 전통적인 갑옷 뒤에 몸을 숨긴 채 자기소견에 좋을 대로 절차를 이끌어가고, 자기소견에 좋을 대로 법을 해석하고 재판하는 경향이 두드러지게 나타나고 있다.[27] 사법부의 법정책에도 그런 경향이 최근 두드러지게 나타나고 있다. 그 단적인 예가 법원조사관을 양형조사관으로 투입한 사건과 그 후 대법원의 양형조사관제 입법대안의 구상이다.

본래 입법개혁은 사회의 지배적인 법의식과 함께 진행되는 것이므로, 이 법의식이 주어진 현실에 안주할 때, 개혁의 속도는 완만할 수밖에 없다. 이러한 상황 속에서 밀어붙이는 개혁모델은 소수의 전문가집단들이나 권력주도로 개혁을 수립해나가는 진보주의적 개혁방식일 수밖에 없다. 그러나 여기에는 이념적 과부화가 시행에 부작용을 낳는 난점이 있다. 사개추위의 입법개혁작업은 지금 이런 부작용의 산물을 배출하는 시기에 접어들었다. 마치 세종시 파동처럼 법학전문대학원제도의 불안한 앞길들이 그런 조짐으로 다가옴을 느끼게 한다. 공판절차 미분화 상태에서 법원만이 독점하는, 그리고 법원이 임명한 양형조사관(또는 양형위원)에 의한 일방적인 양형조사제가 가져올 기현상이 그와 유사한 불길한 조짐으로 다가오는 것은 필자만의 과민반응일까?

재판에서 양형심리절차가 분리되지 않은 독일·프랑스·스웨덴·일본[28] 등 국가들은 원칙적으로 검사를 양형조사권자로 간주

27) 최근 용산참사사건 수사기록 공개결정, 강기갑 의원의 국회폭력 무죄, PD수첩의 명예훼손 무죄, 전교조교사의 시국선언참여 무죄 등 이른바 이념성향의 판결경향은 바로 이 같은 법물길들의 합류로 야기된 체계적 혼동상황에도 그 원인이 있다고 본다.

28) 일본의 실패사례에서 얻을 수 있는 몇 가지 관점에 관하여는 이상철, 「일본의 판결전조사제도 도입 시도 당시의 논의내용 및 그 이후의 상황」, 외국의 양형제도연구, 법원행정처, 2003, 745면 이하 참조.

하고 있고, 이에 더하여 법원의 보충적인 양형조사권을 인정하는 경향을 보이고 있다. 또한 법원 또는 검찰의 요청에 따라 양형사실을 조사하는 전문인력도 보호관찰관이 주종을 이룬다는 사실은 보호관찰제도를 활용하고 있는 세계 여러 나라의 공통된 현상이다.[29] 다만 보호관찰관의 소속을 법원소속으로 한 미연방의 입법례는 미연방의 독특한 사법행정과 사법협의체의 기능에 따른 특유한 현상이라는 점도 이미 살펴본 바와 같다. 기소인부절차, 유죄답변협상, 배심제도, 양형심리의 분리, 이른바 격자형 양형기준을 일찍부터 시행해 온 미국연방의 형사사법제도에 특유한 현상을 그와 같은 체계적인 인프라가 깔려있지 않은 우리의 형사사법제도에 그래도 이식시키려는 시도는 부자연스러울 뿐만 아니라 불합리한 착상이 아닐 수 없다.

필자의 생각으로는 공판절차가 미분화된 우리의 형사재판 현실에서는 검사의 보호관찰관을 통한 판결전조사를 주로 하고, 검찰과 피고인·변호인의 양형 담론과정에서 불충분한 점이 발견되었을 때, 법원은 당사자에게 보충을 요구하거나 아니면 보호관찰관에게 판결전조사를 보충적으로 요구할 수 있도록 하는 것이 우리의 형사사법체계에 더 적합하지 않을까 생각한다.

(3) 당사자주의와의 관계

당사자주의는 영국에서 발전된 소송구조로서 실체적 진실발견과 형법실현을 위한 절차과정에서 소송당사자에게 소송의 주도적 지위를 인정하여 당사자 상호간의 공격·방어에 의해 심리가 진행되고, 법원은 심판관의 위치에서 양 당사자의 주장과 입증을 판단

29) 독일의 사법보조제도는 보호관찰업무의 세분화과정의 산물이며, 이는 다른 나라의 체계적으로 통합된 보호관찰 업무영역의 일부라는 점은 이미 비교법적 고찰에서 언급한 바이다.

하는 소송구조를 말한다. 이에 비해 직권주의는 유럽대륙에서 프랑스혁명을 계기로 규문주의 형사소송구조를 폐지하였으나 뿌리 깊은 국가권위주의 내지 관료주의 사상의 영향으로 실체적 진실발견과 형법실현을 위한 절차과정에서 법원에 주도적 지위를 인정하여 당사자 및 기타 소송관계인의 의사여하를 불문하고, 그 직권으로 소송을 진행시키고 심판을 행하는 소송구조를 말한다.[30]

현행 우리의 형사소송구조는 적어도 공판절차에서 당사자주의를 원칙으로 한다. 증거가 범죄사실에 관한 것이든 정상에 관한 것이든 당사자가 제출한 것을 조사의 대상으로 삼고, 또한 증거법상 적법성의 요건을 갖춘 것만을 대상으로 함을 원칙으로 하고, 법원이 직권으로 증거를 수집하는 것은 예외적으로 인정된다. 이 경우에도 법원이 소송지휘권을 행사하여 당사자에게 증거제출을 촉구하는 정도에 그친다. 그러므로 당사자로부터 아무런 주장이 없는데도 법원 스스로 정상자료를 적극적으로 수집하여 이에 대한 당사자의 의견을 묻지도 않은 채 양형에 참작하는 것은 당사자주의와 상용할 수 없고 직권주의에서나 가능할 법한 일이다.

그런데 양형에 대해서까지 당사자주의를 관철해야만 하는가에 관해서는 견해가 갈린다. 양형자료에 관해서 당사자주의를 후퇴시켜야 할 현행법상 근거가 없으므로 양형자료도 검사와 피고인·변호인의 소송활동에 맡기고 법원은 보충적인 역할만 해야 한다는 견해[31]와, 양형단계에서는 당사자주의보다 객관적인 처우의 기준에 적합한지를 전문가적 입장에서 예측하고 평가해야 할 필요성이 크므로, 법원의 직권적인 개입이나 전문가의 참여가 범죄사실의 규명에서보다 크다는 견해[32] 등이 있다.

판결전조사제도는 당사자주의나 직권주의 어느 구조를 취하든

30) 김일수, 「법원의 소송법상 지위」, 고시연구 제143호, 1986. 2., 150면.

31) 배종대, 형사정책, 홍문사, 2003, 353면.

32) 이상철, 판결전조사제도에 관한 연구, 85면 이하.

그 유용성이 인정된다. 그러나 당사자주의와 직권주의 구조에 따라 판결전조사제도의 구도가 달라질 수 있는 것이 사실이다. 양형심리절차에서도 변론주의와 당사자의 주도적인 역할을 중시하는 당사자주의를 원칙적 우위에 둔다면, 판결전조사 개시여부 결정권을 검사 또는 피고인·변호인에게 우선적으로 맡기는 것이 논리적인 귀결일 것이다. 어느 일방의 요구로 판결전조사가 진행되면 타방 당사자도 절차참여와 의견진술권을 가져야 논리적으로 맞다. 반면 직권주의를 원칙적으로 우위에 둔다면, 판결전조사 개시여부 결정권을 법원이 갖게 되고, 그 결과에 대해 당사자들의 의견진술권만 부여하는 것이 논리적인 귀결일 것이다.

현행 우리 형사소송법상 변론절차가 직권주의와 당사자주의의 혼합태라는 점에 대해서는 별 이견이 없다. 다만 어느 것이 우위를 점하느냐에 관해서는 다양한 견해들이 제시되어 있다. 연혁적으로 대륙법계의 개혁된 형사소송 전통을 이어받은 우리 형사소송에서 이론적으로나 실무적으로 직권주의가 강했던 것이 사실이다. 그러나 계속된 영미법계 당사자주의의 유입으로 현재 상황은 적어도 변론절차에서 당사자주의 구조가 주류를 이루고 있다고 보는 것이 옳을 것이다. 이런 관점을 전제한다면 판결전조사제도를 둘러싸고 검찰과 법원 어디를 개시주체로 하느냐 그리고 조사기관을 누구로 하며 어디에 둘 것인가 등등의 논점들에 관하여, 검찰과 법원 모두를 개시주체로 하되 주도적인 지위를 검찰로 하고 조사기관을 법원과 검찰로부터 독립된 보호관찰관으로 하는 안이 이주영 의원안이나 법원행정처의 대안보다 더 논리일관된 입장으로 보인다.

(4) 직접주의와의 관계

직접주의란 법원이 스스로 공판정에서 조사한 직접적인 증거를 재판의 기초로 삼아 심증을 형성하고 사실을 인정해야 한다는 원칙을 말한다. 이 원칙은 구두변론주의와 함께 얼굴과 얼굴을 마주한 대화를 통해 당사자의 마음을 읽고, 이 같은 태도증거의 관찰을 통하여 법관이 정확한 심증을 형성하게 해주며, 피고인에게는 증거에 관하여 직접 변명할 기회를 줌으로써 방어권 실현에도 기여한다.[33)]

그런데 판결전조사는 법관의 명령에 따라 조사관이 정상관련 자료를 수집·조사하고 그 결과를 서면으로 보고하는 형식이다. 이 보고서를 기초로 법관이 양형결정을 내리게 된다. 법관과 조사관은 긴밀한 의사소통관계를 유지했을지 몰라도 다른 소송주체들은 이 조사과정에 적극적인 주체로 참여할 수 없고 기껏해야 소극적인 주체로서 면담조사대상이 될 수 있을 뿐이다. 이러한 조사결과를 법관이 그대로 양형판단자료로 삼는다면 형사소송법상 특신상황이 있는 예외적인 경우에만 증거능력이 인정될 전문증거를 은밀히 채택하는 결과가 될 수 있다. 따라서 대륙법계의 형사소송전통에서 영미식 판결전조사는 공판절차상의 직접주의 원칙을 잠탈하고 증거법상 전문법칙에도 반한다는 비판에 맞부딪힐 수 있다. 그 점은 이 제도의 도입안에서처럼 판결전조사자료를 유죄의 증거로 하지 못한다는 경고규정을 둔다고 해서 치유될 수 있는 성질의 것이 아니다.

이 같은 난점을 극복하기 위한 논증으로는 ① 양형사실에 대해서는 누범가중사유로 되는 전과 등을 제외하고는 사실인정 자료와 같은 엄격한 증명이 필요 없고 자유로운 증명으로 족하다는 점,[34)] ② 판결전조사결과는 양형과 처우를 위한 정상자료이며 조사항목도 직접주의하에서는 얻을 수 없는 피고인의 심신상태와 환

33) 이상철, 판결전조사제도에 관한 연구, 86면; 서보학, 앞의 논문, 121면.

34) 이상철, 앞의 보고서, 87면 각주 173.

경요인 등에 관한 정보들로서 법원의 직접조사대상이 아니므로 직접주의에 위배된다고 볼 수 없다는 점,[35] ③ 부득이 사실심리와 양형이 단계적으로 구분되지 않고 병행된다 하더라도 판결전조사 보고서를 사실인정에 관한 심리가 끝날 때까지 법관에게 개시하지 않도록 하면 된다는 점[36] 등이 제시되기도 한다. 하지만 법원이 감정증인이나 증인조사로서 하면 직접주의를 충족시킬 수 있는데, 왜 굳이 판결전조사제도와 같은 우회적 방도를 통해야 하는지 하는 의문점과 판결전조사의 대상이 자유로운 증명으로 족할 양형자료에만 국한되지 않는다는 반론제기가 가능하다. 예컨대 현재 시행중인 양형기준 살인죄의 양형인자 중 가중요소인 '계획적 범행, 범행에 취약한 피해, 사체손괴(유기), 존속인 피해자' 등과 감경사유인 '과잉방위, 미필적 고의, 피해자 유발, 경미한 상해, 심신미약' 등을 살펴보면, 대부분이 범죄사실과 직접 관련된 인자들이거나 범죄수사를 통해 또는 범죄수사 중에 확인될 수 있는 내용들이다. 따라서 이들 양형인자에 관한 조사결과가 법정에 제출되어 사용될 경우, 명칭은 '양형자료조사'이지만 실제로는 유・무죄 판단자료로 함께 사용될 수밖에 없고, 그 경우 양형조사관의 양형자료 조사활동은 법원의 연장된 팔로써 수사활동을 행한 것과 진배없다. 이 점은 결과적으로 볼 때, 위장된 방법으로 법원을 수사기관화하는 격이고, 소송법상 전문법칙을 잠탈하여 법관에게 유・무죄에 대한 예단활동을 열어주는 격이 된다.[37]

결국 우리와 같은 절차 미분화 공판절차의 실제에서는 판결전조사의 자유로운 대상범위가 현존하는 직접주의・공판중심주의 요청 때문에 좁은 범위에서 제한적으로 허용될 수밖에 없고,[38] 그것

35) 서보학, 앞의 논문, 122면.

36) 이상철, 앞의 보고서, 87면.

37) 이 같은 문제점에 관한 지적은 이상철, 앞의 보고서, 88면 이하에도 언급되어 있다.

도 독립된 제3의 기관, 즉 보호관찰소에 맡기는 것이 검찰수사관이나 법원조사관의 손에 맡기는 것보다 위 의문점 제거에 보다 더 큰 설득력을 지닐 수 있을 것이다.

(5) 그 밖의 문제점들

무죄추정의 원리, 수사와 재판의 분리 및 탄핵주의 소송구조, 당사자주의와 공판중심주의, 직접주의와 구두변론주의 등 형사소송의 기본원리들을 염두에 둔다면, 법원의 연장된 팔 구조에 의한 양형조사시스템은 대륙적 형사소송에 뿌리를 둔 우리의 형사소송 실제에서 문제점이 많다. 앞에서 본 문제점들 외에도 판결전조사에 대한 당사자의 이의제기권 내지 반대신문권 보장이 문제된다.

미국의 경우 양형절차에서 당사자들이 판결전조사보고서의 내용에 대해 반론을 제기할 수 있다. 이 때 법원은 증거조사를 허용함으로써 그 사실을 명백히 밝혀야 한다. 다만 양형요소에 관해 다툼이 있을 때에는 무죄추정의 원칙상 검찰측에 입증책임이 돌아간다. 입증의 정도는 합리적 의심의 여지없는 증명(proof beyond a reasonable doubt)까지는 필요하지 않고 민사재판에서와 같은 증거의 우세 정도(preponderance of evidence standard)로 충분하다.[39)]

---

38) 미국에서도 보호관찰공무원은 반드시 양형조사를 수행하고 형을 선고하기 전에 법원에 보고서를 제출해야 하나, 일정한 경우에는 양형조사를 생략할 수 있다. 즉 사형에 처해질 수 있는 경우 또는 다른 법령에서 다른 절차를 요구하는 경우, 법원에서 기록상 자료만으로 양형권한을 의미있게 시행할 수 있다고 판단하고, 그 기록에 의한 사실인정을 설명하는 경우 등이다[F.R. Crim. P. 32(c)(1)(A)(i)(ii)]. 그 밖에도 양형조사보고서 없이 형이 선고되는 경우는 보통 법관재판(non-Jury trial)에 의해 유죄가 인정되고, 사건이 상대적으로 간단하며, 피고인에 대하여 교호신문이 이루어지고, 법원이 자유형을 선택하지 않으려는 사건에서도 생길 수 있다. 물론 이같은 경우에는 검사가 법원에 양형요소에 관한 정보를 제공해야 한다(USA M 9-27. 720. B. 3.a).

우리나라에서도 판결전조사내용은 피고인에 대한 제재의 종류와 정도를 결정하는 데 상당히 중요한 의미를 갖기 때문에, 양 당사자, 특히 피고인측으로 하여금 소송과정에서 조사보고서의 내용에 대해 충분히 다툴 수 있는 기회와 반론의 기회를 보장해주어야 방어권보장이념에 충실할 것이다. 그러므로 늦어도 결심공판기일 전까지는 조사보고서의 개시가 이루어져 당사자에게 반론의 기회를 부여해야 한다.[40] 그 길이 당사자주의 원칙에도 충실한 입장이 될 터이기 때문이다.

그 밖에도 판결전조사의 시기와 보고서 제출시기도 문제이다. 이 문제해결의 가장 좋은 방법은 영미 형사소송절차와 마찬가지로 공판절차를 유·무죄판단절차와 양형심리절차로 양분하고, 피고인이 유죄를 자백한 때 또는 유죄가 확정된 때를 조사의 개시시점으로 삼는 것이다. 이와 같은 절차이분화가 이루어지지 않은 대륙법계 소송절차에서도 비공식적인 범행중간재판을 끌어들여, 범행중간재판의 관점에서 의미있는 책임사실은 제1단계 공판절차에서 변론을 종결한 후 중간심의평결을 거쳐 유죄심증을 객관화한 뒤 양형조사를 개시하고, 양형심리절차에 제출토록 하여 양형의 종류와 정도를 정한 뒤 판결선고에 이르는 형식으로 해결할 수도 있다. 그러나 보다 분명한 방식은 법개정을 통한 제도화일 것이다. 이미 1969년 로마에서 개최된 제10차 국제형법회의에서 적어도 중범죄에 대해서는 공판절차이분론을 지지했고, 1982년 독일과 스위스 형법학자들은 공판절차이분을 포함한 독일형사소송법 개정택일안

---

39) USSG §6 A1.3 Commentary 하단부; 이재홍, 「미국의 양형제도와 그 한국적 조명」, 사법연구자료 제17집, 법원행정처, 1990, 451면.

40) 김응호, 「판결전조사제도에 있어서의 문제점」, 검찰 제25호, 대검찰청, 1970. 5., 143면; 김혜정, 「형사소송법적 관점에서 바라본 판결전조사제도 확대의 문제」, 형사정책연구, 제14권 제1호, 2003, 153면; 서보학, 앞의 논문, 123면.

을 제안하기도 했다.

문제는 이와 같은 절차이분화가 제도적으로 미비한 소송절차에서 언제를 조사시기로 잡을 것인가이다. 사실관계가 확정되기 전에 공판절차와 병행하여 피고인의 인격·환경 등에 관한 조사를 개시하면, 그 자체가 절차의 체계적 통일성을 해치고, 법원으로 하여금 피고인의 유죄에 대한 예단을 품게 할 우려가 있으며, 당사자에게는 법원의 공정성과 객관성에 대한 진의를 의심할 수 있는 소지를 제공할 수도 있다. 그러므로 조사의 시기는 최소한 피고인이 유죄를 자백한 때 또는 조사에 대한 당사자의 자발적인 동의가 있을 때로 해야 할 것이다. 이어서 판결전조사보고서의 제출시기와 공개도 자백이 있거나 적어도 범죄사실에 대한 유죄심증 단계를 넘은 시점부터 결심공판기일 지정 전까지의 시점으로 하는 것이 바람직해 보인다.[41]

(6) 문제의 근원적 해결방안으로서 대화적 소송절차론

판결전조사제도를 당사자주의나 직권주의 구조 어느 하나로 환원시키기에는 한계가 있을 뿐만 아니라 양자의 실천적 정합의 관점으로써 해소하기에도 사물의 저항이 없지 않아 보인다.[42] 그 까닭은 무엇보다 당사자주의와 직권주의가 그 연원에서부터 멀리 흘러내려와 다양한 침융을 거쳐 현재에는 비교인자로서 그 정체성을 확정지을 수 없을 정도로 변용을 겪었기 때문이다.[43]

---

41) 서보학, 앞의 논문, 125면.

42) 이 같은 껄끄러움은 자백협상과 같은 제도의 도입에 있어서도 마찬가지다. 이에 관하여는 심재철, 「현행법상 「자백(사법협조)협상」의 가능성 및 조건연구」, 고려대학교 석사학위논문, 2009, 56면 이하 참조.

43) 이 같은 문제의식에 관하여는 조병선, 「우리나라 형사소송구조의 분석과 비교형사소송의 방법론」, 한국형사소송법학회 제7회 발표회 자료집, 2009. 12., 43면 이하.

규문주의하에서는 수사기관, 소추기관, 재판기관, 재판집행기관이 분리되지 않고 재판기관만이 다른 기관의 임무와 기능까지 전담했으므로 재판기관이 형사사건에 대한 형벌권행사의 모든 권한을 장악했다. 이러한 소송구조하에서는 법관 혼자 전체 소송절차를 주도함으로써 피의자 및 피의사실에 대한 포괄적인 지식을 가지고 사건을 처리할 수 있는 장점도 있다. 그러나 이보다 더 큰 단점은 소추자와 심판자라는 두 개의 소송상의 역할이 법관 1인에게 통합됨으로써 편견없는 올바른 판결을 기대하기 어렵다는 점이다. 왜냐하면 사실증명에 필요한 자료를 스스로 수집한 자는 심리적으로 그 조사결과에 집착하기 쉬워 결국 객관적으로 진실한 판단에 이르기 어렵다는 점 때문이다.

탄핵주의 소송구조에서는 재판기관이 수사기관 또는 소추기관과 분리됨으로써 재판기관인 법원의 권한은 재판권, 즉 형사재판권으로 한정된다. 탄핵주의 형사소송 제도하에서도 그 기본구조가 당사자주의냐 직권주의냐에 따라 소송주체들의 역할이 달라진다.

영국의 당사자주의에서는 국가적 소추이익은 소의 대리자, 즉 대부분의 경우는 경찰, 그 밖에도 공소관, 배심재판에서는 변호사에 의해서도 대리될 수 있다.[44] 반면 피고인의 이익은 변호인에 의해 대리된다. 피고인신문제도는 존재하지 않으며, 양 당사자는 똑같이 교호신문의 방식으로 증인신문을 이끌어 나간다. 당사자들은 소송절차를 주도적으로 수행해 나가며, 민사소송에 있어서처럼 피고인의 자백을 통해 소송물을 처분할 수도 있고, 합의에 의해 절차형성 및 진행에 영향을 줄 수 있다(당사자처분권주의). 법관은 직권탐지행위를 통해 판결의 근거를 얻지 않고 단지 질문의 허용 또는 거부를 통해 중립적인 심판자처럼 행동하고 배심재판의 경우

44) Emmins, A practical approach to criminal procedure, 1981, p.7; 이에 비해 미국의 배심재판에서 소추 및 그 공소수행자는 오직 검사뿐이다.

에는 배심원과 함께 단지 당사자에 의해 수집된 증거자료만을 기초로 판결하게 된다. 그리고 소에 의해 제기된 사실만이 판결의 대상이 되기 때문에 법원의 소송상 역할은 소극적이며, 그 권한은 당사자주의에 의한 제약을 받는다.

이에 비해 대륙법계의 직권주의 소송구조하에서는 변론 및 재판절차의 개시는 말할 것도 없이 검사의 공소제기에 의하지만, 일단 공소가 제기되고 나면 그 후 일체의 재판절차는 전적으로 법원에 의해 주도되며 피고인의 신문 및 증거조사까지도 법원이 그의 책임하에 행한다. 따라서 법원은 적극적·주도적으로 소송에 관여하여 소송을 직권으로 이끌어 나가게 되어 다른 소송주체에 비해 법원이 가장 지배적인 소송상의 기능과 역할을 수행하는 셈이다.

그러나 현대에 이르러 영미의 당사자주의라 하더라도 당사자의 의사가 형사소송의 운영을 지배하는 민사소송상의 당사자처분주의로 나아가지는 않는다. 아무리 법원의 지위가 소극적이라고 해도, 마치 법관은 말이 걸려올 때에만 움직이는 국외적인 심판관이 아니다. 당사자주의의 핵심은 검사와 피고인의 주장과 입증에 의한 공격·방어활동이 절차형성의 주를 이룬다는 점에 있으므로 법관은 그 심리에 있어서 중요한 쟁점이 드러나도록 해야 할 임무가 있다. 물론 법관은 사건의 예단에까지 미쳐서는 안되지만, 어느 정도 유형·무형의 능동적인 참여가 요청된다.[45)]

반면 대륙법계의 직권주의라 할지라도 규문절차화할 수 없는 한계성이 있다. 법관의 진실발견과 양형에서 형사정책적 예방목적을 합목적적으로 고려하려면 절차과정에 반드시 다른 소송주체의 참여를 필요로 하기 때문이다. 따라서 양 제도는 본래 상이한 제도였고, 아직도 상당한 차이점을 지니고 있는 것만은 사실이지만,

---

45) 이를 공익적 제도로서 법원의 후견적 활동으로 파악하기도 한다[신현주, 형사소송법(박영사, 2002), 153면].

입법화의 실제적인 과정에서는 접근과 융화가 지속적으로 일어나는 추세라고 말해야 옳을 것이다. 그 대표적인 예가 바로 우리의 형사소송법이라고 말해도 지나침은 없을 것이다.

우리나라의 형사소송구조는 구형사소송법 적용시까지는 대륙법계, 특히 독일법계와 유사한 탄핵적 직권탐지주의 소송구조였으나, 1961년 형사소송법 개정 이래 최근에 이른 수차례의 법개정을 통해 당사자주의 요소가 점점 강화되어 왔다. 현행 형사소송법은 당사자주의를 기본으로 하고 직권주의를 이에 가미한 형태라고 말할 수 있을 것이다. 현행 형사소송법상의 직권주의는 당사자주의에 대해 규제적·보충적 기능을 하고 있다고 말해도 좋을 것이다.

규제적 기능으로는 변론권제한, 증인신문개입권, 증거결정권, 당사자가 증거로 함에 동의한 증거에 대한 진정성 여부 조사, 공소장변경의 허가 등과 같이 법원이 대립소송주체의 소송활동을 규제하는 여러 가지 기능을 들 수 있다. 이에 비해 보충적 기능으로는 직권에 의한 증거조사, 피고인에 대한 보충신문, 검사 또는 피고인이 신청한 증인에 대한 보충신문, 공소장변경요구 등에서처럼 대립소송주체의 소송활동에 보충적으로 개입하는 기능을 들 수 있다.

이와 같이 현행 형사소송법은 당사자주의와 직권주의를 혼합한 비빔밥 형태이므로 법원의 소송상 기능과 역할은 영미의 그것보다는 강하고 대륙의 그것보다는 약하다고 할 수 있다. 그렇다면 비빔밥 성격의 한국 형사소송절차구조를 양자의 절충이 아닌 새로운 제3의 관점에서 체계화할 길은 없을까. 혼합형태 속에 남아 있는 권위주의적 요소를 청산하고 보다 더 철저하게 민주적인 소송절차구조를 상정할 수는 없을까.

소송절차의 법리적 성격은 바로 절차의 의사소통과정이라는 점에 있다. 형사소송절차도 소송주체 및 그 보조자·관여자들의 대화와 상호의사소통의 과정임에 틀림없다.[46] 그러므로 이 상호교류적 의사소통과정에 참여하는 절차참여자들은 동등한 주체성과 함께 참여기회의 평등성을 요구할 수 있어야 한다.

자유적·사회적·민주적 법치국가에서 통용될 형사소송절차는 형법적 귀속, 특히 범죄와 형벌의 귀속에 관한 소송주체 및 관여자들의 참여적 대화와 의사소통에 의한 변증론적 진실발견절차라고 할 수 있다.[47] 왜냐하면 범죄와 형벌은 처음부터 확정된 것이 아니라, 이 소송절차의 지도이념인 무죄추정의 법리에서 출발하여 소송주체들 간의 대화를 통한 의사소통과정을 통해 점진적으로 확정되어 가는 것이기 때문이다.

이 죄책 및 형벌의 귀속과정은 낮은 단계의 수사절차로부터 높은 단계의 변론 및 판결절차로 진행하면서 점차 높은 정도의 형식성과 확정성을 얻는 단계적 발전과정이기도 하다. 여기에서 사실과 형법규범의 해석적용절차는 법원의 단독적인 사무처리일 수 없다. 도리어 수사절차·변론준비절차·변론절차에서 피의자·피고인, 변호인, 피해자·검사, 법원은 대화적 소송절차과정의 한 주체로서 참여하는 것이다. 더 나아가 보조인, 전문수사자문위원(형사소송법 제245조의2), 전문심리위원(형사소송법 제279조의2), 배심원, 감정인, 증인까지도 이에 준하여 이해할 수 있다. 심지어 판결전조사 내지 양형조사를 위한 조사인력도 그 의미를 축소하여 이해할 필요는 없다고 본다. 왜냐하면 소송절차는 본원적으로 혼자서 읊조리는 독백적 모델이 아니라 서로 언어를 주고받으며 소통하는

46) Calliess, Theorie der Strafe im demokratischen und sozialen Rechtsstaat, 1974, S.97; Hassemer, Einfürung in die Grundlagen des Strafrechts, 1981, S.121f.; Mir Puig, 「Rechtsgüterschutz durch dialogisches Strafrecht」, GA, 2006, S.667ff.

47) 김일수, 「변호인은 사법기관인가?」, 고시연구 제119호, 고시연구사, 1984. 2., 29면; 「피고인의 소송법상 지위」, 고시연구 제124호, 고시연구사, 1984. 7., 152면; 「검사의 소송법상 지위」, 고시연구 제131호, 고시연구사, 1985. 2., 114면; 「법원의 소송법상 지위」, 고시연구 제143호, 고시연구사, 1986, 2., 154면 이하.

대화적 모델이기 때문이다. 여기에서 소송절차의 목적실현을 위해 각 소송주체는 물론 절차참여자들에게 주어진 역할분담에 상응한 각자의 독특한 개성과 전문성 그리고 동등한 자유를 승인하고 그 기여분을 평가하며, 적법절차 내에서 행위규칙으로 주어진 일정한 규칙(rule)에 따라 절차를 함께 형성해 나간다.

따라서 이 소송절차에 참여하는 자는 모두 동등한 역할수행의 기회를 갖고 주체로서 이에 관여하는 것이지 절차의 대상이거나 아니면 타 참여자에게 예속된 역할수행자일 수 없다. 각자 자기 자신의 인격성의 범주 아래서 주체들 상호간의 간극을 지양하고, 대립되는 입장을 조정하여 상호이해의 바탕 위에서 서로 납득할 수 있는 상호주관적 방법으로 죄책과 벌의 종류와 크기, 정도를 함께 발견해 나간다.

대화과정으로서 형사소송절차를 이처럼 이해하는 것은 소송절차의 목적을 실현할 수 있는 전제로서뿐만 아니라 범인에게 돌아갈 가능한 형사책임과 사회의 공동책임 그리고 그에 상응하는 죄값과 상호간 연민과 사랑에 의한 죄값의 분배를 고려하여 범인의 사회화와 자기화라는 적극적 특별예방목적 및 사회의 재사회화를 통하여 법질서의 자기주장과 관철력에 대한 일반인의 신뢰를 강화하는 적극적 일반예방목적을 실현하기 위한 전제도 된다.[48]

뿐만 아니라 참여자들 사이에 상호이해와 상호교류의 기회가 널리 열린다면 바로 이 소송절차야말로 주어진 규범의 틀 안에서 그 참여주체들 간의 창조적 활동의 과정으로 이해될 수 있고, 그것은 또한 이 소송절차 이후로 이어질 형집행절차에서 사회화학습과정의 조건을 미리 검증하고 준비하는 과정으로서의 의미도 지닐 수 있을 것이다.

---

48) Lenckner, Der Strafprozess im Dienst der Resozialisierung, JuS, 1983, S.340f.

어쨌거나 형사소송절차를 이처럼 대화적 소송절차로 이해할 때 법원의 지위는 직권주의에서처럼 홀로 우월적이거나 권위적일 수 없고, 검사나 피고인·변호인의 지위도 당사자주의에서처럼 주도적이거나 독단적일 수 없다. 미국식 당사자주의에서도 법관의 우월적 지위와 권위주의는 불식되지 않았다. 높은 법단을 사이에 두고 법관과 다른 참여자들을 높낮이로 차등화하고 법관의 자리를 신비화하는 당사자주의가 아니라, 피고인과 법관, 검사와 변호인 그리고 피해자와 그의 대리인 등이 원탁의 법정에 둘러앉아 죄와 벌의 현안을 대화로 풀어가는 그런 절차가 대화하는 소송절차이다. 여기에서 이들 주체는 형사사법의 본질인 진실과 정의에의 지향성이라는 목표를 향해 서로가 서로를 필요로 하며 마주하고 있는 셈이다. 누가 누구에게 우월하다는 생각은 편견과 오해이며, 거기에서 권위주의라는 악취가 풍겨난다. 사건의 진실을 아는 데 있어서, 피의자나 피해자보다 경찰·검찰의 지적 능력이 우월하다고 속단할 수 있겠는가, 또는 피고인이나 피해자보다 검찰 또는 법원의 지적 능력이 우월하다고 속단할 수 있겠는가. 이 때 법원은 심판관이고, 검사는 공소관이고, 피의자·피고인 또는 피해자는 범죄혐의를 추궁당하며 쫓기는 자 또는 추궁하며 쫓는 자 편의 위치에 있다고 하여, 이들 간에 절차상의 차별대우와 우월성이 용인되도록 해서는 안 된다. 헌법과 헌법의 구체화규범인 형법·형사소송법이 정해놓은 규범의 틀 안에서 각자 권리를 향유하기도 하고 동시에 의무를 부담하기도 하는 절차공동체의 참여주체들일 뿐이기 때문이다.

이와 같은 관점에서 출발한다면 가해자와 피해자는 모두 대화적 소송절차가 절차 속으로 초대하고 싶은 친구에 비유할 수 있다. 따라서 수사기관인 검찰도, 재판기관인 법원도, 형집행기관인 교정청도 판결전조사제도가 내포하고 있는 합리적 결정을 위한 과학적 자료의 관점 및 사회복지적 원호·지도·감독의 관점을 각각

시점은 달라도 다같이 나눌 필요를 인식할 것이다. 그렇다면 같은 맥락에서 판결전조사기관은 이들 주체의 친구로서 독립된 기관이면 좋겠다. 이 땅에서 보호관찰제도의 경험을 높게 평가하는 필자로서는 단지 실용주의적인 관점에서뿐만 아니라 절차공동체의 민주적 견제와 균형 관점에서도 보호관찰소와 보호관찰기관에 그 역할과 임무를 맡기는 것이 합리적이라고 생각한다.

그것을 찢는 일이나 그 역할의 일부를 떼어내 타처에 맡김으로써 그것을 빈약하게 만드는 어떤 착상도 비교법적 관점, 세계화의 관점에서 볼 때 결코 바른 길이 아니다.

보호관찰소를 통해 검찰도 법원도 형집행기관도 각 필요에 따라 판결전조사제도를 활용할 수 있기 때문이다. 검찰단계에서 필요를 채운 판결전조사자료는 통상적으로는 그 다음 단계에서는 특이점에 대한 보충의 필요가 있지 않으면 다시 처음부터 반복해서는 안 될 것이다. 관여주체들에 대한 우정의 예가 아닐 뿐만 아니라 피의자·피고인들의 인격에 반복되는 상처가 될 염려가 있기 때문이다. 체데카(Zedeka)의 정의는 바로 자비로운 정의라는 사실을 잊어서는 안 될 것이다.

Ⅵ 결 론

이제 글을 마무리해야 할 단계에 이르렀다. 이 글을 마무리할 때 마침 언론과 정치권에서는 다시금 사법부개혁(여권에서) 내지 검찰개혁(야권에서)의 목소리가 점점 높아지고 있으니 안타깝다. 용산참사사건에 대한 수사기록 공개결정을 내린 재판부, 강기갑 의원의 공중부양사건을 무죄판결한 재판부, 전교조 시국선언 가담자들에게 무죄를 내린 재판부, PD수첩 제작진에게 무죄를 내린 재판부 때문에 누적된 비판의 목소리들이라고 생각한다. 오랜 법조출입기자였던 한 중견 언론인은 그것을 '오만과 편견이 빚은 오판'이라고 썼다.[1)] 그 원인으로 첫째, 젊은 법관들 사이에 잠복해있는 이념적 편향성(권위주의 시대의 반작용 같기도 하다는 것이다), 둘째, 균형감각을 잃고 오만과 편견에 치우친 엘리트의식을 꼽았다. 필자는 외람되게도 거기에 한 가지를 더 보태고 싶다. 즉 체계적 사고를 벗어나 개별사안의 개별논점에만 골몰하여 나무를 보되 숲을 보지 못하는 '법근시안의 팽배'를 들고 싶은 것이다. 이것은 우리 형사사법에서 심심찮게 발견되는 민사법적 사고의 무단 경계침

1) 황호택, 「전국민이 증인인 재판」, 동아일보 2010. 1. 25. 오피니언란.

범이 원인일 수도 있겠고, 미국식 법사고를 여과 없이 체계적인 독일법사고의 연못 속에 방류하여 생긴 사고와 체계의 혼동이 그 원인일 수도 있겠다는 생각이다.

우리 형사법은 전통적으로 독일법의 범죄체계론에 뿌리를 두고 있고, 소송절차법도 개혁된 형사소송법에 연원을 두고 발전해 온 것이다. 오늘날 미국법에 대한 이해가 보편화되었지만, 전통적인 독일법체계는 아직도 함부로 하이브리드 승용차 모양으로 섞을 수 없는 고유한 가치를 각각 가지고 있다. 따라서 독일형사법과 형사사법의 체계와 원칙의 본질적 의미에 대한 깊은 이해 없이, 무주공산에 깃발 꽂듯이 단편적인 사고의 유희를 즐기다 보면, 기상천외의 법 왜곡도 일어날 수 있는 법이다.

이와 같은 현상은 어디에서 비롯된 것일까? 우리 법학의 정체성 미확립, 우리 법학교육의 황폐화가 큰 원인이겠지만, 더 나아가 입법정책에 있어서 입법자의 무원칙과 사법정책에서 있어서 대법원의 무정견도 한몫을 하고 있다는 생각이다. 법률가들의 체계적인 법사고와 법문화적 정체성이 빈약한 빈터에 너무 쉽게 다른 이질적인 법제도와 법사고의 씨앗이 뿌려지고, 그에 따라 외래종이 기승하여 전통적인 법제도와 법사고가 질식되는 현상이 반복되고 있다는 점이 문제이다.

더 큰 문제는 사법부의 지적 오만과 직역이기주의가 사법부의 권력화를 부채질한다는 사실이다. 지난 참여정부의 진보주의식 사법개혁에서 그 짜릿함을 맛본 사법부가 아직도 그 단맛에 젖어있지는 않은지 사법부 밖에서 들려오는 소리에 귀를 기울여야 할 때이다.

현대의 법정책가들이 가장 듣기 싫어하는 말이 '경찰국가로의 회귀'라는 비난일 것이다. 이미 근대성의 세례를 맛본 현대국가에서 경찰권강화를 공공연히 법제도를 통해 구축하려는 시도는 역사의 시계를 거꾸로 되돌리려는 시도가 될 수 있기 때문이다. 그것은 단순한 시행착오 수준에 해당하는 것이 아니라 시대착오적인 일이 될 수 있다.[2] 우리나라의 현실에다 이를 유추해 본다면, 검찰의 경찰화, 법원의 검찰화경향이라고 할 수 있을 것이다.

판결전조사제도를 두고 왜 사법부가 외국의 법제도에서도 그 유례를 찾기 힘든 양형조사관 내지 양형위원제도를 이름을 바꾸어 가면서까지 관철시키려고 하는지 솔직히 그 동기를 헤아리기 어렵다. 오만과 기관이기주의가 빚어낸 권력화의 의지인지 필자로서는 가늠하기가 어렵다. 하지만 분명히 말할 수 있는 것은 이 같은 권력화가 사법부의 명예와 권위에 보탬이 될 수 없고, 오히려 그것을 허무는 나비효과의 시발점일 수 있다는 것이다.

식민지시대에 이 땅의 권력기관들이 과도하게 걸어갔던 권력화의 길이 오늘날 민주화시대에도 오명의 굴레로 남아 있는 것처럼, 권위주의 시대에 우리나라 권력기관들이 걸어갔던 엘리트주의적 오만과 권력화가 오늘날의 과거청산작업에서 부끄러운 과거의 단초가 되었던 것처럼, 사법부의 권력화가 저만큼 번지고 있는 현실에 사법부 스스로 놀라고 부끄러워하기를 바랄 뿐이다.

그런 맥락에서 법원조사관의 양형자료조사는 기왕에 그 역할을 해왔던 보호관찰관의 판결전조사업무로 되돌려주고, 기교한 논리로 그것을 방해하지 말았으면 하는 소망이다. 보호관찰제도가 법무행정의 일종이라는 데 대하여 사물논리에 반한다는 반론을 제기할 사람은 어느 곳에도 없어 보인다. 초기 보호관찰소장을 검사가 담당했던 시기도 있었지만 지금은 지나간 한때의 에피소드에 불과하다. 보호관찰제도는 독립된 법무행정의 한 분과일 뿐, 검찰제도의 일부도 사법제도의 일부도 아닌 것이 사실이다.

법치국가적 관점에서 교정과 보호 직역에 법률가계층의 봉사

---

2) 김일수, 독일·오스트리아·스위스의 형사법 개정추이 연구, 법무부 용역과제, 2005, 183면.

적인 참여가 활성화되었으면 하는 바람은 있지만, 그로 인해 보호관찰제도의 정체성이 변질되게 해서는 안될 일이다. 이제는 우리의 보호관찰제도에 대해 고유한 명예와 신뢰를 보내도 좋을 때이다. 지역사회 인적 자원 연결망으로써 민간베이스의 범죄예방 인프라가 저변으로까지 확대되어 있을 뿐만 아니라 무엇보다도 보호관찰전산정보화가 이루어져 조사업무의 전문성 외에도 기동성과 신빙성이 높아진 것이 사실인 때문이다.

양형조사를 널리 보호관찰소에 맡기느냐 아니면 굳이 별도의 조직을 꾸며 거기에 맡기느냐는 이제 바로 우리의 보호관찰문화에 대한 정당한 자리매김과 그에 대한 우리 모두의 자긍심의 문제이지 복잡한 이해타산과 논증의 문제는 아니라고 생각한다. 보호관찰의 한 날개인 조사업무가 이와 같은 논의과정을 거치면서 제대로 웅비하는 계기가 되기를 기대한다.

부 록 1

※ 판결전조사서 1 (OO보호관찰소)

판결전조사서

사건번호 : 2008고합○○○○
죄 명 : 살 인
성 명 : ○○○
주민등록번호 : OOOOOO-OOOOOOO (○○세)

2009. ○. ○○.

○ ○ 보 호 관 찰 소

1. 피고인 인적사항

성 명	○○○ (○○○)	주민등록번호	○○○○○○-○○○○○○
주 소	부산광역시 ○○구 ○○동 386-26 종금○○○빌라 ○○○-○○○	학력	경남○○고등학교 졸업
거 소	본건 당시, 서울 ○○구 ○○동 1280 ○○뉴타운 ○○○동 ○○○호 거주	직업	회사원
등 록 기준지	울산광역시 ○○구 ○○동 ○○○-○○○	종교	불 교
전 화	017-○○○-○○○○(형), 010-2013-○○○○(큰딸)	비고	서울구치소 수감중 ('08. 12. 4.~현재)

2. 당해 범죄관련 사항

가. 공소사실의 개요

○ 피고인은 '08. 11. 28. 00 : 12경 서울 ○○구 ○○동 ○○○○-27의 주거지에서 이혼 후 동거 중이던 피해자(43세, 이하 **전처**)와 '피해자의 남자관계 청산' 등을 이유로 다투던 중, 방에서 이야기를 하자는 피고인의 요구를 뿌리치고 전처가 소리를 지르며 방 밖으로 나가려 하자 침대 옆 탁자에 있던 회칼로 전처를 2회 찌르고 수회 발로 밟아, 상해를 당한 전처가 범행 직후 병원으로 후송되어 치료를 받았으나 01 : 20분경 다량의 실혈로 사망함.

나. 가족 및 피고인의 진술을 바탕으로 한 본건의 정황

○ 피고인과 전처는 '06. 11. 이혼 후 피고인이 딸들을 양육해 왔으나, 피고인의 업무상 중국출장 등으로 자녀들을 돌볼 사람이 필요하자 '07. 3.경부터 다시 동거하기 시작, 동거

초기에는 피고인의 중국출장('07. 3. ~ 8.) 및 심근경색 발병으로 인한 치료('07. 12. ~ '08. 2.) 등으로 큰 갈등을 보이지 않았으나, '08. 5.경부터 다시 갈등하여 6개월간('08. 5. ~ 10.) 서로 대화 없이 지냈고 본건 직전 한 달 가량은 전처가 주거지 인근의 모텔에서 생활해 옴.

○ 본건 발생 일주일 전인 '08. 11. 21. 두 사람이 화해하고 전처가 다시 귀가하여 동거해오던 중, 본건 이틀 전('08. 11. 25.) 피고인이 늦게 귀가하는 전처의 휴대폰으로 전화하였으나 전처가 전화를 받지 않고 낯선 남자가 전화를 받게 되어 또다시 갈등하기 시작함.

○ 본건 전날 다시 피고인이 퇴근하며 전처의 휴대폰으로 전화를 하였는데 전처가 전화를 받지 않자, 소주 2병을 사와 전처를 기다리며 이를 모두 마신 뒤 전처를 마중하기 위해 잠시 나갔다가 본건 당일 새벽에 들어와, 이미 귀가하여 거실에서 컴퓨터를 하고 있던 전처를 보고 "이야기를 하자"며 방안으로 데려 가, 본건에 이름.

다. 피고인 및 전처 동생의 본건 동기에 대한 진술내용

○ 피고인에 따르면, '08. 11. 중순경 전처가 "남자관계를 깨끗이 정리하겠다"고 약속하고 귀가하였으나, 본건 이틀 전('08. 11. 25.) 전처의 귀가가 늦어져 전처의 휴대폰으로 전화를 하였는데 낯선 남자가 전화를 받아 "너 경상도 촌놈 아니냐?"는 등의 말을 들어 모욕감과 분노감을 가졌었고, 본건 직전 심근경색으로 1년여간 마시지 않던 술을 마셔 감정을 적절히 조절하지 못하는 상태에서, 전처가 대화를 거부하며 소리를 지르는 등 이기적으로 행동하여 순간적으로 화가 나 침대 옆에 있던 칼로 전처를 찌르게 되었다고 주장.

○ 전처의 동생(피고인 전처남)에 따르면, 피고인이 본건 전날('08. 11. 26.) 이미 "경상도 촌놈이라는 말까지 들으니 정말 살고 싶지 않다. 어머니 죄송합니다. 언주 · 민주 좋은 세상에서 만나자"라는 유서를 작성한 상태였고(재판시 제출 예정), 부엌칼도 아닌 회칼이 방안에 있었던 점, 평소 다툼 중에도 잠그지 않던 문을 긴 옷걸이로 열지 못하게 해놓은 점, 단시간에 본건이 이루어진 점 등으로 볼 때 우발적인 행동으로는 보기 어렵다고 주장.

라. 본건 이전의 갈등 및 결혼력

○ 피고인과 전처는 '88. 1.경 지인의 소개로 결혼함. 당시 피고인은 울산의 ○○자동차를 다녔고 전처는 주부였으며 슬하에 2녀를 두고 결혼 초기 피고인의 과도한 음주 등으로 사소한 다툼은 있었으나 원만한 가정이었음.

○ '94년(결혼 6년차)경 피고인이 음주운전을 하다 교통사고를 내고 도주한 뒤 피해자와의 합의금 등으로 가계가 어려워져, 전처가 보험회사를 다니기 시작하며 초기에는 피고인이 적극적으로 전처의 보험 영업일을 돕기도 하였으나,

- '99년(결혼 11년차)경 피고인이 충남 ○○의 ○○자동차 공장으로 4개월간 파견 근무를 나갔다 돌아온 뒤 전처와 보험회사 영업소장과의 불륜사실을 알게 되어, 영업소장으로부터 "다시는 전처를 만나지 않겠다"라는 각서를 받았고 전처도 보험회사를 그만두게 하였다 함(피고인 진술).

○ '00. 6.경(결혼 12년차)부터 전처가 주거지 인근에서 2년여간 액세서리 점포를 운영하다, 가정불화로 '02. 6. ~ '03. 7.경까지 1년가량 집을 나가 동생(피고인의 처제) 집에서 생활함.

- 당시 피고인은 전처가 가게에서 잔다는 핑계로 외박을 자주하고 다른 남자를 사귀느라 집을 나갔었다고 주장하고 있으나, 피고인의 큰딸은 피고인이 수시로 엄마의 액세서리 점포를 엿보는 등 감시하며 과거의 일을 꼬투리 잡아 음주 후에 폭언·폭행을 하여 엄마가 이를 견디지 못하고 이모 집에서 생활했다고 주장(당시 피고인의 폭행으로 엄마가 병원에 입원한 적도 있다고 함).

○ '06. 1.경 피고인이 ○○자동차에서 명예퇴직하고 같은 해 11. 24.(결혼 18년차) 전처와 이혼한 뒤 '07년 초 큰딸의 대학 진학으로 서울로 이주하여 딸들과 생활했으나, 피고인이 업무상 중국으로 출장을 가게 되어['07. 3. ~ 8., (주) 창환단자] 딸들의 요청으로 전처가 피고인의 집으로 들어와 함께 생활하게 됨.

- 이혼 당시 피고인은 전처의 불륜 등으로 자신이 요구하여 이혼하였다고 주장하나, 피고인의 큰딸은 엄마가 피고인의 폭행 등을 견디지 못하고 수차례 이혼을 요구한 끝에 이혼하였다고 주장.

○ '07. 12. 피고인이 심근경색 발병으로 3개월 가량 병원에 입원하게 되어 전처가 피고인을 간호하며 일시 두 사람의 관계가 원만해졌으나, 피고인이 퇴원하고 전처가 직장을 다니게 되면서(○○휴대폰 대리점) 전처의 늦은 귀가시간 등을 이유로 다시 갈등하여, 6개월간('08. 5. ~ 10.) 서로 대화 없이 지내다 '08. 10. 중순경 전처가 집을 나가 한 달 가량 주거지 인근의 모텔에서 생활함.

- 당시 피고인은 전처가 다른 남자를 만나고 다니며 밤늦게 귀가하고 자주 외박하다 집을 나갔다고 주장하나, 피고인의 큰딸은 이혼한 상태인데 피고인이 엄마의 귀가시간 등 사소한 일을 꼬투리 잡아 폭언과 폭행을 하고 엄

마를 쫓아냈었다고 주장.

○ 이후 1개월 후인 '08. 11. 21. 두 사람이 화해하고 전처가 다시 귀가하여 동거해오던 중, 본건 이틀 전('08. 11. 25.) 피고인이 늦게 귀가하는 전처의 휴대폰으로 전화하여 낯선 남자와 통화하게 되며 또다시 갈등하기 시작하여 본건에 이름.

마. 피해회복 여부

○ 장례비 일부 지급
- 전처의 동생(피해자 동생)에 따르면, 장례비 800만원 중의 일부인 550만원을 받았으나, 이후에는 진정서 철회를 조건으로 장례비의 나머지를 주겠다고 하여 만나지 않고 있다고 함.
- 피고인의 형에 따르면, 큰딸은 학교 인근(서울 ○○구 ○○동)에 다세대주택을 임차해주고 합의서를 받았으나, 피해자측은 연락을 받지 않아 합의하지 못하고 있다 함.

3. 범죄경력 등(본건 제외)

○ '87. 04. / 폭력행위 등 처벌에 관한 법률 위반 / 울산지법 / 벌금 10만원
- ○○자동차 재직 당시 부서 회식 중에 옆 테이블 손님들과 시비가 되어 입건(피고인 진술)

○ '92. 07. / 폭력행위 등 처벌에 관한 법률 위반, 도로교통법 위반 / 울산지법 / 벌금 120만원
- 음주 후 동료직원의 차에서 자고 있다 적발되어 운전하지 않았다고 경찰관과 몸싸움을 하다 입건(피고인 진술)

○ '95. 05. / 특가법(도주차량), 도로교통법 위반 / 울산지법 / 징역

1년, 집행유예 3년

• 음주 후 교통사고를 내고 도주(피고인 진술)

○ '02. 12. / 도로교통법 위반(음주운전) / 울산지법 / 벌금 200만원

○ '03. 12. / 도로교통법위반(음주운전) / 울산지법 / 벌금 150만원

○ '06. 12. / 폭행 / 울산지검 / 공소권 없음

• 처와 이혼 후 핸드폰 비용 등의 문제로 다투다 입건(피고인 진술)

○ '07. 01. / 공갈, 협박, 명예훼손 / 울산지검 / 증거불충분

• 지인과 함께 페인트 대리점을 운영하다 서로 관계가 악화되어 정리하는 과정에서 지인의 고소로 입건(피고인 진술)

4. 생활환경

가. 가족사항

관계	성명	연령	학력	직업	동거여부	비 고
큰딸	○○○	20세	대1 휴학	무직	별거	전처 동생의 집 (딸들의 외삼촌, 경남 김해) 거주
작은딸	○○○	16세	고2 재학	학생	별거	

※ 전처(피해자, ○○○)는 1남 3녀 중 첫째로 경남 ○○ 출신, 가정형편 곤란 등으로 중학교 2학년을 중퇴한 뒤 신발공장을 다니다 피고인과 결혼함.

• 피고인은 결혼 초기 처와의 관계가 원만하였으나 전처의 부정(不貞)행위 등으로 부부관계가 악화되었다고 주장하나, 피고인 큰딸은 피고인의 음주 후 폭행 등으로 엄마·아빠의 관계가 본건에까지 이르렀다고 주장.

○ **큰딸**(○○○)은 ○○대학교 1학년에 재학하다 본건 발생 후 휴학하였고, **작은딸**(○○○)은 ○○여고 2학년에 재학 중임.

- 딸들은 피고인이 직장 일이나 기타의 일로 스트레스를 받으면 사소한 일로 꼬투리를 잡아 자녀들에게도 폭언·폭행하는 등 다혈질적인 성격이었다고 하며, 본건 발생 후 진정서를 제출하였다고 보복하지 않을까 두려워하고 있고 향후 피고인이 출소하더라도 함께 살 생각은 없다는 입장임.

나. 주거지 사항

○ 피고인 가족은 본건 발생장소인 서울 ○○구 ○○동 ○○○○ ○○뉴타운 ○○○○○○아파트 ○○○동 ○○○호(전세 1억 6,000만원, 32평, 방 3칸)에서 거주해 왔으나, 본건 이후 피고인 형이 주거지의 전세금을 빼서 관리하고 있고 피고인 딸들은 경남 ○○의 외삼촌(전처의 동생) 집에서 생활하고 있음.

- 현재 피고인 큰딸의 복학을 위해 피고인 형이 큰딸 명의로 서울 ○○구 ○○동에 다세대주택(전세 5,000만원, 17평, 방 2칸)을 임차하여 줌.

다. 가계 수입 등 경제적 여건

○ '08. 6.경부터 피고인이 자동차부품을 제조하는 공장인 ○○산업의 이사로 재직하며 월 300만원 가량의 수입으로, 부채(전세자금 대출금 등 6,000만원 가량)의 이자를 상환하며 생활하여 별다른 경제적 어려움은 없었으나,

○ 본건 이후 피고인 딸들은 경남 ○○의 외삼촌(전처의 동생, 미혼 : 아파트관리실 전기관리, 월 급여 170만원 가량)의 집에서 외조모(전처의 모)와 함께 생활, 경제적으로 다소 곤궁한 편임.

5. 성장과정

○ '61. 7. 충북 ○○에서 2남 3녀 중 넷째로 출생, 당시 부는 직업군인이었고 모는 주부였음. 그러나 피고인 3세경 부가 직업군인을 예편하고 부산으로 이주하여 그릇 등의 행상을 하였으나 거의 매일 음주를 하다 건강이 악화되어 '69년(당시 피고인 8세) 사망, 이후 모가 과일행상·화장품외판원·식당종업원 등을 하여 자녀들을 양육, 경제적으로 곤궁하였음.

- 피고인은 "유·아동기 부의 음주 후 폭언·폭행 등으로 모를 포함한 자녀들이 많은 고통을 당하였다"며, 부에 대한 감정이 부정적임.

○ 초등학교 시절 가정형편 등으로 126일의 결석이 있었으나, 중·고등학교 때에는 6년간 개근하고 성적도 중위권이었음. 담임의 행동특성에서는 "통솔력이 있고 책임감이 강하다"는 평가를 받음.

○ 고교 졸업 후 군에 입대하여 30개월의 군복무를 마치고 '85년 전역하여 울산의 ○○자동차 공장에 입사한 뒤, 지인의 소개로 전처를 만나 '88년 결혼함(당시 피고인 27세, 전처 23세).

※ 이후 성장과정은 앞서 기술한 결혼력 등 참조.

6. 학력사항

○ ○○초등학교 졸업('68. 3. ~ '74. 2.)

○ ○○중학교(당시 ○○중학교) 졸업('74. 3. ~ '77. 2.)

○ 경남○○고등학교 졸업('77. 3. ~ '80. 2.)

7. 대인관계

○ 피고인은 울산에 거주할 때에는 ○○○(○○중공업 재직), ○○○(인테리어 사업) 등 고교동창들과 자주 어울리며 음주하였으나, 서울로 이사한 뒤에는 주로 회사의 동료들과 등산이나 낚시 등을 하며 지내왔다고 함.

8. 정신 및 신체상태

가. 신체 및 건강상태

신장	체중	혈액형	문신	건강상태
172cm	75kg	A형	없음	'07. 12. 심근경색으로 3개월가량 입원치료 후, 약을 상시 복용하고 있음.

○ 피고인은 고등학교를 졸업하고 음주·흡연하기 시작하여 하루에 5갑 이상의 담배를 피우고 주량도 소주 2병 가량 되었으나, '07. 12. 심근경색이 발병한 이후에는 본건 직전까지 담배도 끊고 음주하지 않았다고 함.

나. 성격 및 심리상태

○ MMPI의 타당도 척도 결과, 과장 없이 비교적 솔직하게 검사에 응한 것으로 보임.

○ 임상척도 결과, 타인에 대해 의심과 불신이 많고 혼자 있는 것을 좋아하며 친밀한 대인관계를 회피하겠음. 또한 깊은 열등감과 불안정감을 가지고 있고 자신감이 결여되어 있겠으며 실패라고 생각되는 것에 대해서는 죄책감을 느끼기도 하겠음.

9. 기타 조사에 참고할 사항

가. 진술태도

○ **피고인**은 "당시 슬기롭게 대처하지 못해 여기까지 왔다"며 후회하는 모습을 보이기는 하였지만, 문장완성검사에서 <무슨 일을 해서라도 잊고 싶은 것은 배우자의 첫 부정>, <내 생각에 여자들이란 거짓 특성과 화려한 위장>이라고 응답하는 등 전처에 대한 부정적인 감정은 아직까지 남아 있는 것으로 보임.

○ **피고인의 큰딸**은 "큰 아빠(피고인 형)가 합의서를 작성하기 전에는 방을 얻어주지 않겠다"고 하여 아빠를 접견했는데, 당시 아빠는 딸들에 대한 미안함과 사죄보다는 첫 질문이 학교시험·보험 등에 관한 것이었다며, 아빠를 이해하지 못하겠다는 입장임.

○ **전처의 동생**은 "누나의 상처를 보며 너무 잔인하다고 생각했다. 그런데도 피고인은 뉘우치거나 사죄하는 마음이 없는 것으로 보인다"며 엄한 법적 처분이 내려지기를 바람.

나. 향후 생활계획

○ 피고인은 "죄가 중한데 무슨 계획이 있겠느냐"며 본건 처벌이 빨리 마무리되기를 바라고 있음.

조사자 : ○○보호관찰소 책임관 ○○○ (인)
조사관 : ○○보호관찰소 보호관찰관 ○○○ (인)

▶ 첨부서류

1. 주민등록 등·초본 각 1부
2. 가족관계증명서 등 각 1부
3. 범죄경력조회서 1부
4. MMPI 결과표 1부
5. 문장완성검사 1부
6. 초·중·고등학교 생활기록부 각 1부

조사자 의견

□ **피고인** : ○○○

○ 피고인은 이혼한 전처와 다시 동거하며 전처가 남자관계를 청산하지 않는다는 이유로 갈등해 오던 중, 피고인은 본건 일주일 전 모텔에서 생활하던 처를 “남자관계를 깨끗이 청산하겠다”는 조건으로 귀가시켰으나, 본건 이틀 전 전처의 휴대폰으로 전화를 하였는데 낯선 남자가 전화를 받아 모욕적인 말을 해 분노감을 느꼈고, 본건 당일 또다시 전처의 귀가가 늦어져 심근경색으로 1년여 간 마시지 않던 술을 마신 뒤 전처와 이야기를 하려다 순간적으로 화가 나 본건에 이르렀다고 주장하고 있으나,

○ **전처의 동생**은 피고인이 본건 전날(‘08. 11. 26.) 이미 유서를 작성해 놓은 상태였고, 범행시 사용한 회칼이 방안에 있었던 점, 평소 다툼 중에 잠그지 않던 문을 옷걸이로 열지 못하게 해놓고 범행한 점, 단시간에 본건이 이루어진 점 등으로 볼 때 피고인의 행동은 우발적으로 보기 어렵다는 주장임.

○ 본건 무렵 피고인의 주장대로 전처가 비록 이혼은 하였지만 전남편인 피고인 및 자녀들과 함께 동거하며 다른 남자를 만나고 밤늦게 귀가하였던 점, 낯선 남자로부터 모욕적인 말을 들어 분노감을 느꼈고 본건 당시 끊었던 술을 마셔 판단력 등이 다소 떨어져 있었던 점 등을 인정하더라도,

○ 피고인이 과거 음주 후 폭력행위 등·음주운전 등으로 입건되어 수차례 벌금형 처분을 받은 전력이 있는 점과 피고

인 큰딸의 진술 등으로 볼 때, 전처와의 이혼에 피고인의 지속적인 음주 후 폭언·폭행 등이 상당한 영향을 미쳤을 것으로 보여지고, 이혼한 상태에서 전처의 귀가시간 등을 일일이 따지고 관여하여 전처와 지속적으로 갈등해온 점, 피해자 가족과 원만히 합의하지 못한 점, 피해자 가족 및 피고인의 자녀들마저도 피고인에 대한 엄한 처벌을 바라고 있는 점,

현재도 자신의 행위에 대한 반성보다는 전처의 잘못된 행실이 본건 발생의 원인이 되었다고 생각하고 있는 점, 살인이라는 죄질이 중한 점 등으로 볼 때 엄한 법적 제재를 면(免)하기는 어려울 것으로 사료됨.

조사자 : ○○보호관찰소 책임관 ○○○(인)
조사관 : ○○보호관찰소 보호관찰관 ○○○(인)

부 록 2

※ 판결전조사서 2 (OO보호관찰소)

청구전조사서

사건번호 : 2009형제○○○○○호
죄　　명 : 성폭력범죄의처벌및피해자보호등에관한법률위반(특수강간)
성　　명 : ○○○ (남)
주민등록번호 : 800000-1000000(28세)

2009. ○. ○.

○ ○ 보 호 관 찰 소

Ⅰ. 조 사 개 요

□ 사건 개요

○ 사 건
- 사건번호 : 2009형제○○○○○호
- 죄 명 : 성폭력범죄의 처벌 및 피해자보호 등에 관한 법률 위반(특수강간)
- 신 병 : 구 속

○ 피의자
- 성 명(성별) : ○○○ (남)
- 주민등록번호(나이) : 800000-1000000(28세)
- 거 소 : 서울 ○○구 ○○동 ○○-○○○ ○○○호
- 주소 : ○○도 ○○군 ○○면 ○○ ○○○
- 등록기준지 : ○○도 ○○군 ○○면 ○○리 ○○○
- 연락처 : 010-○○○○-○○○○ (피의자의 형수 ○○○)

□ 조사 경과

○ 조사 요청
- 요청기관 : 서울중앙지방검찰청(검사 ○○○)
- 요 청 일 : 2009. 2. 27.

○ 조사과정
- 2009. 2. 27. 부착명령 청구전조사 요청서 접수
- 2009. 3. 2. 피의자 ○○○ 1차 면담조사 및 심리검사(서울구치소)
- 2009. 3. 3. 피의자의 친구 ○○○ 전화면담(☎ 010-○○

○○-○○○○)

- 2009. 3. 3. 피의자의 초·중·고교 생활기록부 접수
- 2009. 3. 3. 피의자의 출입국사실 검색결과 통보서 접수
- 2009. 3. 4. 피의자 ○○○ 2차 면담조사(서울구치소)
- 2009. 3. 5. 피의자 ○○○ 3차 면담조사(서울구치소)
- 2009. 3. 5. 피의자의 입건 사건에 대한 수사의견서 접수
- 2009. 3. 7. 피의자의 형수 ○○○ 전화조사(☎ 010-○○○○-○○○○)
- 2009. 3. 7. 피의자의 셋째누나 ○○○ 전화조사(☎ 017-○○○○-○○○○)

○ 조사 검토 자료

- 주민등록정보(행정정보공동이용창구, 행정자치부), 첨부
- 가족관계등록부 등(서울 ○○구 ○○동사무소), 첨부
- 범죄경력조회표(서울보호관찰소), 첨부
- 학교생활기록부(초·중·고등학교), 첨부
- 심리검사결과(MMPI-2, 문장완성검사, JTCI), 첨부
- KSORAS 결과, 첨부
- 출입국사실 검색결과 통보서, 첨부
- 입건 사건의 수사의견서, 첨부

조사자 : 책임관 ○○○ **(인)** **검토자 : 보호관찰관** ○○○ **(인)**

정신보건임상심리사1급 작성일 : 2009. ○. ○.
(연락처 : 02-○○○○-○○○○)

II. 범행 등에 관한 사항

1. 본건에 대한 사항

가. 본건의 개요(경찰 수사의견서 참조)

○ 피의자는 2008. 9. 27. 04:20경 서울 ○○구 ○○동 소재 피해자(여, 25세)의 주거지에 침입하여 흉기로 피해자를 위협한 뒤 성폭행하고 현금 25,000원을 강취하는 등, 2002. 8.부터 2008. 9.까지 인천, 서울 ○○구와 ○○구 등지에서 11명의 여성을 강간하고 4명의 여성을 강간하려다 미수에 그쳤으며, 130여만원 상당의 금품을 강취함.

나. 본건의 정황

○ 피의자는 2002년 대학교 2학년 재학시, 생활비 마련을 위해 둘째누나의 주거지인 인천에서 주말 시간에 독서실 총무로 아르바이트하던 중, 같은 해 8. 13. 새벽시간에 집밖에 나갔다 불이 켜있는 집이 보이자, '여성의 신체나 성행위 장면을 보고 싶다'는 관음증적 욕구에서 집안을 들여다보았고, 속옷을 입은 피해자의 모습에 성적 충동이 촉발되면서 집안에 침입, 피해자를 성폭행함.

- 당시, 피의자는 교제하던 여자친구가 있었고, 여자친구와 성관계를 맺어왔지만, 여자 친구와의 성관계와는 달리 성폭행시에는 불안한 상황에서 유발되는 스릴과 흥분감이 커, 그를 통한 만족감이 있었다 함.
- 또한, 더 이상 범죄를 저지르지 않으면 잡히지 않을 것이라고 생각하여 체포에 대한 불안감은 크지 않았음.

※ 최초 성폭행 사건 후인 2002. 10. 13.과 같은 달 19일 타

인의 집에 무단침입하여 입건되었는데, 이 역시 타인의 집안을 들여다보고 싶은 관음증적 욕구에서 벌인 것임.

○ 이후, 피의자는 대학을 졸업하고 관세사 자격시험을 준비하면서 2007. 7.까지 약 5년간 범죄자료 조회 결과상 발견되는 범행 없이 지냈으나, 2007. 7.경 경제적 어려움 등으로 그 동안 목표해 오던 관세사 시험준비를 잠정적으로 중단한 상황에서, 2007. 7. 17.과 같은 해 8. 3. 각각 성폭행 사건을 벌였음.

- 당시, 피의자는 장래에 대한 불안감과 경제적 어려움 등에 따른 압박감, 여자 친구와의 결별에 따른 심리적 스트레스 등이 큰 상태에서, 시험 포기로 그 동안의 긴장감이 풀리고 직접적인 목표가 사라지자, 포르노그래피에 몰두하고 있었고, 음주도 빈번하였음.

○ 2007년 두 차례의 성폭력 사건 후 체포에 대한 염려와 후회감이 들었으나, 2008년 이후로도 여성이 혼자 있는 집에 침입하여 성폭행 범행을 계속하였음.

- 피의자에 따르면, 2008. 2. 노동일을 시작하면서 음주빈도가 더욱 빈번해졌고, 2008. 8.경에는 자격증 시험에 실패한 친구와 함께 일주일에 2~3회 가량 음주하였는데, 음주 상태에서는 타인의 집에 들어가고 싶은 욕구와 성적 충동이 촉발되었다 함. 범행 후 허무감과 후회가 들었지만, 술을 마시면 또다시 습관처럼 성폭력을 반복하였다 함.

○ 피의자는 피해자들에게 여러 체위를 강요하고 신음소리를 요구한 것에 대해 "기억나지 않는다"고 하였고, 금품갈취건에 대해서는 애초 성적 충동에 따라 성폭행을 목적으로 피해자의 주거지에 침입하였다가 물욕(物慾)에 의해 벌인 것이라 함.

- 강취한 금품 중, 현금은 사용하였고 양복 등 일부 물품은 보관하였지만, 불필요한 물품까지 강취, 절취한 경우도 있었고, 여성의 팬티를 강취한 것은 범행 당시 피의자가 피해자의 팬티에 사정하였기 때문이었다며, 특정 물품에 대한 성적 선호는 없었다 함.
- 범행시 장갑을 끼고 마스크를 쓴 것은 당시 오토바이를 타고 다녔기 때문일 뿐, 사전에 범행을 계획한 것은 아니라고 주장함.

※ 본건 이후의 정황

○ 피의자는 수년에 걸쳐 범행을 반복하던 중, 2008. 8. 범행현장에 훔친 승용차의 열쇠를 흘리면서 경찰에 용의자로 지목되자, 같은 해 9~10월경부터 서울대학교 내에서 경찰의 수배를 피해 도피생활을 하다 2009. 2. 14. 경찰에 자수함.

다. 범죄 동기

○ 피의자는 청소년기에 성적 충동과 욕구를 금기시하며 억압해 왔으나, 2001년 최초 성관계 경험 이후 전반적인 성적 충동과 욕구가 커졌고 관음증적 충동도 증가하였던 것으로 추정되는바, 성적 욕구에 대한 지나친 몰입으로 인해 첫번째 성폭행을 일으킨 것으로 보여짐.

○ 2005년 이후, 친밀한 정서적 유대감이 결핍된 상태가 계속되었고, 충족되지 못한 유대감과 친밀감의 욕구가 일탈적인 성적 욕구를 강화시키는 것으로 연결된 듯함. 이와 더불어, 상황적·심리적 스트레스 등이 극심해지던 상황에서 음주를 통해 금지해제되면서 고조되어 있던 성적 충동이 폭력적 성향을 띤 일탈적인 성행동으로 표출되었던 것으로 추정되

며, 이후 이러한 양상이 습관화, 상습화되어 온 것으로 판단됨.

2. 피해자

가. 피해자의 특성

○ 피해자들은 평소 피의자와 안면이 없던 사이로, 대부분 피의자의 거주지 인근인 서울 ○○구 일대에 위치한 다세대 또는 원룸 주택에 거주하는 여성들임.

○ 특히, 피해자들의 주거지는 골목길에 바로 인접해 있는 등 상대적으로 외부 침입이 용이한 곳이었고, 범행 당시 방안에 TV나 불이 켜져 있어 외부에서 내부 상황의 확인이 가능하였음. 이에, 피해자들은 혼자 수면 중인 무방비상태에서 범행대상이 되었던 것으로 보여짐.

나. 피해회복 여부

○ **미합의 상태**

- 피의자의 형수 등에 따르면, 피해자들과 합의하고 싶지만, 다수의 피해자들이 있는 상황에서 가족의 경제적 여건 등을 고려할 때 합의할 엄두가 나지 않아 합의에 대한 기대는 거의 포기한 상황이라 함.

3. 범죄전력 등 (본건 제외)

○ 2002. 11. 15. 폭력행위 등 처벌에 관한 법률 위반 / ○○지방검찰청 / 기소유예

- 2002. 10. 13. 03:50경 피해자 가족이 잠자는 틈을 이용하여 베란다 창문을 열고는 방범 창살 틈으로 손을 집어넣

고 집안 내부를 살피는 등 침입하였고, 같은 달 19일 02:10경 동일한 피해자의 주거지에서 열려 있는 베란다 창문을 통해 내부를 살펴보고 주거에 침입하려다 피해자에게 발각되어 미수에 그침(○○광역시 ○○경찰서의 수사의견서 참조).

○ 2007. 9. 7. 도로교통법위반(음주운전) / ○○형사지법 / 벌금 70만원

- 음주상태에서 오토바이를 운전함(피의자의 진술).

○ 2008. 1. 29. 절도, 도로교통법(음주운전) 등/서울중앙지법 / 사회봉사명령, 징역 8월, 집행유예 2년

- 2007. 11. 30. 23:30경 친구와 소주 2병을 나누어 마신 상태에서 서울 ○○구 ○○동 소재 노상에서 타인의 승용차를 절취하여 무면허로 운전함(당시 피의자는 이전의 음주운전 건으로 운전면허 효력정지기간이었음).

※ **<u>사회봉사명령 80시간</u>**

- 2008. 1. 29. OO보호관찰소에 신고서 접수 후, 2008. 3. 26. 사회봉사 개시교육을 받았고, 2008. 3. 27.부터 같은 해 4. 8.까지 사회봉사명령 80시간을 이행 완료함.

III. 피의자에 관한 사항

4. 가족 및 성장과정

가. 가족사항

<table>
<tr><th>관 계</th><th>성 명</th><th>연 령</th><th>학 력</th><th>직 업</th><th>동거여부</th><th>비 고</th></tr>
<tr><td>부</td><td></td><td>63세</td><td>무학
(한글미해득)</td><td>어업</td><td>별거</td><td rowspan="2">○○도 ○○
○○○ 거주</td></tr>
<tr><td>모</td><td></td><td>58세</td><td>중졸</td><td>어업</td><td>별거</td></tr>
<tr><td>형</td><td></td><td>39세</td><td>고졸</td><td>트럭운전</td><td>별거</td><td rowspan="2">○○도 ○○
거주</td></tr>
<tr><td>형수</td><td></td><td>33세</td><td>불상</td><td>사무직</td><td>별거</td></tr>
<tr><td>첫째누나</td><td></td><td>37세</td><td>고졸</td><td>주부</td><td>별거</td><td>부산 거주</td></tr>
<tr><td>둘째누나</td><td></td><td>35세</td><td>고졸</td><td>주부</td><td>별거</td><td>경기 ○○
거주</td></tr>
<tr><td>셋째누나</td><td></td><td>33세</td><td>고졸</td><td>백화점
판매원</td><td>별거</td><td>경기 ○○
거주</td></tr>
</table>

○ **부** ○○○는 무학으로, 평소 자녀들의 학업이나 진로 등을 지도하는 면은 부족하였음. 젊은 시절 외지에서 선원으로 일하다, 피의자가 중3학년 때 고향으로 돌아와 소형 어선을 이용한 어업을 시작, 현재까지 하고 있으나, 1998년 신장암 수술 후 건강상태가 좋지 못한 상황임.

- 형수와 셋째누나에 따르면, 부는 가정적이고 다정한 성격이라고 하나, 피의자는 부에 대해 다혈질이고 고집이 세며 무뚝뚝한 사람이라고 진술하였고 문장완성검사에서도 부자관계에 대해 "서로 잘 모르고, 남과 같다"고 표현함.

○ **모** ○○○은 말수가 많지 않고 무뚝뚝한 편임. 중학교 졸업의 학력으로, 한글 미해득 상태인 남편을 대신하여 가정사를 처리해 왔음. 현재 대체로 건강하며 남편과 함께 어업과 농사일 등을 하고 있음.

○ **형** ○○○는 자신 소유의 트럭을 이용한 화물운반업에 종사함. 무뚝뚝한 성격으로, 피의자와 형제로서의 애정은 있으나 대화는 많지 않은 편임. 형은 '화물연대' 소속으로 노동운동을 하여 가정을 돌보는 데 소홀한 면이 있어 피의자가 불만을 갖고 있기도 함. 형수는 본건으로 인한 경찰조사 과정 등에 가족으로서 피의자를 면회하는 등, 생업에 바쁜 남편을 대신하여 피의자와 관련한 일들을 처리하고 있음.

○ **첫째 누나** ○○○, **둘째누나** ○○○, **셋째 누나** ○○○ 등은 모두 출가(出嫁)하였고, 경제적으로 여유롭지 못한 형편이어서 피의자에 대한 경제적 지원 등은 기대하기 어려움.

※ 피의자는 가족 중 유일하게 대학교육을 받는 등 부모·형제의 기대가 컸고 평소 말수는 적었지만 온순했던바, 가족들은 피의자가 본건을 저지른 것에 큰 충격을 받았고 상심한 상태임. 경제형편상 변호사 선임 등은 어렵지만, 피의자에 대해 안타까워하고 있음. 형 내외는 본건의 처분 이후 피의자와 함께 지내며 사회에 재적응하도록 돕겠다는 생각을 가지고 있음.

나. 성장과정

○ 1980. 3. ○○도 ○○군 ○○○에서 2남3녀 중 막내로 출생, 부는 외지에서 선원으로 일해 집을 떠나 있는 기간이 길었던바, 주로 모가 자녀들을 돌보았음.

- 경제적으로 윤택하지 못한 형편이었고, 부모·형제와의 관계에서 별문제는 없었으나, 부는 주로 객지에서 일하였

고 형과 누나들도 진학, 취업 등의 이유로 집을 떠나 있는 기간이 많아, 가족 간의 친밀한 접촉의 경험은 많지 않았음.

○ 고향에서 보낸 초등·중학교 시절, 출결상황이 양호하고 학업성적도 우수하였음. 교사들로부터는 “내성적인 성격으로 자기표현이 소극적이나 예의바름(초 5학년)”, “차분하고 야무지며 용모가 단정함(초 6학년)”, “성실하고 진지하며 인정이 많고 매사에 적극적임(중 3학년)”이라는 평을 받았음.

○ 1996. 3. ○○도 ○○ 소재 고교에 진학하면서, ○○에서 혼자 자취생활을 시작함. 1학년 초기, 피의자는 자율적으로 스스로를 통제해야 하는 상황에서 늦은 시간까지 또래들과 어울리는 등 생활태도가 나태해졌지만 곧 마음을 잡았고, 2학년 때부터 비교적 성실하게 학교생활하며 우등반에 편성되는 등 학업성적도 향상되었음. 교사로부터는 “성품이 원만하고 남을 이해하며 학습태도가 의욕적(3학년)”이라는 평을 받았음.

○ 1999. 3. ○○대학교 ○○○○과에 입학하면서 상경함. 학비는 부모와 형 등이 지원하였지만 생활비는 스스로 충당해야 했던바, 아르바이트를 계속함. 피의자는 대학교의 동기생들과는 거의 어울리지 않은 채 주로 도서관과 집을 오가는 등 다소 제한적으로 생활함.

○ 2000. 3. 대학 1학년을 마치고 휴학한 후 워킹홀리데이 비자[3]를 받아 뉴질랜드로 떠나려 했으나, 휴학 직후 교통사고를 당해 2000. 10.말 출국함. 뉴질랜드에서 어학연수, 농장에

---

3) 워킹홀리데이 비자란 '여행을 하면서 일할 수 있는 관광취업비자'로, 현지에서 합법적으로 노동권을 인정받게 됨. 우리나라와 비자협정을 맺고 있는 나라는 호주, 캐나다, 일본, 뉴질랜드인데, 뉴질랜드는 1998년 12월 10일 비자협정이 체결되었고 1999년 5월부터 시행됨.

서의 노동, 여행 등을 하다 2001. 10. 귀국함.

○ 2002. 3. 대학 2학년에 복학한 후 주말마다 인천 소재 독서실 총무로 아르바이트 하여 생활비를 충당하던 중, 2002. 8. 19. 당시 피의자가 머물던 둘째누나의 집 인근에서 첫 번째 성폭력 범죄를 일으킴.

○ 성폭력 범죄 이후에도 학교생활 등은 계속하여 2004. 6. 4학년 1학기를 마쳤으나, 당시 교제하던 여자친구와 결별한 충격으로 방황하다, 같은 해 10월 뉴질랜드로 재차 떠나 어학연수와 여행 등을 하고 2005. 6. 귀국하여 2005. 9.에 4학년 2학기로 복학함.

○ 2005. 11.경부터 관세사 자격증 시험을 준비하여 대학 졸업 직후인 2006. 5. 관세사 1차 시험에 합격하였으나, 경제적 어려움 등으로 공부를 잠시 중단한 후 노동일을 하였고, 학비와 생활비를 마련한 후, 2007년 초부터 관세사 2차 시험을 목표로 공부를 재개함.

○ 하지만 준비기간의 부족으로 불합격이 예상되자 2차 시험에 응시하지 않고, 2009년 시험으로 목표를 수정하고는 다시 학비와 생활비를 마련하고자 2007. 8.경부터 일당 노동을 시작하는 상황 속에서 2007. 7. 사건을 시작으로 2008. 9.까지 일련의 성폭행 사건을 벌임.

다. 학력사항 (생활기록부 별첨)

○ ○○도 ○○ ○○초등학교 졸업(1993. 2.)

○ ○○도 ○○ ○○중학교 졸업(1996. 2.)

○ ○○도 ○○ ○○고등학교 졸업(1999. 2.)

○ ○○대학교 ○○○○○과 입학 · 졸업(1999. 3. ~ 2005. 2.)

5. 생활환경 및 행태

가. 직업 및 경제 상태

○ 대학 재학 중에는 독서실 총무, 구청의 사무보조 등의 아르바이트를 통해 생활비를 마련하였고, 2005년 대학 졸업 후에는 일당노동(철거 혹은 경량)을 하여 학비 및 생활비 등을 마련함. 2007년 이후 일당 65,000~70,000원을 받아 약 180만원의 월수입이 있었음.

- 피의자는 본건으로 도피하기 전, 수중에 약 300만원이 있었고 친구에게 빌려준 200만원 등이 있어, 도피자금으로 사용함. 피의자 명의의 부채나 자산은 없고, 부모는 고향의 주택과 약간의 토지, 소형 배 등을 소유하고 있으나, 형의 사업자금을 위한 대출금 3,000만원이 부채로 남아있음.

나. 주거 상황

○ 주민등록상의 주거지는 ○○도 ○○시 소재의 부모 주거지(단독주택 / 자가 / 25평 / 방3개)이나, 실 거주지는 서울 ○○동 소재 다세대주택의 '잠만 자는 방'(無 보증금, 월세 20만원)으로, 혼자 생활해 왔음(거주기간 : 2006. 12. ~ 2008. 9.).

다. 대인관계 및 여가활동

○ 내향적이고 자신의 속내를 잘 드러내지 않는 면이 있지만, 고교시절까지는 친구들과 활발하게 어울렸음. 그러나 대학 입학 후로는 새로운 사람들과 어울리기를 꺼려왔는데, 이는 자신의 배경이나 환경에 대해 밝히기를 꺼려 의도적으로 피한 측면이 있음.

○ 2004년 여자친구와의 결별 이후 안정적으로 지속되는 이성

관계는 없었고, 2007년 노동일을 시작한 후로는 함께 노동일을 하는 동료나 고교동창생 3~4명 등과 주로 어울릴 뿐, 그 외의 모임이나 대인관계 활동에는 참석하지 않았음.

○ 대학 재학 시절에는 테니스와 조깅 등 운동을 하였으나, 2007년 이후로는 별다른 취미활동 없이 주로 음주 등으로 여가시간을 보냄.

라. 음주 및 약물 남용

○ 중 3학년 때 또래들과 함께 최초로 음주하였고, 고교시절에도 간간이 음주하였지만 즐기는 편은 아니었음. 20대 이후 스트레스에 대한 해소방법으로 음주하였고, 특히 2007년 노동일을 시작한 후로는 동료들과 어울려 빈번히 음주함(주량 : 소주 2병 가량).

- 2004. 6. 여자친구와 결별 후 약 3개월간 거의 매일 음주하였고, 2007년 노동일을 하는 중에는 일주일에 2~3회씩 새벽까지 만취 수준으로 음주함. 2008. 8.경에는 자격시험에 실패한 친구와 함께 빈번히 음주하였음.

○ 흡연은 하지 않으며, 뉴질랜드 체류시 한 차례 마리화나를 사용한 적이 있음.

마. 신체 및 건강상태

○ 신장 168cm, 체중 60kg, 혈액형 A형, 문신 없음.

○ 전반적인 건강상태는 양호하나 팔꿈치 관절의 선천적 기형으로 인해 양팔이 수평으로 펴지지 않음. 일상생활에 별다른 지장이 없지만, 그로 인해 군 면제 처분 받음.

○ 수술 경력 : 2003. 3. 오토바이 운행 중 승용차와 추돌사고를 당해 우측안면이 함몰되어 수술 후 3개월간 입원치료 받음.

6. 인지 및 성격특성

가. 인지 능력

○ 피의자와의 면담 내용, 초·중·고교 재학 중의 학업성적, 고교 졸업 이후의 전반적인 적응수준 등을 종합할 때, 지능수준이 '평균상 수준' 이상에 해당할 것으로 추정됨.

- 중학교 1학년(1993. 5.) 때 실시한 일반 지능검사 결과 : IQ 132

나. 정서상태 및 성격 특성

○ 현재 우울감과 불안 수준이 상승되어 있는 상태로, 걱정과 근심 등으로 다소 복잡한 심경임. 또한, 내적으로는 자신에 대한 부정적인 자아상을 경험하고 낮은 자존감과 열등감을 느끼지만, 이를 만회하고 방어하기 위해 과대한 목표를 세우거나 과도하게 긍정적인 면을 부각시키려 하겠음.

○ 구조화된 틀에 적응하기보다 새롭고 신기한 자극을 선호하고 변화와 모험을 추구하는 경향이 있음. 이에, 낯선 상황의 탐색에서 흥분을 느끼고 위험이 예상되는 상황에서도 위축되지 않는바, 처벌이나 위험을 피하기 위해 행동을 억제하는 면이 미흡하겠음.

○ 성취에 대한 야망이 있는 사람으로, 사소한 좌절 등에는 쉽게 동요되거나 포기하지 않으며, 목표를 이루기 위해 끈기와 참을성을 갖고 노력하는 의지도 보이겠음. 그러나 다분히 자기중심적인 일면도 있어 다른 사람의 감정을 고려하거나 자신과 목표나 가치관이 다른 사람을 수용하기는 어렵겠음.

○ 피상적이고 일상적인 대인관계는 유지하지만, 친밀한 관계의 형성과 유지에는 어려움이 있고 미성숙하여, 평소 사회

적 지지망을 충분히 확보하지 못한 채 소외감을 경험하였을 소지도 있음.

○ 최근, 자신의 노력만으로 극복하기 어려운 경제적 곤란 등 현실적 제약으로 인해 자신의 목표와 계획이 좌절되는 상황에 처하면서 미래에 대한 불안감과 더불어 상당한 좌절감과 심리적 압박이 있었던 듯함. 그러나 이를 해소하지 못한 채 내면에 억압하거나 알코올에 의존하는 등 현실 회피적인 대처방식을 보여 왔던 것으로 보여짐.

7. 심리 성적 특성

가. 심리 성적 발달 (피의자의 진술)

○ 소아기에 이웃집 할아버지가 "고추를 따먹는다"면서 피의자의 성기를 만지곤 하여 이를 싫어하며 피했던 기억이 있고, 초교 저학년 때 부모가 성관계시 내는 소리를 들었던 경험이 있음.

○ 중학교 입학 후 2차 성징이 나타나면서 체모가 나고 변성기가 시작되었으며 발기를 경험함. 중 1학년 때 친척집에 갔다가 앞집에 거주하는 여성의 샤워 장면을 목격하였는데, 당시 '충격적'이었던 것으로 회고함.

○ 중 3학년 때 공식적인 성교육을 받았고, 고교 입학 후 동급생들로부터 성경험에 대한 정보를 습득함. 고 1학년 즈음 타인의 카섹스장면을 2번 가량 목격하였고, 급우들과 함께 음란소설과 음란비디오를 보기도 함.

○ 고교 2학년 때와 3학년 때에도 성에 대한 관심은 있었으나, 대학교 입학 후에야 교제하던 여성과 입맞춤, 애무 수준의 신체적 접촉을 경험함.

○ 2001년 뉴질랜드에서 지내던 중 교제하던 6살 연상의 여성

과 상호 합의하에 최초 성관계 하였고, 이후 동거하던 중 여자친구가 임신하여 중절 수술한 경험도 있음.

○ 피의자는 최초 성관계 이후 성적 욕구가 증가하여 적극적으로 포르노그래피를 보기 시작함. 포르노그래피의 내용은 주로 이성 간의 성행위 장면을 셀프카메라 형식으로 담은 것이었음. 피의자는 포르노그래피를 보면서 자위행위로 이어지는데, 자위행위에 대해 '불결하다'고 생각하면서도 성적 충동으로 인해 계속하게 된다 함.

○ 2007년경에도 관세사 2차시험을 포기한 후의 상실감 등으로 인터넷을 통한 음란 동영상을 일주일에 2~3번 가량 보았는데, 주로 이성간의 성행위 장면을 담은 속칭 '몰래카메라' 형식의 내용이었음.

○ 중 1학년 이후 2005년경까지 약 4차례에 걸쳐 이성교제를 하였고, 이 중 2명과 성관계를 하였으며, 3명 가량과 정서적 유대감을 경험함. 그러나 2004년 두 번째 여자친구와의 결별 후에는 '친밀한 관계에서 상처받는 것에 대한 두려움' 등으로 더 이상 이성교제를 시도하지 않음.

○ 2005년경 술집에서 만난 2살 연상의 여성과 일회성 성관계를 가진 적이 있고, 2007년경에는 함께 일하던 동료들과 함께 '마사지업소'에서 한 차례 성매매함. 피의자는 성매매업소 출입에 대한 거부감, 부끄러움 등으로 더 이상의 성매매는 하지 않았다 함.

○ 성행위는 질 삽입성교를 주로 하지만, 구강성교와 항문성교를 경험하기도 함. 발기부전, 조루증 등 성기능 부전의 문제는 없음.

나. 성 인식 및 태도

○ 강간통념척도(이석재, 1999)[4] 결과, 일반 여성을 대상으로

한 성폭행에 대한 왜곡된 신념은 뚜렷하지 않음. 그러나 ‘남성의 성적 욕구를 통제될 수 없는 것’으로 간주하는 경향이 있어, 성적 욕구의 행동화를 정당화하거나 묵과하는 태도로 이어질 수 있음.

○ 평소 성과 관련된 이야기를 금기시하는 등 성적 욕구나 충동을 자연스럽게 받아들이지 못하고 은밀하고 부담스러운 것으로 인식해 옴. 이로 인해, 성적 충동을 적절히 해소하지 못하고 부적절한 방식으로 표출하게 되는 측면도 있어 보임.

다. 일탈적인 성적 환상 및 충동

○ 소아에 대한 성적 흥미 및 소아, 청소년과의 성적 접촉은 없었으며, 강압적이고 폭력적인 성행위에 대한 환상은 부인하나, **관음증적인 성적 욕구와 충동**은 인정함.

○ 상호간의 애정에 기반을 둔 성적 관계를 형성하지 못하고, 정서적 교감이나 친밀감이 없는 상황에서, 동의하지 않은 상대를 대상으로 한 강압적인 성적 행동을 반복하는 등 일탈적인 성행동에 몰두해 왔음을 고려할 때, **성도착증적 경향**이 의심됨.

○ 성적 일탈성에 대한 통찰 정도

- 피의자는 사회적으로 용납되지 않는 자신의 성행동에 대해 죄의식과 수치심, 우울감 등을 느끼지만, 이러한 감정이 행동을 통제하거나 감소시키지 못하고 있음.

---

4) 강간통념척도(이석재, 1999)는, ‘강간통념’(성폭행에 대해 사람들이 가지고 있는 왜곡된 신념)의 수용정도를 측정하기 위한 자기보고식 검사로, 총 20개의 문항으로 구성됨. 피검자는 성폭행에 대한 왜곡된 신념을 기술한 각 문항에 대해 동의하는 정도를 ‘매우 부정(1점)’에서 ‘매우 긍정(9점)’까지의 척도상에 표시함.

• 일련의 사건을 계속하던 중, 본인 스스로도 문제가 있다고 생각하여 정신과 치료 등을 고려하였으나, 실제 치료로 연결되지 않은 채 범행을 반복해 옴.

8. 참고사항

가. 피의자의 태도

○ 진술 태도

• 조사과정에서 크게 긴장함이 없이 담담한 모습으로 대부분 공손하고 협조적인 태도였고, 주저함 없이 자신의 생각을 논리적이고 조리 있게 설명함. 자신의 문제에 대한 정확한 평가가 이루어져 성적인 측면이나 정신적으로 문제가 있을 경우 적절한 치료도 받고 싶어 함.

• 성장과정이나 생활환경 등 일반사항에는 비교적 솔직하게 진술하였으나, 구체적인 범행내용은 자세히 언급하지 않았고 성적인 측면에서는 다소 방어적인 모습도 보였음.

○ 본건에 대한 태도

• 피의자는 음주상태에서 스스로를 통제하지 못해 본건에 이르렀다면서, 범행 사실을 인정함. 피해자들에 대해 “11명의 영혼을 빼앗았다, 피해자들에게 할 말이 없으며 하루 빨리 정상생활로 복귀할 수 있기를 기도한다”면서, 자신의 죄를 생각할 때 선처를 바랄 수는 없을 것이라 함.

나. 향후 생활계획

○ 본건의 처분을 앞두고 있어 일정한 계획을 수립하기는 어렵지만, 이미 실형을 예상하고 있는 상황으로, 복역기간 중 관세사나 노무사 등의 자격증을 취득하거나 영어, 일어 등

의 어학공부에 힘써, 출소 후 사회적응을 위한 준비를 하겠다 함. 또한 가능하다면 한국을 떠나 뉴질랜드에 정착하기를 희망하고 있음.

9. 재범 위험성

가. 한국 성범죄자 재범위험성 평가 척도(KSORAS)[5] 결과

○ KSORAS 결과, 총점 16점으로 재범위험성 '상' 수준에 해당, 향후 재범가능성이 높다고 평가됨.

○ 재범의 위험요인으로는, 피의자의 나이가 25세 이상~40세 미만에 해당하는 점(2점), 혼인 경험이 없는 점(1점), 최초 경찰입건 연령이 19세 이상~25세 미만에 해당하는 점(1점), 본건이 직접적 성범죄인 점(3점), 이전 성범죄 횟수가 5회 이상인 점(5점), 폭력범죄의 횟수가 1회인 점(1점), 본건의 피해자가 낯선 사람인 점(1점), 본건의 피해자가 2인 이상인 점(1점), 본건에서 현저한 폭력이 사용된 점(1점) 등임.

---

5) 한국 성범죄자 위험성 평가 척도(KSORAS)

- 한국성범죄자위험성평가척도(KSORAS)는 18세 이상 남성 성폭력범죄자의 재범 위험성을 평가하기 위해 개발된 척도로, 총 15개의 위험요인으로 구성됨.
- 척도를 구성하는 위험요인으로는 범죄자의 연령, 혼인관계여부, 최초 입건연령 수준, 본 범죄의 유형, 이전 성범죄 횟수, 다른 폭력범죄의 횟수, 총 시설 수용기간, 피해자의 나이, 피해자와의 관계, 피해자의 성별, 피해자의 수, 피해자와의 나이차, 현저한 폭력사용여부, 수용기간 동안의 문제행동 여부, 범행에 대한 책임수용 등이 있음.
- 재범 위험성은 KSORAS 총점에 따라 구분되는데, 전체 29점 만점 중 13점 이상의 경우에는 재범위험성 '상' 수준, 7~12점에 해당하면 '중' 수준, 6점 이하에 해당하면 '하' 수준으로 분류됨.

나. 정신병질자 선별도구(PCL-R, The Hare Psychopathy Checklist-Revised)[6] 결과

○ 정신병질자 선별도구(PCL-R) 평가 결과, 총점 18점으로 **폭력과 관련된 일반적인 재범 위험성이 '중' 수준**에 해당함.

○ 피의자는 정서적 반응이 피상적이고 공감능력과 죄의식 등이 미흡한 면이 있으며, 생활양식 면에서 충동적이고 감각을 추구하는 경향이 있음. 또한, 자신의 능력에 대해 다소 과장된 관점을 보이는 반면 타인에게는 냉담하고 피상적인 모습이겠음.

Ⅳ. 조사자 의견

가. 피의자의 특성 및 재범위험성 평가 종합

○ 피의자는 청소년기에 성적 충동과 욕구를 금기시하며 억압해 왔으나, 초기의 성적 경험이 주로 타인의 나체나 성행위

---

6) 정신병질자 선별도구(PCL-R, The Hare Psychopathy Checklist-Revised)

- PCL-R은 '정신병질(psychopathy)' 여부를 평가하기 위한 20개 문항으로 이루어진 척도로, 폭력과 관련된 일반적인 재범 위험성을 평가함. PCL-R 총점에 따라 재범 위험성이 구분되는데, 총점 25점 이상은 '상', 6~24점에 해당하면 '중', 5점 이하에 해당하면 '하' 수준으로 분류됨.
- 반구조적 면담, 기록문서, 부가정보를 이용하여 정신병질의 전통적 개념들과 관련된 성격특질과 행동들을 측정함. 구체적인 문항으로는, 피상적 매력, 과도한 자존감, 자극추구, 병적인 거짓말, 사기성/교활함, 후회 혹은 죄책감 결여, 얕은 감정, 공감능력 결여, 기생적인 생활방식, 행동통제력의 부족, 문란한 성생활, 어릴 때 문제행동, 현실적이고 장기적인 목표부재, 충동성, 무책임성, 책임감 못 느낌, 단기혼인관계, 청소년비행, 조건부 가석방의 취소, 다양한 범죄력 등이 있음.

에 대한 엿봄에서 시작된 탓인 듯 다분히 관음증적인 성적 취향이 있었고, 2001년 최초 성경험 이후 전반적인 성적 충동이 커지며, 성적인각성이 고조되어 온 것으로 추정됨.

○ 2005년 이후, 친밀한 정서적 유대감이 결핍된 상태가 계속되면서 충족되지 못한 유대감과 친밀감에 대한 욕구가 일탈적인 성적 욕구를 강화시키는 것으로 연결되어 왔으며, 2007년 이후 경제적 어려움 등의 현실적 제약으로 자신의 목표가 좌절되는 등의 스트레스 상황이 반복되자, 관음증적인 색채를 띤 '몰카'형식의 포르노그래피에 몰두하거나 일시적으로 심리적 스트레스에서 회피하려는 의도로 빈번히 음주하여 왔음.

○ 음주를 통해 금지해제된 상태에서, 고조되어 있던 성적 충동이 폭력적 성향을 띤 일탈적 성행동으로 표출되었고, 이후 범행이 반복되면서 보다 대담해지고 범행의 발생 주기도 단축되는 양상을 보여 왔음.

○ 피의자가 평균 이상의 지능 수준과 사회적응 능력을 갖추고 있고 자신의 성적 취향에서의 일탈적인 측면을 인식하고 있는 점은 긍정적이나, 대인관계 면에서 피상적이고 친밀감에 대한 정서적 결핍감이 크며, 남성의 성적 욕구를 통제될 수 없는 것으로 간주하는 경향이 있어 성폭력과 같은 성적 욕구의 일탈적인 행동화를 정당화하는 태도로 이어질 소지가 있는 점, 무엇보다도 관음증적인 성적 선호와 함께 강압적인 형태의 성적 행동화 양상을 반복하는 등 성도착증적인 양상이 의심되는 점 등은 재범의 위험성을 높이는 요인들로 보여짐.

나. 처분 의견

○ 장기간 성폭행을 반복해오는 등 상습성이 의심되고, KSORAS

등 재범위험성 평가결과 재범위험성이 '상' 수준인 점 등을 고려할 때, 피의자에게는 사회내처우가 적절하지 않다고 판단되며, 향후 사회복귀시 위치추적 전자장치의 부착을 통해 재범예방의 효과를 도모함이 바람직할 것으로 사료됨.

○ 이와 함께, 정상범위를 벗어나는 성적 각성 및 행동, 사회적 결핍감과 소외감을 비롯한 대인관계의 문제, 부적절한 자존감 등에 대한 치료적 개입을 시도함도 필요하다고 여겨짐.

조사자 : 책임관 ○ ○ ○ (인)
검토자 : 보호관찰관 ○ ○ ○ (인)

▶ 첨부서류

1. KSORAS 결과표 1부
2. 주민등록등본 및 초본, 가족관계 등록부 등 각 1부
3. 범죄경력조회서 1부
4. 초등・중학교 생활기록부 각 1부
5. 심리검사 결과표(MMPI-2, 문장완성검사, JTCI) 각 1부
6. 출입국사실 검색결과 통보서 1부
7. 입건 사건의 수사의견서 각 1부

〈 KSORAS 결과표 〉

문항	위험 요인	코 드	점 수
1	피검사자의 나이(만)	18-25세 미만 25-40세 미만 40-50세 미만 50세 이상	3 ② 1 0
2	혼인관계	혼인경험이 없는 혼인경험이 있는	① 0
3	최초 경찰 입건나이(만)	13세 미만 13세-19세 미만 19세-25세 미만 25세 이상	3 2 ① 0
4	본 범죄의 유형	직접적 성범죄 비직접적 성범죄	③ 1
5	이전 성범죄 횟수	5회 이상 4회 3회 2회 1회 0회	⑤ 4 3 2 1 0
6	폭력범죄 횟수	3회 이상 1-2회 해당사항 없음	2 ① 0
7	총 시설 수용기간	5년 이상 2년 이상-5년 미만 2년 미만	2 1 ⓪
8	본 범행 피해자의 나이	장애인 혹은 13세 미만 13세-18세 미만 18세 이상	3 1 ⓪
9	본 범행 피해자와의 관계	완전히 낯선 사람	①

<table>
<tr><td></td><td></td><td>친족
친족은 아니나 알던 사람</td><td>1
0</td></tr>
<tr><td>10</td><td>본 범행 피해자의 성별</td><td>남성
여성</td><td>1
⓪</td></tr>
<tr><td>11</td><td>본 범행 피해자의 수</td><td>2인 이상
2인 미만</td><td>①
0</td></tr>
<tr><td>12</td><td>본 범행의 범죄자와 피해자와의 나이 차</td><td>10세 이상 현저한 차이
그 외 큰 차이 없음</td><td>1
⓪</td></tr>
<tr><td>13</td><td>본 범행의 현저한 폭력 사용</td><td>해당사항 있음
해당사항 없음</td><td>①
0</td></tr>
<tr><td>14</td><td>수용기간 동안의 문제행동 여부</td><td>해당사항 있음
해당사항 없음</td><td>1
⓪</td></tr>
<tr><td>15</td><td>본 범행에 대한 책임 수용</td><td>책임 회피
책임 수용</td><td>1
⓪</td></tr>
<tr><td colspan="2">KSORAS 총점 : 13점 이상</td><td>위험성 상(上) 수준</td><td rowspan="3"><u>총점 16점</u>
위험성 상(上)수준</td></tr>
<tr><td colspan="2">KSORAS 총점 : 7 ~ 12점</td><td>위험성 중(中) 수준</td></tr>
<tr><td colspan="2">KSORAS 총점 : 6점 이하</td><td>위험성 하(下) 수준</td></tr>
</table>

부 록 3

※ 법원양형조사서 1

양 형 조 사 서

사건번호 : 2009고합000
죄　　명 : 살 인
성　　명 : ○○○
주민등록번호 : ○○○○○○-○○○○○○○

「국민을 섬기는 법원」

2009. ○. ○○.

○ ○ 지 방 법 원

▸ 본 조사관은 피고인과의 면담조사 불능으로 피고인에 대한 사항을 피고인을 면담한 피고인의 부(○○○)의 진술에 의하여 작성함.

1. 피고인 인적사항

성 명	○○○(한자○○○)	주민등록번호	600000-2000000 (만47세)
주 소	○○광역시 ○○구 ○○동 ○○○-○○○ ○○빌라 ○동 ○○○호	학력	고졸
거 소	○○상동(구치소 수용 중)	직업	무직
등 록 기준지	○○도 ○○군 ○○면 ○○리 ○○○○	종교	기독교
연락처	○○○-○○○-○○○○	취미 특기	-
비 고			

2. 당해범죄 관련사항

가. 공소사실의 요약

○ 피고인은 2009. 7. 14. 23:05경 ○○광역시 ○○구 ○○동 ○○○-○○○ ○○빌라 ○동 ○○○호에 있는 피고인의 집 앞 복도에서 이웃집에서 사는 피해자 이○○(42세)와 계단에 있는 전등의 소등문제로 말다툼을 하다가 피해자로부터 욕설을 듣자 격분하여 피해자를 죽이기로 마음먹고, 부엌에 있던 부엌칼(칼날길이 : 12cm)을 가지고 현관문으로 나와 뒤돌아서는 피해자의 배부분을 힘껏 1회 찔러, 그로 하여금 2009. 7. 16. 19:50경 ○○광역시 ○○구 ○○동 ○○○○에 있는 가천의대 길병원에서 치료 중 복부자상에 의한 범발성 혈액응고 장애로 사망하게 하여 피해자를 살해함.

나. 공소사실 인정여부

○ 피해자 이○○와 계단에 있는 전등의 소등문제와 피고인이 피해자의 문을 발로 찼다며 말다툼을 하였으나, 피고인이 피해자의 배를 부엌칼로 찔렀다는 사실은 인정하지 않음.

다. 범행동기 및 전후의 정황

(1) 피고인의 부(○○○)의 진술에 의하면,

○ 피고인은 2001년도 ○○광역시 ○○구 ○○동 ○○○-○○○ ○○빌라 ○○○호에 이사 왔으며, 피해자는 1년 전에 같은 빌라 ○○○호에 이사하여 이웃으로 살게 되었고, 별다른 다툼 없이 살다가, 이 사건이 있는 날 피고인과 피해자가 거주하는 같은 빌라 출입구 계단 위에 설치된 전등을 소등하는 문제로 다툼이 있었는데, 피고인이 위 전등을 소등하여 피해자가 계단에서 넘어져 손가락을 다쳤다며 피고인을 찾아와 항의하였으나 다툼 없이 끝났는데, 잠시 후 피해자가 다시 피고인을 찾아와 "왜 남의 집 현관문을 발로 차느냐"며 소리치고 욕을 해서 무서워 문을 닫아 잠그고 출입문 손잡이를 힘껏 잡고 한참 있는데 바깥에서 계속 누가 문을 두드리며 잡아당겨 하는 수 없이 현관문을 열었더니 경찰관들이 있었고 피고인이 피해자를 칼로 찔렀다며 체포되었음.

(2) 피해자의 처(이○○), 큰딸(이○○)의 진술에 의하면,

○ ○○광역시 ○○구 ○○동 ○○○-○○○ ○○빌라 ○○○호로 이사온 지 1년이 조금 지났으며 전세보증금 3,000만원인 전세로 살고 있으며, 피고인은 ○○○호에 사는 이웃집 사람으로 평소 이웃 간에 왕래는 없었으며 피해자와는 가벼운 인사정도 하는 사이였음.

○ 가끔 피고인의 집인 ○○○호 쪽 벽에서 피해자의 벽 쪽을

향하여 무엇인가로 벽을 치는 소리가 가끔씩 들렸고, 이유 없이 피해자의 현관문을 두드리고 사람이 나오면 집으로 들어가 버리기도 하였으며, 피해자가 생전에 "○○○호 아줌마가 남의 집 창문을 기웃거리며 단지 내에 주차된 차량을 두드리는 것을 몇 번 목격하였다"는 말을 가족들에게 하였으며, 출입구 계단 위에 설치된 전등을 자꾸 소등하여 2, 3층에 사는 이웃사람들도 불만이 있었으나 큰 다툼 없이 지냈고, 이 사건이 일어나기 며칠 전에도 소등문제로 불편이 있었으나 별일 없이 넘어갔음.

○ 이 사건이 일어났던 당일에는 소등문제는 없었고, 피고인이 밤 11시경 피해자의 집 출입문을 무엇인가로 두드리며 시끄럽게 하여, 피해자가 출입문을 열고 나갔으나 피고인이 집으로 들어가 버리자, 화가 난 피해자는 피고인을 불러내 "밤 늦은 시간에 왜 남의 집 현관문을 두드리느냐"고 하자, 오히려 피해자가 피고인의 현관문을 두드렸다며 소리치자 더욱 화가 나 말다툼이 있었고, 피해자의 처가 말리자 화가 진정되어 돌아서는 순간 피고인이 피해자의 옆구리를 칼로 찔러 피해자가 "아"하는 소리와 함께 옆구리를 손으로 움켜쥐고 있었고, 피고인은 손에 칼을 들고 있었음.

○ 피해자의 옆구리에서는 피가 흘렀고, 피고인은 집으로 들어가 버렸으며, 잠시 후 구급차가 도착하여 피해자와 함께 처는 병원으로 갔음.

○ 목격자 중에 누군가가 신고를 하여 119구급차가 먼저 도착하여 피해자와 피해자의 처는 구급차를 타고 병원으로 갔으며, 피고인은 집으로 들어가 현관문을 잠그고 나오지 않아 피해자의 큰딸과 같은 빌라 ○○○호 아줌마(장○○)가 사람이 칼에 찔렸다며 문을 열라고 하였으나 한참동안 문을 열지 않고 있다가 문을 따려고 하자 겨우 문을 열고 나

와 경찰에 체포되어 갔음.

라. 피해회복 여부

○ 피해내용으로 피해자 이○○(남, 42세)의 배 부분이 칼에 찔려 사망함.

○ 피해회복은 이루어지지 않았으나 이 사건 현장검증이 있는 날 피고인의 부가 피해자의 가족을 찾아가 가족을 만난 적이 있으며, 이 때 피해자의 가족은 집안의 가장인 피해자가 사망함으로 인하여 앞으로의 생활이 막막하다고 호소하였는데, 피고인이 부인하고 있어 현재는 합의할 단계가 아니며 재판과정에서 공소사실이 사실로 밝혀지거나 피해관계가 구체적으로 밝혀지면, 당연히 피해를 보상하고 피해자에게 잘못을 빌고 용서를 구하는 등 할 도리를 다하겠다고 함.

○ 피고인에 대한 피해자 가족의 감정으로는 밤늦은 시간에 남의 집 현관문을 두드리며 피해를 주고서는 오히려 항의하는 피해자가 피고인의 현관문을 두드렸다며 거짓으로 변명을 하는 등 보통상식으로 이해하기 힘든 말을 하며 사소한 말다툼으로 사람을 칼로 찔러 사망하게 한 행위는 용서할 수 없고, 또한 피고인은 사람을 살인하고도 아무런 반성도 없고 피해자 가족에게 피해보상도 전혀 없으며 용서를 구한 적도 없다며 피해자 가족들은 너무 억울하고 분통이 터지며 피고인을 최대한 엄하게 처벌해 달라고 함.

3. 범죄경력

○ 수사기록에 나타난 범죄경력 자료조회에 의하면 해당자료 기록 없음.

4. 생활환경

가. 가족관계

관계	성명	연령	학력	직업	동거여부	비고
부		71	대졸	무직	별거	
모		70	고졸	무직	〃	
남동생		45	대졸	교사	〃	
남동생		41	대졸	공무원	〃	
남동생		37	대졸	공무원	〃	

○ 피고인의 부는 사범학교를 졸업하고 교사로 10년간 재직했으며 한때 출판업에 종사하였고, 정신문화연구원에서 근무하다 1998년도에 퇴직하였음. 피고인이 고등학교를 졸업하고 대학 진학문제로 부와 의견차이가 있었으나 최근까지 피고인에게 용돈을 챙겨주는 등 관계가 원만하였음.

○ 피고인의 모는 가족을 뒷바라지하며 큰 문제 없이 남편과 함께 자녀를 양육하였고, 피고인과의 관계도 원만하였음.

○ 피고인의 남동생들은 모두 대학을 졸업하여 직장생활을 하고 있으며 형제간의 우애가 깊고 최근까지도 경제적으로 어려운 누나에게 용돈을 주는 등 큰 도움을 주고 있음.

나. 피고인의 성장과정

○ 피고인은 부 ○○○ 모 ○○○ 사이에서 3남 1녀 중 장녀로 태어나 서울 ○○초등학교, ○○여자중학교(○○여중으로 변경), ○○○여자고등학교를 졸업하였음. 부친은 피고인이 대학에 진학하기를 강력히 권유하였으나 동생들이 대학에 가야 한다며 대학진학을 포기하고 직장생활을 시작하였음.

○ 피고인은 어린 시절부터 온순하여 부모님과 큰 갈등 없이

생활하였으나 피고인이 고등학교 3학년 때 대학생 남자를 알게 되어 결혼하겠다는 얘기를 하였으나 부모는 피고인이 고등학생으로 결혼할 수 없다며 반대하였고, 졸업 후 직장생활을 하면서 ○○동에서 가내수공업을 한다는 남자와 함께 찾아왔었는데 부친은 상대가 신체 장애인이고 마음에 들지 않아 결혼을 허락하지 않았다고 함.

○ 피고인이 수사기관에서 진술하고 있는 "1990년도에 ○○○와 결혼했고, 자녀가 있었다"는 것에 대해서는 피고인의 부는 사실이 아니며 그럴 리가 없다고 함.

○ 부모님의 대학진학에 대한 열망에도 불구하고 이를 포기하고 서울 ○○역 부근에 있는 '○○전자'에 취직하여 5년간 직장생활을 하였고, 이곳에서 퇴직 후 다른 직장을 구하지 않고 가족과 함께 있다가 1996년 방을 얻어 혼자 독립해 살고 있음.

○ 피고인은 2000년도에 보육교사 양성교육과정을 수료하여 보육교사 2급 자격을 취득하였음.

다. 학교생활 및 교우관계

(1) ㅇㅇ초등학교

○ 1968. 3. 5. ○○초등학교 입학 → 1971. 3. 5. ○○초등학교 전학 → 1973. 4. 9. ○○초등학교 전학 → ○○초등학교 졸업

○ 출결상태 : 38일 결석

○ 성격은 온순하고 내성적이며, 모든 일에 소극적이고 학습능력이 부족함.

(2) ㅇㅇ여자중학교(변경후 ㅇㅇ중학교)

○ 출결상태 : 7일 결석

○ 과묵하고 말이 없으나 온순함.

(3) ○○○여자고등학교

○ 출결상태 : 1일 결석

○ 온순하고 얌전함.

라. 현재의 생활환경

(1) 보호자의 관심 및 보호능력

○ 피고인은 성격이 온순하고 가족애가 깊어 가족들은 항상 피고인에 대하여 신뢰하고 있으며 이번 사건에 관하여 피고인이 사람을 살해했다는 것에 대하여 이해할 수 없다고 함.

○ 피고인의 모는 최근 디스크 수술로 거동이 불편하여 피고인을 면회하기 힘들고 동생들도 직장관계로 자주 찾지 못하고 있으나 피고인의 부는 주 3회 정도 면회를 하고 있으며 피고인을 위하여 변호사를 선임하는 등 피고인에 대한 관심과 보호에 적극적임.

(2) 직업 및 대인관계

○ 직장생활은 ○○전자에 5년간 근무한 경력 외에는 별다른 직장이 없었으며 직장 동료들과의 관계에서도 원만하였음.

(3) 생활여건

주거형태	방개수	평수	동거인원	주거기간
빌라	3개	13평형	1명	10년

○ 피고인은 무직으로 직업상 수입은 없으나 정부보조금 30만원과 가족들이 보내주는 용돈 15만원으로 생활하고 있음.

○ 피고인의 채무는 없으며 보유재산으로는 부동산이 있으며 피고인이 거주하는 주거지 빌라를 피고인의 모와 1/2씩 공

유지분으로 소유하고 있음.

○ 피고인의 재산인 위 부동산에 피해자의 가족이 청구금액 1억 4,000만원을 가압류한 상태임.

5. 심신상태

가. 신체상태

신장	체중	혈액형	문신	건강상태	비 고
160cm	60kg	B형	-	정신장애 3급	• 흡연 : 반갑/일 • 주량 : -

○ 고등학교를 졸업하고 ○○전자에 근무 중 퇴직한 후부터 약간의 우울증이 있었고 점차 심해져 2001년도에 ○○신경정신과의원에서 병명이 '정신분열증성 정신병' 진단을 받고 ○○구청에 장애인 등록을 신청하여 정신장애 3급으로 등록되었음.

나. 성격 및 심리상태

○ 피고인은 직장생활 중에 만난 장애인과 결혼을 하고자 하였으나 가족의 반대로 결혼하지 못하자 이때부터 우울증 증상을 보이기 시작하였으며 집중적인 치료를 하지 못하였고, 2001년도에 정신분열증 진단을 받게 되었다고 함.

6. 기타 참고사항

가. 조사과정

○ 피고인의 부(○○○)는 2009. 8. 12. 13:00 위 법원 1104호 조정실에 출석하여 피고인 ○○○의 가족관계, 성장과정 등을

면담하였으며, 면담 내내 담담한 표정으로 면담에 임하였음.

○ 피해자의 처(이○○), 큰딸(이○○), 작은딸(이○○), 피해자의 처제(이○○)는 2009. 8. 13. 15:00 위 법원 1104호 조정실에 출석하여 범행당시 상황, 피해자의 상태, 피해자의 감정 등을 면담하였으며, 면담 내내 눈물을 흘리며 앞으로 살아갈 일이 막막하다며 피고인에 대한 분노를 나타내기도 함.

나. 피고인의 반성

○ 피고인은 현재 범행을 부인하고 있고, 피고인의 부친도 피고인이 사람을 살해하지 않았다고 생각하고 있어 피해자에 대한 반성은 없어 보임.

다. 향후 생활계획

○ 피고인은 2001년도에 정신분열증 진단을 받았지만 집중적인 치료를 한 번도 받아보지 못했고, 1개월 가량 통근치료를 받았으나 피고인이 약을 먹지 않아 이마저도 치료가 어려워 병이 악화되었는데 출소하면 먼저 정신장애 치료에 집중할 것임.

7. 추가조사 사항

가. 피해자의 특성 및 환경

○ 사망 전 피해자는 신장 180cm 몸무게 68kg으로 마른 체형이나 건강한 상태였으며, 피해자는 다른 사람과 싸움을 하거나 폭력을 휘두른 적이 없으며, 술과 담배를 하지만 사건 당일에는 술을 먹지 않았으며, 실직으로 1년 가까이 쉬다가 2달 전에 ○○광역시 ○○공단 내에 있는 도금공장에 취직하여 월 180만원의 수입이 있었음.

○ 현재 거주하는 집은 보증금 3,000만원에 전세를 살고 있으며 이 중 2,000만원은 전세자금 대출을 받았고 피해자가 1년간 실직하여 생활자금으로 사용한 카드대금으로 대략 2,000만원의 채무가 있으며 피해자의 처는 시간제 아르바이트를 하면서 월 40만원의 수입이 있는데 앞으로 어린 두 자녀를 어떻게 양육해야 할지 막막한 상태임.

○ 피해자의 유족으로는 처(이○○, 42세), 큰딸(이○○, 중3), 작은딸(이○○, 초3)이 있음.

나. 기타 참고인 진술

○ 2009. 8. 17. 13:15 이 사건 같은 빌라 ○동 ○○○호에 사는 장○○과 전화면담하여 피고인 및 피해자에 관하여 참고인 조사를 하였음.

○ 참고인 장○○은 이 사건 빌라 ○동을 대표하여 같은 동에 일괄적으로 부과되는 수도요금을 각 세대별로 나누어 징수하는 일을 처리하고 있으며 이곳에서 거주한 지 19년째인 관계로 피고인과 피해자를 여러 번 만난 적이 있다고 함.

○ 피고인은 평소에도 이상한 행동을 하였는데, 구체적으로는 밤에 쿵쿵 소리가 나도록 음악을 크게 틀어놓기도 하고, 혼자서 밖을 향해 욕을 하여 몇 번 조용히 하라고 한 적이 있으며, 피고인이 빌라 출입구 전등을 자꾸 소등하여 늦게 귀가하는 학생이나 이웃사람이 불편하므로 소등을 하지 말라고 얘기한 적이 여러 번 있었음.

○ 피고인이 가끔 이상한 행동을 하는 경우 피고인의 가족인 부친에게 전화를 하여 알려주면 부친이 다녀간 후에는 얼마간 조용하다가 다시 반복되고 하여 새로 이사오는 이웃에게는 주의를 당부하였음.

○ 피해자가 거주한 ○○○호는 전에 집주인인 할머니가 살았

는데 할머니하고 피고인하고 여러 번 다툰 적이 있었는데 참고인(장○○)이 중간에 나서서 수습을 한 적이 있음.

○ 사건 당일 저녁에 쿵쿵거리는 소리가 몇 번 들렸는데 ○○○호인지는 몰랐고 나중에 시끄러운 소리가 나서 나가보니 아래층에서 순식간에 사건이 일어났음.

○ 평소 피해자에 관하여 특별히 이상한 점은 없었으며 피해자는 피고인 외의 이웃사람과 다툰 적도 없었음.

○○ 지방법원 법원조사관 ○○○ (인)

법원주사관보 ○○○ (인)

▶ 첨부서류

1. 주민등록초본 1부
2. 혼인증명서 및 가족관계증명서 각 1부
3. 제적등본 1부
4. 초·중·고등하교 생활기록부 각 1부
5. 진단서 사본 1부
6. 수료증 사본 1부

부록 4

※ 법원양형조사서 2

양형조사서

사건번호 : 2009고합○○○ (합의○○부)

죄 명 : 성폭력범죄의 처벌 및 피해자보호 등에 관한 법률 위반(특수강도강간 등)

성 명 : ○○○

조사명령일 : 2009. ○. ○○.

보고기한 : 2009. ○. ○.

2009. ○. ○.

○ ○ 중 앙 지 방 법 원

조사계획 및 중점조사사항

○ 진행상황

- 2009. ○. ○○. 재판부에서 공판기록 및 증거기록 수령, 복사후 반환
- 2009. ○. ○○. 피고인의 동생인 ○○○과 피해자와 전화로 면담조사 여부를 물어보니 ○○○은 다음 주에 가족과 함께 조사를 받겠다고 하며, 피해자는 합의 여부 등이 결정되면 전화로 조사를 받는 것은 괜찮다고 함.
- 2009. ○. ○○. 피고인의 처 ○○○, 어머니 ○○○, 동생 ○○○을 ○○○호 조사실에서 면담조사
- 2009. ○. ○○. 피해자를 집 근처의 커피숍에서 만나서 조사를 진행
- 2009. ○. ○○. 피고인의 친구 ○○○을 전화로 조사

○ 조사계획

- 피고인 및 변호인이 1회 기일에 증거동의하여 증거기록이 제출되었으므로 이를 조사하여 사건의 기본적인 사항을 파악함.
- 피고인의 가족(부모, 처, 동생)의 면담 및 전화조사 등을 통하여 피고인의 가족관계, 생활환경 및 이 사건 전후의 정황 등을 파악하고
- 피해자와의 면담(또는 전화통화)을 통하여 사건의 발생경위 및 사건 후 피고인측과 합의여부 및 재판부에게 하고 싶은 말 등을 청취하여 재판부에 전달함.

○ 중점조사사항

- 범행은 계획적이었는지(피고인의 지적 수준이 일반인의 기

준에서 많이 떨어지는 등 장애가 의심스러우므로)
- 피고인이 범죄를 범하게 된 경위
- 피해자와의 합의 여부 및 피해회복 의지
- 기타 생활관계 등 피고인의 주변부 이야기

○ 피고인(구속)의 면담이 이루어지지 않은 관계로 사건의 기본적인 내용은 증거로 제출된 증거기록을 검토하였고, 사건 외적인 주변상황 등은 피고인의 가족 등의 면담 및 전화통화를 통하여 파악하였으며, 피해자의 경우 이 사건이 성범죄이기 때문에 피해자의 동의나 의사에 반하는 조사를 한다는 것은 무리이기에 철저히 피해자의 의사를 확인하고 조사를 진행하였으며, 이 사건으로 인한 정신적 피해 등과 피고인 측과의 합의 등을 피해자의 진술에 따라 정리함.

○ 사건명이 성폭력범죄의 처벌 및 피해자보호 등에 관한 법률 위반(특수강도강간 등)으로 되어 있는데, 공소장을 보면 강간등치상으로 되어 있으므로 사건 접수시에 잘못 입력된 것으로 보임.

1. 피고인 인적사항

성명	○○○	주민등록 번호	700000-1000000 (만 33세)
주소	○○도 ○○시 ○○구 ○○동 ○○○-○	학력	○○초등학교 졸업
거소	상동	직업	건설현장 일용직 노동
등록 기준지	○○도 ○○시 ○○면 ○리 ○○○	종교/취미, 특기	무교/컴퓨터게임, 전기기술

결혼 상태	이혼(2008. ○. ○.) 결혼(2008. ○. ○.)	부양가족	1명
연락처	○○○-○○○○-○○○○ (처, ○○○) ○○○-○○○○-○○○○ (동생, ○○○)	병역사항	면제

2. 심신상태

가. 신체상태

신장	체중	음주	흡연	약물	비고
178cm	64kg	소주 1병	하루 두 갑		

○ 건강상의 특이점은 없음.

○ 16세에 동네 형들이 한 문신을 보고 멋있어 보여 우측 팔 부위에 10cm 가량의 큐피트 모습의 문신이 있으며, 우측 손등에는 거미를 그렸다가 지우고 절(卍)표시 문신이 있음.

나. 성격 및 심리상태

○ 피고인의 가족들은 피고인이 내성적이고 말로 잘 표현을 안 하지만 사람들과는 잘 어울리고 사람을 잘 사귀는 편이라고 하나, 피고인의 친구인 ○○○은 피고인이 표현력이 정상인에 비해 상당히 떨어져 사회적응능력이 부족하여 대인관계에 문제가 있었으며, 친구는 자신을 포함해 2명이 전부이며 다른 사람들은 피고인을 이용한다고 함. 피고인의 동생도 주변 사람들이 피고인을 이용하기에 찾아가서 그렇게 하지 말라고 주의를 준 적이 여러 차례 있었다고 진술함.

○ 첨부한 초등학교의 생활기록부를 보더라도 교과학습발달상황이 최하의 학업능력이며 특기사항에서도 특수지도가 요망된다고 표현할 정도로 지적 수준이 떨어지며 전혀 읽고 쓸 줄 모르며, 가족은 면담조사시 이런 사실을 드러내길 원치 않는 듯 보였으나, 친구는 피고인이 수업시간에 그네를 타는 등 정상적인 생활이 아니었다고 함. 그럼에도 피고인은 운전면허를 가지고 있는데, 피고인의 동생은 글을 읽지 못하는 사람에게는 구술로 시험을 치게 하며, 오랜 시간 면허를 따지 못하자 학원에서 구술시험 과정에서 따게 도와준 것으로 안다고 함.

○ 피고인은 평소 거짓말을 자주 하는데, 그 수준이나 내용이 누가 들어도 뻔한 거짓말을 하면서도 상대방이 속는 것으로 안다고 하며, 이 사건 당시 처갓집 근처로 이사를 가는 문제로 부모님과 부인이 상당히 다퉜으며 이로 인하여 평소 잘 마시지 않는 술을 자주 마셨다고 함.

3. 당해범죄 관련사항

가. 공소사실의 요약

피고인은 건설현장 노동에 종사하는 사람으로서 자동차보험을 가입하면서 알게 된 피해자를 운전자보험을 가입하여 주겠다고 하고 2009. ○. ○. 11:00경 경기도 ○○시 ○○구 ○○○동 ○○○-○번지 야산에서 피해자를 강간하기로 마음먹고 데려갔으나, 피해자가 반항하자 바지 뒷주머니에 가지고 있던 과도로 협박하여 반항을 하지 못하게 한 후, 화물차 조수석에서 피해자를 1회 간음하여 강간하고 피해자에게 14일간의 치료를 요하는 경부 등 타박상을 입힌 것이다.

나. 공소사실 인정여부 및 피고인측 의견

피고인은 수사과정 및 2009. ○. ○○.에 진행된 1회 공판기일에서 공소사실을 전부 인정하고 증거에 대해서도 전부 동의함.

다. 범행 동기 및 전후의 정황

○ 피고인은 2006. 중고 ○○○ 자동차를 구입하면서 카센터 사장의 소개로 피해자를 알게 되었으며, 그 후 보험처리 등의 문제로 1년에 4~5차례 전화통화를 한 적은 있었으나 만난 적은 없었다가 2009. ○.말경에 운전자보험을 추가로 가입하면서 카센터 사무실에서 약 30분 동안 대면을 하게 됨(피고인의 서명이 필요하여 우편으로 발송했으나 진행이 되지 않아 만나서 진행했다고 함, 피해자는 교통사고 처리를 위한 사건처리반과의 전화통화 및 대면에서 피고인이 말이 통하지 않으며 자기 주장만을 하며, 글을 전혀 읽거나 쓰지 못하는 등 지적 수준이 정상이 아니라는 것을 알고 있었다고 함).

○ 그 후 피고인 아버지의 운전자보험을 가입하겠다며 수차례 전화통화 후 사건 당일인 ○. ○. ○○버스터미널에서 피해자를 만난 피고인은 자신이 운영하는 무허가 사무실로 가자면서 피해자를 자신의 차량으로 사건 현장으로 데려감(계약서에 피고인 및 피고인의 아버지의 서명이 필요하기 때문에 피해자는 피고인의 아버지를 터미널로 나오라고 요구했으나, 피고인이 자신의 사무실에서 일단 진행을 하고 그 후에 아버지를 만나자고 했다고 함).

○ 사건 현장은 터미널에서 차량으로 약 10분 정도의 거리로 ○○초등학교 뒤편의 야산(초등학교에서 도보로 10분 정도의 거리)으로 작은 등산로가 있으며, 차량을 세워놓은 공터는 전원주택지를 조성하기 위해서 부지를 조성해 놓은 것으로 가는 길에 약간의 텃밭이 있고 아침에는 운동하는 사람들

이 있으나, 사건 당시는 그다지 사람이 많지 않은 시간대(오전 11시경)라고 함(○○초등학교 전 행정실 직원으로 그 동네에 거주함, ○○○-○○○-○○○○).

○ 6. 24. 경찰 피의자신문조서(1회)에서는 5월 말경에 피해자를 처음 봤을 때부터 성관계를 하고 싶다는 생각을 했으며 피해자를 강간하기 위해서 아버지의 보험을 가입해 주겠다며 유인했다고 진술(p.112), ○. ○○. 경찰 피의자신문조서(2회)에서는 피해자가 ○○으로 내려오기 30분 전부터 강간하려고 생각했다고 했으나(p.132), 검찰 피의자신문조서에서는 보험에 가입하려고 사무실로 이동하는 도중에 갑자기 강간하려는 생각이 들었다고 진술(p.144)하였으나, 피고인은 트럭에 승차하기 전에 평소 차량 뒤편에 가지고 다니던 과도를 운전석 사이드브레이크 옆에 있는 틈에다 옮겨 놓았을(p.145) 정도로 이 건 범행이 계획적인 것으로 보임.

○ 이 사건의 직접적인 동기는 피고인의 조사가 이루어지지 않아 알 수 없으나, 피고인의 처 ○○○ 및 친구 ○○○의 진술 등을 미루어 보면 피고인이 현재의 주거지인 결혼 전 ○○○의 집(피고인의 부모님이 살던 집과 가까움)에서 ○○○의 친정 쪽으로 이사를 가는 문제와 관련하여 피고인 부부와 피고인의 가족들 사이에 마찰이 있어서 평소 술을 그다지 즐기지 않는 피고인이 몸을 가누지 못할 정도로 술을 마신 날이 많았으며, 2008. 6. 중국인 배우자와 이혼 후 재혼한 현재의 부인과의 관계도 그다지 좋지 않았던 것으로 보이며 이로 인한 스트레스 등을 친구에게 자주 호소한 것으로 보임.

○ 범행 후 피해자를 다시 ○○버스터미널에 태우고 오던 중 '미안하다'는 취지로 말하자, 피해자는 '종교를 믿어라, 다시는 이런 짓을 하지마라'는 식으로 일단락되었으나, 이후

피고인의 전화를 피해자가 받지를 않자 협박성 음성메시지가 피해자의 핸드폰에 남겨지자, 피해자는 가족들(특히 사춘기의 딸)에게 알려지는 것이 두려워 남편과 상의하여 피고인을 신고하게 되었다고 함.

○ 6. 11. 피해자의 신고 이후 피고인이 ○. ○○. 체포되기 전까지도 피고인으로부터 피해자에게 여러 차례 전화가 있었으며, 피고인은 두 번의 협박성 메시지 외에는 주로 자동차보험에 관련된 얘기와 돈을 차용해 달라고 하는 등의 얘기를 했으며, 차를 구입하려고 계획 중이었던 피고인의 친구에게 피해자에게 보험을 들라고 하는 등 사건과 관련된 내용에 관한 통화는 없었다고 함.

○ 사건 후 집에 들어와서는 평소처럼 생활을 하였으나, 밥을 잘 안 먹고 술을 더 많이 마시고 늦게 들어오는 날이 많았다고 피고인의 처는 진술하며 피고인의 가족들도 피고인이 전혀 그런 일을 할 사람이라고 생각지 않았기 때문에 전혀 이상한 부분을 발견하지 못하였다고 하며, 피고인의 친구 또한 전혀 이상한 점을 발견하지 못하였다고 하며 피고인의 면회시 피고인은 당시 눈에 뭐가 씌여서 그런 잘못을 저질렀다고 하며 자신도 왜 그런 짓을 했는지 모르겠다고 하며 자세한 내용을 이야기하거나 자신의 행동에 대해서 변명을 하지는 않았다고 함.

4. 피해자 및 피해회복

○ 이 사건의 피해자는 42세의 보험외판원으로 외판원으로 일한 지는 2년 정도 되었으며 이전에는 보험 텔레마케터의 일을 7년 정도 했으며, 가족으로는 한 살 위의 남편(회사원)과 16세의 딸과 14세의 아들이 있다고 하며 피고인을 실제

로 만나기 전에도 사고처리반 등의 얘기를 듣고 조금 이상하다고 생각했으며, 사건 발생 약 일주일 정도 전인 2009. ○. 말경에 피고인을 만났을 때도 피고인이 굉장히 무섭다고 생각했으며 그 이야기를 피해자의 남편에게도 얘기를 해서 피해자의 남편이 사건 당일 피해자에게 전화를 여러 차례 했다고 함.

○ 이번 사건과 관련하여 피해자는 신고 여부에 대해서 고민을 하였으나, 피고인이 계속해서 전화를 하고 음성으로 가족에게 알리겠다는 내용 등을 말하자 자신의 사춘기 딸에게 알려질 것이 두려워 남편과 상의한 후 신고하게 되었다고 하였으며 사건 후에 피고인의 가족들 및 이 사건의 조사가 실시된 ○. ○○. 전화통화에서도 합의를 볼 것이라고 진술하였으나, 보고기한인 ○. ○. 오전까지도 합의는 이루어지지 않았다고 하며, 설령 피고인과의 합의가 된다고 하더라도 피고인이 집행유예 등으로 출소되는 것은 원치 않으며 너무 긴 시간은 아니더라도 최소한 2~3년 정도의 실형은 살았으면 좋겠다고 생각하며 자신이 피고인과 합의를 보는 것은 피고인을 용서하는 마음보다는 합의를 하지 않은 것에 대한 피고인의 출소 후 보복에 대한 두려움과 피고인 가족 등 주변사람들이 불쌍해서라고 함.

○ 피해자는 피고인이 산속에서 흉기로 위협했을 때 피고인에게 대항하는 것이 쉽지는 않았을 것이라는 조사자의 질문에 자신의 성격이 굉장히 침착하며 강심장이라고 진술하며 합의를 보려는 의도는 처음부터 있었으나, 자신의 마음을 정리도 하고 남편과의 상의를 위해서 시일이 걸렸다고 하며 남편은 1~2억을 줘도 합의를 보고 싶은 마음이 없으나 피해자가 마음이 불편하다면 합의를 보라고 하는 등 사건 이후에도 피해자를 잘 감싸주며 전과 다름없이 대해 준다

고 함. 피해자는 피고인과의 합의금액 통화과정에서 4~5천만원을 얘기했으며 피고인측(피고인의 가족 여러 사람이 전화하는 것이 힘들어서 피고인의 동생이 합의 등의 문제를 일괄해서 진행해달라고 피해자가 요구하였다고 함)에서는 1천만원을 제시했다고 함.

○ 피해에 관한 진단서 제출 후 이 사건으로 인하여 별도로 병원 등을 다니지는 않았으며, 다만 사건 후 두려움으로 인하여 자신이 하는 일의 특성상 만나야 할 고객이지만 남자들을 만나는 것이 두렵다고 하며 자신의 딸에 대한 동선파악 등 간섭이 늘었다고 함.

○ 피고인의 가족은 이 사건은 피고인이 사건 전부에 대해서 인정하고 있기에 사건에 대해 더 이상 다툴 내용이 없기에 사선으로 변호인을 선임하는 등 사건에 관한 노력보다는 피해자와의 합의가 중요하다는 생각으로 처음부터 피해자와의 합의를 시도하였으며 피고인의 잘못을 인정하면서도 피해자에 대한 이 사건에 대한 태도 및 합의과정에서의 진행상황 등에 대한 불만을 수차례 표현함.

○ 피고인의 동생 ○○○은 이런 성범죄에 있어서 여성 피해자의 입장만을 일방적으로 들어준다고 생각하며 특히 이 사건의 경우 자신의 형인 피고인이 이 사건에 관하여 인정하고 있고 면회시에도 다른 주장을 하지는 않지만 이 사건이 발생하기까지의 경과에 대해서는 피해자도 상당한 책임이 있는 것이 아닌가라는 생각을 하며, 합의를 하려는 피고인 가족들의 다급한 마음을 피해자는 굉장히 여유롭고 침착하게 대응하는 듯한 태도를 보이고 남편과의 상의, 회사 일 등을 핑계로 차일피일 미루며 시간을 끈다고 생각함.

○ 피고인측이나 피해자 모두 합의에 대해서는 대체로 공감하나, 합의금액에 대한 이견이 상당하며 합의의 내용에 대해

서도 피해자는 단순히 합의금액의 문제로만 생각하고 고소 취하 및 처벌불원의 내용이 아닌 단순히 형량에 있어서 어느 정도의 감경의 의미로 합의를 보고 싶다고 함.

5. 범죄경력

○ 피고인은 1995. 5. 22. 수원지방법원에서 (차량)절도, 도로교통법위반으로 소년보호 송치 처분을 받아 소년원에서 1년 정도 생활한 것 외에 다른 전과는 전혀 없음.

○ 피고인의 가족 및 친구 등의 의견을 들어보면 피고인은 전혀 범죄와의 관련성이 없으며, 자신이 다른 사람에게 잘 속아서 월급 등을 받지 못하고 금전적으로도 손해를 봤으면 봤지 타인에게 해악을 가하거나 특히 이번 사건과 같은 강력범죄를 범할 정도의 사람은 아니라고 진술함.

6. 생활환경

가. 가족상황

관계	성명	연령	학력	직업	동거여부	비고
부		59	무학	환경미화원		
모		64	초등학교	주부		
처		36	고등학교 졸업	생산직	동거	2008. ○○. 결혼
동생		31	고등학교 중퇴	대리운전 등		

○ 2009. ○. ○○. 피고인의 가족이 법원에서 조사를 받을 당시에 제출한 피고인 관련서류에서는 드러나지 않았으나, 피해자와의 면담과정에서 피해자와 피고인이 사건 현장에서

1시간 가량 나눈 대화내용 중에 피고인이 자신이 결혼을 한 번 했다는 등의 내용으로 가족에게 전화를 하자 사건과 직접적인 관련이 없어서 제출을 하지 않았다고 하며 피고인은 2006. ○. 중국인 여성과 혼인(피고인의 동생이 동업으로 농촌총각 결혼과 같은 사업을 진행했다고 함)하였으나 여러 가지 이유로 2008. ○. 협의이혼했으며 지금의 처와는 2달 정도 연애 후 2008. ○○. 결혼함.

○ 가족관계증명서(별첨)에서 피고인의 조부모로 되어 있는 분들은 실제 피고인의 조부모가 아니며 피고인의 작은 할아버지, 할머니라고 하며 피고인의 부친은 작은 아버지의 호적으로 들어가는 과정에서 사촌동생과의 관계를 고려하여 나이를 많이 줄여서 호적에 등재되었다고 하며 실제 나이는 어머니보다 한 살 아래라고 함.

나. 성장과정 및 가족과의 관계

○ 피고인의 아버지는 경기도 ○○시 ○○면 ○리에서 외아들로 출생하였으며 피고인의 할아버지가 돌아가시고 피고인의 할머니가 재가하면서 피고인의 아버지는 피고인의 작은 할아버지의 호적으로 들어갔으며, 피고인의 어머니의 진술에 의하면 피고인의 아버지, 피고인, 피고인의 할머니가 재가해서 낳은 자식 둘 모두 한글을 모른다고 함.

○ 피고인의 가족은 피고인 출생시 충북 ○○, ○○ 등에서 살다가 그 후 ○○시 ○○면 ○리에서 살다가 아버지가 현재의 직업을 가지게 되면서 ○○ 읍내로 나와 생활하게 되었으며 생활은 무난한 편이라고 함.

○ 피고인의 어머니는 피고인에 관하여 별다른 얘기를 하지 않았으며 피고인의 동생도 피고인의 특이점에 관해서는 진술하기를 꺼렸으나, 피고인의 친구는 피고인이 정상이 아니

라고 생각했기 때문에 피고인의 어머니는 더 많은 보살핌을 필요로 하는 피고인에게 더 많은 관심과 보살핌을 주었으나 피고인은 이로 인한 스트레스 및 불만이 상당히 많았다고 함.

○ 초등학교에서의 학교생활도 거의 이루어지지 못하였으며 졸업 후에는 거의 집에서 부모님과 같이 생활했으며 피고인의 수사기관에서의 진술에는 12년 정도로 되어 있으나 가족들은 5~6년 정도 배를 탔다고 하며, 주민등록초본의 주소지 변동사항을 보면 피고인이 23세인 1998년 무렵부터 부산에서 생활을 한 것으로 보이며 이후 2000년에 다시 고향으로 돌아왔다가 2003년에 다시 부산으로 갔다가 친구 및 가족의 설득으로 2006년 고향으로 돌아와서 첫 번째 결혼을 함.

○ 이혼을 한 후 2달 동안의 연애기간을 거친 후 지금의 처와 재혼을 하였으며, 부인인 ○○○은 연애기간을 포함하여 결혼 후에도 피고인이 별다른 특이한 사항은 없었으며, 유머감각도 많아 자신을 즐겁게 해주고 부모님에게도 잘하며 주위 사람들과도 잘 어울렸으나 어려운 일들은 주위에 표현을 하지 않고 피고인 속으로 삭이는 편이라고 함. 부부관계는 자신은 피고인이 젊기에 더 많이 하기를 원했으나 피고인은 몸이 아프다는 핑계 등으로 자주 해주지 않아서 조금 화가 났다고 하며, 피해자는 피고인과의 대화 중에 피고인이 자신의 부인이 뚱뚱하고 자신이 성관계를 갖고 싶어해도 부인이 자주 거절을 한다고 하였으며, 친구인 ○○○은 피고인이 부인과 성격이 잘 안 맞아서 자주 다투는 등 스트레스를 많이 받았다고 함.

○ ○○○의 경우 피고인이 결혼을 할 당시 자신이 살고 있던 집으로 자신의 물건만 가지고 들어와 살았으며, 시댁에서

경제적인 도움을 전혀 받지 못하는 등으로 불만이 있었으며 자신의 친정집 근처로 이사를 가는 문제로 시댁과의 관계가 그다지 좋지 않았던 것으로 보임.

○ 피고인의 어머니가 집안의 실질적인 가장의 노릇을 하는 것으로 보이며 피고인에 대한 애착이 상당히 강한 것으로 보이며 당연지사지만 피고인의 상태에 대해서 드러내기를 원치 않았으며, 피고인의 동생은 10여년 전부터 집을 나와서 혼자 생활을 하였으며, 피고인이 처음 결혼했을 때는 부모님과 함께 살았으며 지금의 부인과도 어머니 집 옆에서 부모님이 피고인을 돌봐주기를 희망했으나 피고인 부부가 이 사건 후 5일 후 이사를 가는 등의 문제로 며느리를 좋게 생각하지 않았으며, 피고인 동생의 말로는 형수인 ○○○도 지적 수준 등이 정상인은 아니라고 진술함.

다. 생활여건

○ 피고인의 현재 주거지는 보증금 200만원, 월 25만원으로 방은 두 칸이라고 하며, 월수입은 피고인이 구속되기 전까지 월 100만원 정도를 벌었으며 이 사건 이후에 피고인의 부인이 직장생활을 하게 되었으며 현재 월 70만원 정도의 수입이 된다고 함.

○ 피고인 명의의 재산은 없으며, 피고인은 주로 주유소, 건설현장 노동 등 비정규적인 일을 하였으며, 예전에 배를 타면서 번 수입이라든가 일체의 관리는 결혼 전에는 피고인의 어머니가 한 것으로 보이나 실제는 번 돈보다는 쓴 돈이 더 많다고 함.

○ 앞서 기술했듯이 형량을 줄이기 위해서는 합의가 중요하다는 생각으로 피고인의 가족은 변호사는 선임하지 않았으며, 피고인의 처는 시댁에서 변호사 비용 등의 도움을 전혀 주

지 않는 것에 대하여도 상당히 불만스럽다고 함.

라. 보호자(가족)의 관심 및 보호능력

○ 피고인의 범죄에 대해서 처를 포함한 가족 및 친구는 전혀 의외고 그런 사람이 아니라고 생각하였으며, 이 사건은 한 번의 실수라고 생각함. ○○○은 이혼은 현재 고려중이지 않으며 피고인이 한시라도 빨리 나오기를 바라며 나오면 애기부터 갖기를 원하며(기존에는 경제적인 이유 등으로 피임을 함), 그래서 피고인이 빨리 정착하기를 바란다고 함.

○ 1주일에 한번씩 어머니와 처, 동생이 피고인의 면회를 가며 사건 발생 후부터 지금까지 합의를 위해서 피해자와의 접촉을 지속적으로 시도하는 등 사건해결에 상당히 적극적이었으나, 현재까지 피해자와의 합의는 이루어지지 않은 상태이며 합의가 안 되면 일정 금액을 공탁해서라도 가족들의 노력을 표시하려고 함.

○ 피고인이 이전에 동(이)종의 전과도 없었고 피해자와의 합의를 위한 가족들의 노력 및 피고인이 정상이 아니라는 판단하에 더 큰 애정을 가지고 돌보는 어머니 및 출소 후 2세를 계획하는 부인 등 가족은 피고인에게 대단히 지지적이라고 생각함.

7. 학교생활 및 교우관계

○ 학교생활은 별첨 생활기록부 및 가족과 친구의 의견을 종합해보면 전혀 적응을 못하였으며 전혀 정상적이라고 볼 수 없는 상황이며, 이로 인하여 상급학교의 진학을 포기한 것으로 보이며 그 상태가 심각한 수준이 아니라서 그런지 가족들이 적당한 대책을 몰라서 그런지 특수교육 등을 포

함한 치료 등은 한번도 없었던 것으로 보이며, 장애등급을 위한 검사가 아닌 치료를 목적으로 병원을 방문한 적은 있으나 치료가 불가능하다고 하여 포기하였다고 함.

○ ○○○(미혼, ○○○-○○○○-○○○○)이라는 동네친구가 거의 유일한 친구로서 어려운 일이 있으면 피고인이 주로 부모나 가족들에 앞서 상의하는 존재이며 부산에서 고향으로 돌아오는 중재, 지금의 처와 결혼을 위한 소개 등 친하게 지냈으며 피고인의 상태에 대해서 가족에 비해서 좀더 솔직하게 조사에 응하고 대답을 함. 피고인의 교유관계에 대해서는 자신 외에 한 명의 친구가 피고인이 교류하는 친구의 전부이며 피고인의 대인관계 등의 사회생활 능력이 상당히 떨어지고, 치료가 가능하다면 치료가 필요하며 피고인이 정상인에 비해서 많이 부족한 사람이라고 하며 평소 친구들과 만나면 PC방에서 고스톱 같은 게임을 하면서 시간을 보낸다고 함.

8. 직업 및 대인관계

○ 피고인은 초등학교 졸업 후 부모님과 한 집에서 지내면서 주로 주유소 등에서 아르바이트를 하면서 용돈 등을 벌어썼다고 하며, 이후 돈을 버는 목적 외에 부모님에게 반항하는 의도도 상당히 포함되어서 부산으로 가서 6개월짜리 배를 타고 잠시 집에서 쉬었다가 다시 배를 타는 생활을 수년동안 하는 식으로 생활하였으며, 최근까지도 주유소 및 건설현장 노동 등의 일을 하였으며 가족들의 진술을 들어보면 정상적인 직장생활이 불가능했다고 함.

○ 최근에는 동생이 소개시켜 준 CCTV 설치 등의 일도 하고, 어머니가 이모나 주위 사람들의 얘기를 듣고 차량을 사줘

서(새 차로 사주는 등 피해자는 피고인의 가족이 피고인이 요구하면 뭐든 다 해준다고 진술함) 부인과 함께 과일행상 등의 일을 하기도 하였으나 그만두고 최근에는 건설현장에서 일을 하였으나, 부인의 진술에 의하면 피고인은 일에 있어서 그다지 성실하지는 않은 것으로 보이며(16일~20일 정도 나감) 꾸준함 및 끈기가 없다고 함.

○ 직장사람들과는 잘 어울리는 등 문제가 없는 것으로 설명하나, 피고인의 동생 및 친구의 진술에 의하면 사람들이 피고인을 기망하여 필요 없는 물건을 사게 하는 등의 방법으로 피고인을 이용만 하는데도 피고인은 그런 내용을 파악하지 못해서 동생이 자주 형 문제로 주위 사람들과 다퉜다고 함.

9. 기타 참고사항

가. 조사과정

○ 2009. ○. ○○. 피고인의 어머니, 동생, 부인을 법원 ○○○호 조사실에서 조사

○ 2009. ○. ○○. 피해자를 피해자의 집 근처 커피숍에서 만나 조사

○ 2009. ○. ○○. 피고인의 친구 ○○○을 전화로 조사

○ 이 외 피고인의 동생, 친구 및 피해자와 사건과 관련하여 전화 조사를 실시함.

나. 진술태도 및 반성

피고인은 수사기관에서 및 공판정에서도 자신의 범행에 대해서 인정하였으며, 반성 여부 등의 진술은 피고인과의 면담이 이루어지지 않아 구체적인 내용을 기재할 수는 없으나 가족 및 친구의

진술을 통하여 자신의 잘못에 대해서 변명 등을 늘어놓거나 하지 않고 자신의 당시의 상황에 대해서 잘못을 인정하고 후회하고 있다고 함.

다. 희망 형벌 종류 및 형량 등

○ 피고인의 가족은 피해자와의 합의를 통하여 피고인이 하루라도 빨리 가정으로 돌아오길 희망하며, 부인의 경우 특히 결혼 후 채 1년도 되지 않은 시점이기에 한시라도 빨리 피고인이 가정으로 돌아와 2세를 갖고 안정적으로 살아가기를 바란다고 진술함.

○ 피해자의 경우 자신의 합의 여부와 상관없이 피고인이 최소한 2~3년 정도의 수형생활을 하기를 바란다고 진술하며 피고인이 바로 출소해서 자신이나 가족에게 해를 입히지는 않을까하는 보복에 대한 두려움이 크다고 함.

라. 향후 생활계획

○ 피고인의 부인은 피고인이 출소 후 현재처럼 일용직의 노동일을 그만두고 제조업 공장과 같은 곳이라도 고정적인 일을 하기를 바라고 애기도 빨리 가져서 자리를 잡았으면 좋겠다고 하며 어머니는 원래 그런 아들이 아니기에 이번에 출소하면 자신이 더욱더 신경을 써서 잘 돌봐줄 것이라고 함.

10. 조사자의 의견

피고인은 지적 장애로 단정할 수는 없지만 정상인에는 못 미치는 수준의 지적 능력 등으로 인하여 최초의 학교생활에서부터 일반들과는 다른 삶을 살아왔으며, 이로 인한 자신에 대한 비난 및 자신의 장애로 인한 부모님(특히 어머니)의 과도한 관심에 대한 반항심으로 집을 나가서 연고지가 없는 객지(부산)에서 생활하는 등 평탄치 못한 유년시절을 보낸 것으로 보입니다.

결혼 후에도 어머니와 국적이 다르고 생활방식이 다른 부인과의 불화 등으로 인하여 자신의 의사와는 상관없이 이혼을 하게 되었으며, 이혼 후 현재의 부인을 만나는 과정 및 그 후 피고인을 자신의 집이나 최소한 근거리에서 보살피고 싶어하는 어머니와의 갈등 및 이로 인한 경제적인 도움을 받지 못하는 등의 이유, 이 문제를 포함한 성격차이 등 부인과의 갈등 등으로 인하여 이 사건 전후에 피고인은 상당한 심적 스트레스가 있었던 것으로 보입니다.

이 때 보험계약 및 사건처리를 위해 전화통화 등을 통해서 알게 된 피해자가 고객관리 차원의 친절을 피고인이 과대하게 해석하여 이 건 범행에 이르게 된 것으로 보입니다. 하지만 피고인이 이 사건 전 소년원에서 1년 정도의 생활을 한 것을 제외하고는 동종 또는 이종의 전과가 전혀 없었으며, 피고인이 평소 다른 사람들에게 속임을 당하면 당했지 다른 사람을 해할 정도의 능력이 되지 못한다는 가족 및 친구의 진술 및 피고인의 부인을 포함한 가족들이 이 사건 후 피해자와의 합의를 위해서 부단히 노력한 점 등 피고인에게 지지적인 면은 피고인에게 유리한 요소가 된다고 생각합니다.

○○ 중앙지방법원 법원조사관보 ○○○ (인)

○○ 중앙지방법원 법원조사관 ○○○ (인)

참 고 문 헌

1. 한국문헌

(1) 단 행 본

강구진, 형사소송법원론, 학연사, 1982.

검찰, 사개추위 형사소송법 등 개정 백서Ⅲ, 2006. 6.

김일수, 개혁과 민주주의, 교육과학사, 1996.

김일수, 독일・오스트리아・스위스의 형사법 개정추이 연구, 법무부 용역과제, 2005.

김일수, 법・인간・인권 제3판, 박영사, 1996.

김일수, 선진법치사회 진입을 위한 검찰의 사명과 역할, 대검찰청 용역과제, 2009.

김일수, 한국형법 Ⅰ(총론上), 제2판, 박영사, 1996.

김일수・서보학, 새로쓴 형법총론 제11판, 박영사, 2007.

김학세, 형벌과 양형, 사법연수원, 1982.

김혜정, 판결전조사제도의 현황과 개선방안, 한국형사정책연구원, 2002.

대검찰청, 양형기준, 2009. 6.

대검찰청 양형기준 태스크포스, 미연방 양형위원회 15년 평가보고서, 2008.

법무부, 보호관찰 통계연보 통권 제7호, 2008.

법무부, 한국보호관찰 20년사 : 열정과 희망의 발자취, 2009.

법무부 범죄예방정책국, 법원양형조사관제 도입관련 쟁점사항, 2009. 10.

법무부 범죄예방정책국 보호법제과, 보호관찰소 소속관련 입법례, 2009. 10.

법무부 범죄예방정책국 보호법제과 편, 양형조사제도 관련자료 모음, 2009. 10.

배종대, 형사정책, 홍문사, 2003.

사법제도개혁추진위원회, 양형제도개선 전문가토론회Ⅰ·Ⅱ, 2005.
신진규, 범죄학 겸 형사정책, 법문사, 1987.
신현주, 형사소송법, 박영사, 2002.
오영근·최석윤, 양형의 합리화에 관한 연구, 한국형사정책연구원, 1993.
유기천, 형법학(총론강의), 일조각, 1989.
이상철, 판결전조사제도에 관한 연구, 한국형사정책연구원, 1994.
이재상, 형법총론 제6판, 박영사, 2008.
이종철, 사개추위 양형제도개선토론 자료집(1), 2005. 10. 12.
이형재, 판결전조사제도의 유용성에 관한 고찰, 한국형사정책연구원, 1999
정성근, 형법총론, 삼지원, 2008.
정영석, 형법총론, 법문사, 1994.

(2) 학위논문

김신호, 판결전조사제도 운용실태와 개선방안에 대한 연구, 경기대 교육대학원 석사학위논문, 2004.
박태석, 판결전조사제도의 확대도입에 관한 법적 검토, 단국대 석사학위논문, 2002.
심재철, 「현행법상 「자백(사법협조)협상」의 가능성 및 조건연구」, 고려대 석사학위논문, 2009.
오재환, 범죄인에 대한 사회내처우의 결정과정에 관한 연구, 국민대 박사학위논문, 1992.
이태형, 캐나다 양형조사제도에 관한 연구, 고려대 석사학위논문, 2007.
정동기, 사회봉사명령제도의 연구, 한양대 박사학위논문, 1997.

(3) 학술지 및 학술대회 발표논문

강남주, 「피고인에 대한 판결전조사제도의 주요내용과 문제점」, 법무사저널, 서울중앙지방법무사회, 2005. 1./ 2.
권오걸, 「영국 양형제도의 분석과 국내도입의 문제점 검토」, 형사정책연구 제19권 제4호, 한국형사정책연구원, 2008.

김일수, 「검사의 소송법상 지위」, 고시연구 제131호, 고시연구사, 1985. 2.

김일수, 「공판절차의 이분론」, 월간고시 제119호, 법지사, 1983. 12.

김일수, 「법원의 소송법상 지위」, 고시연구 제143호, 고시연구사, 1986. 2.

김일수, 「변호인은 사법기관인가?」, 고시연구 제119호, 고시연구사, 1984. 2.

김일수, 「보호관찰제도의 과제와 발전방향」, 보호관찰 제4호, 한국보호관찰학회, 2004.

김일수, 「서구제국의 형법개정작업에 관한 고찰」, 법무부 형법개정자료집(Ⅰ), 형사법개정특별심의위원회, 1985.

김일수, 「세계화시대의 법과 한국법의 발전방향」, 세계화시대의 법과 한국법의 발전, 고려대 개교 백주년 기념 국제학술대회, 2005.

김일수, 「피고인의 소송법상 지위」, 고시연구 제124호, 고시연구사, 1984. 7.

김일수, 「형벌실현에서 사랑과 희망의 이념」, 범죄와 사회: 현상과 과제(남상철교수 정년기념논문집), 2006.

김일수, 「형사상 원상회복제도의 형사정책적 기능과 효용에 관한 연구」, 성곡논총 제21집, 성곡학술문화재단, 1990.

김웅호, 「판결전조사제도에 있어서의 문제점」, 검찰 제25호, 대검찰청, 1970. 5.

김재봉, 「형사소송법 개정안의 양형자료조사제도에 대한 검토」, 형사정책 제18권 제2호, 한국형사정책학회, 2006.

김재봉, 「양형자료조사에 관한 비교법적 고찰」, 한양대 법학논총 제23집 제1호, 한양대학교 법학연구소, 2006.

김형두, 사개추위 양형제도개선 전문가토론회 발표문, 2005. 10. 12.

김혜정, 「성인에 대한 판결전조사제도의 필요성 – 실무현황을 중심으로」, 보호관찰 제2호, 한국보호관찰학회, 2002.

김혜정, 「사법개혁추진위원회의 양형제도개선안에 관한 검토」, 영남법학 제11권 제2호, 영남대학교 법학연구소, 2005.

김혜정, 「형사소송법적 관점에서 바라본 판결전조사제도 확대의 문제」, 형사정책연구 제14권 제1호, 한국형사정책연구원, 2003.

남영찬, 「독일에서의 양형사실조사방법」, 외국의 양형제도연구, 법원행정처, 2003.

남정희, 「성인에 대한 판결전조사제도의 필요성」에 대한 토론요지, 보호관찰 제2호, 한국보호관찰학회, 2002.

박영규, 「교정과 판결전조사제도」, 교정연구 제36호, 한국교정학회, 2006.

박재윤, 「범죄예측과 판결전조사제도」, 교정, 1981. 10.

박홍우, 「미국연방의 양형기준제도」, 양형제도연구위원회 결과보고, 법원행정처, 2002.

박홍우, 「미국연방양형기준제의 실제 적용방법」, 외국의 양형제도연구, 법원행정처, 2003.

서보학, 「판결전조사제도의 성인범 확대실시방안」, 보호관찰 제4호, 한국보호관찰학회, 2004.

손철우, 「우리나라 양형기준의 주요쟁점과 과제」, 사법 제8호, 사법발전재단, 2009. 6.

손철우, 「우리나라 양형기준의 특징과 과제」, 한국형사소송법학회 제2회 월례발표회, 2009. 7.

오기두, 「미국의 보호관찰관」, 법조 제56권 제3호, 법조협회, 2007. 3.

오영근, 「양형개혁법률(안)의 합리적 운영방안」, 한양대 법학논총 제24집 제1호, 한양대학교 법학연구소, 2007.

유석원, 「미국의 사회내처우에 관한 연구－한국의 형사사법에 대한 정책적 시사점」, 저스티스 통권 제70호, 한국법학원, 2002. 12.

이동조, 「독일의 사법보조제도」, 외국의 양형제도 연구, 법원행정처, 2003.

이상철, 「일본의 판결전조사제도 도입 시도 당시의 논의내용 및 그 이후의 상황」, 외국의 양형제도연구, 법원행정처, 2003.

이승호, 「우리나라 사회내처우의 역사적 전개와 향후 발전방향」, 형사정책 제8호, 한국형사정책학회, 1996.

이재홍, 「미국의 양형제도와 그 한국적 조명」, 사법연구자료 제17집,

법원행정처, 1990.
이재홍, 「형사재판절차의 개선방안 : 형사재판제도의 개선」, 사법행정 제374호, 한국사법행정학회, 1992. 2.
이창한, 「판결전조사제도의 비교법적 고찰」, 보호 제12호, 법무부, 2001. 3.
이형재, 「미국 보호관찰제도 연구」, 보호관찰 제4호, 한국보호관찰학회, 2004.
이형재, 「판결전조사제도의 유용성과 확대시행방안 연구」, 보호 제10호, 법무부, 1999.
장재영, 「판결전조사 전문화방안」, 보호 제16호, 법무부, 2004.
조병선, 「우리나라 형사소송구조의 분석과 비교형사소송의 방법론」, 한국형사소송법학회 제7회 발표회 자료집, 2009. 12.
조준현, 「보호관찰제도의 운영과 과제」, 교정연구 제37호, 한국교정학회, 2007.
최석윤, 「판결전조사제도」, 형사정책 제12권 제2호, 한국형사정책학회, 2000.
하태훈, 「양형합리화를 위한 양형심리절차의 도입」, 형사정책연구 제17권 제4호, 한국형사정책연구원, 2006. 12.
한영수, 「보호관찰 관련법률의 제·개정의 역사와 보호관찰제도의 발전」, 보호관찰 제9권 제1호, 한국보호관찰학회, 2009.
한영수, 「양형자료조사제도의 도입과 양형데이터베이스의 구축」, 사개추위 양형제도개선을 위한 전문가토론회 자료집, 2005.
함혜현, 「판결전조사제도의 합리적 개선방안에 관한 연구-사법제도개혁추진위원회 '양형조사제도 도입법안'을 중심으로」, 교정연구 제36호, 한국교정학회, 2006.

2. 번역문헌

Claus Roxin 저, 김일수 역, 형사정책과 형법체계, 박영사, 1996.
Claus Roxin, 「형사정책의 최근의 문제점들」, 고려대 법학연구원 초청강연, 2000. 9. 22.

Franz v. Liszt 저, 심재우 역, 형법에 있어서 목적사상, 고대법률행정논집 제15집, 고려대학교 법과대학 행정문제연구소, 1977.

Harold Berman 저, 김철 역, 종교와 제도, 민영사, 1992.

Höffe, 「통합문화적 형법은 가능한가?」, 고려법학 제35집, 고려대학교 법과대학 법학연구원, 1999.

Werner Maihofer 저, 심재우 역, 법치국가와 인간의 존엄, 삼영사, 1994.

3. 외국문헌

Achenbach, Historische und dogmatische Grundlagen der strafrechtssystematischen Schuldlehre, 1974.

Arth. Kaufmann, Das Schuldprinzip, 1976.

Arth. Kaufmann, 「Schuld und Prävention」, 고대 법학논집 제21집, 고려대학교 법학연구원, 1983.

Arth. Kaufmann, Schuldprinzip und Verhältnismäßigkeitsgrundsatz, 1983.

Badura, 「GP und Würde des Menschen」, JZ, 1964.

Baumann/Weber, Strafrect, AT, 9. Aufl., 1985.

Berner, Arch. der Kriminalrechts, 1845.

Berner, Lehrbuch des Deutschen Strafrechts, 18. Aufl., 1898.

Bertel Österdahl, Prison and Probation: The Swedish Perspective, Corrections Today, 2002, 2.

Binding, Die Normen und ihre Übertretungen, Bd. I., 1920.

Bruns, 「Alte Grundfragen und neue Entwicklungstendenzen im modernen Strafzumessungsrecht」, in: Welzel-Festschrift, 1974.

Bruns, Strafzumessungsrecht, 2. Aufl., 1974.

Calliess, Theorie der Strafe im demokratischen und sozialen Rechtsstaat, 1974.

Dreher/Tröndle, Strafgesetzbuch und Nebengesetze, 45. Aufl., 1990.

Durkheim, Regeln der soziologischen Methode, 1895.

Eb. Schmidhäuser, Strafrecht AT, 2. Aufl., 1975.

Eb. Schmidt, Zuchthäuser und Gefängnis, 1960.

Ellscheid/Hassemer, 「Strafe ohne Vorwurf」, in: Lüderssen/Sack(Hrsg.), Abweichendes Verhalten Ⅱ, 1975.

Emmins, A practical approach to criminal procedure, 1981.

Eser, 「Resozialisierung in der Krise」, in: Peters-Festschrift, 1974.

Haag, Rationale Strafzumessung, 1970.

Habermas, Vorstudien und Ergänzungen zur Theorie des kommunikativen Handelns, 1984.

Haffke, 「Hat emanzipierende Sozialtherapie eine Chance?」 in: Lüderssen/Sack(Hrsg.), Abweichendes Verhalten Ⅲ, Bd. 2, 1977.

Hassemer, Einführung in die Grundlagen des Stafrechts, 1981.

Hassemer, 「Strafrecht angesichts neuer Formen von Kriminalität」, in: 세계화시대의 법과 한국법의 발전, 고려대 개교 백주년 기념 국제학술대회, 2005.

Hauser, Mitsprache und Mitverantwortung der Insassen im Strafvollzug, 1975.

Hegel, Grundlinien der Philosophie des Rechts, 1821.

Henkel, Die "richtige" Strafe, 1969.

Herrmann, Die Reform der deutschen Hauptverhandlung nach dem Vorbild des angloamerikanischen Strafverfahrens, 1971.

Hilbers/Lange, 「Abkehr vor der Behandlungsideologie」, in: Kriminologisches Journal, 1973.

Hirschberg, Der Grundsatz der Verhältnismäßigkeit, 1981

I.S. Kim, Die Bedeutung der Menschenwürde im Strafrecht, Diss. München, 1983.

Jakobs, Schuld und Prävention, 1976.

Jakobs, Staatliche Strafe : Bedeutung und Zweck, 2004.

Jakobs, Strafrecht AT, 2. Aufl., 1991.

Jakobs, 「Kriminalisierung im Vorfeld einer Rechtgutsverletzung」, ZStW

97, 1985.

Jescheck, Entwicklung, Aufgaben und Methoden der Strafrechtsvergleichung, 1955.

Jescheck, Lehrbuch des Strafrechts, 4. Aufl., 1988.

Kaiser, 「Resozialisierung und Zeitgeist」, in: Würtenberger-Festschrift, 1977.

Kant, 「Metaphysik der Sitten」, in: Kant-Werke, Bd. 8, 1968.

Kühne, Strafprozessuale Beweisverbote und Art. 1 Ⅰ GG., 1970.

Leipziger, Kommentar(LK), 10. Aufl.

Lenckner, Der Strafprozess im Dienst der Resozialisierung, JuS, 1983.

Maihofer, Menschenbild und Strafrechtsreform, 1964.

Markesinis, Foreign Law and comparative Methodology, 1997.

Maurach, Deutsches Strafrecht AT, 4. Aufl.

Maurach, Die Kriminalpolitischen Aufgaben der Strafrechtsreform, Gutachten für den 43. DJT, Bd Ⅰ 3, Teil A, 1960.

Maurach/Zipf, Strafrecht AT, Tb1, 5. Aufl.

Meier, Die Reform des Ermittlungsverfahrens, in : GA, 2004. 8.

Mir Puig, 「Rechtsgüterschutz durch dialogisches Strafrecht」, GA, 2006, S.667ff.

Noll, Die ethische Begründung der Strafe, 1962.

Noll, 「Strafrecht im Übergang」, in: GA, 1970.

Noll, 「Strafe ohne Metaphysik」, in: Baumann(Hrsg.), Mißlingt die Strafrechtsreform?, 1969.

Peters, Strafprozess, 4. Aufl. 1985.

Pfeiffer, StPO-Kommentar, 5. Aufl. 2005.

Philip Plowden, Criminal Litigation in Practice, Northumbria Law Press, 2006.

Probation Service Manual, 5th ed., 1993.

Probation statistics quarterly brief January to March 2009, England and Wales, Ministry of Justice Statistics bulletin, 2009. 7.

Reese-Schäfer, Was ist Kommunitarismus?, 2. Aufl., 1995.

Richard G. Singer, Criminal Procedure Ⅱ, From Bail to Jail: Examples and Explanation, 2005.

Richard W. Ward & Sarah M. Ward, Community Sentences: Law and Practice, London 1993.

Roxin, 「Die Reform der Hauptverhandlung im deutschen Strafprozess」, in: Probleme der Strafprozessreform, 1975.

Roxin, 「Franz von Liszt und die kriminalpolitische Konzeption des AE」, in; ders, strafrechtliche Grundlagenprobleme, 1973.

Roxin, Prävention und Strafzumessung, 1978.

Roxin, Schuld, Prävention und Verantwortlichkeit im Strafrecht, 1979.

Roxin, Strafrechtliche Grundlagenprobleme, 1973.

Roxin, 「Wandlungen der Strafzwecklehre」, in: FS-Müller-Dietz, 2001.

Roxin, 「Wandlungen der Strafrechtswissenschaft」, JA, 1980.

Roxin, 「Zur Entwicklung der Kriminalpolitik seit den AE」, in: JA, 1980.

Sack/König, Kriminalsoziologie, 1958.

Schmidt-Hieber, Verständigung im Strafverfahren, 1986.

Schöch, Die Reform der Haupfverhandlung, in: Schreiber(Hrsg.), Strafprozess und Reform, 1979.

Schöch, 「Kriminologie und Sanktionsgesetzgebung」, in: ZStW 92, 1980.

Seelmann, 「Schuldbegriff」, JuS, 1979.

Systematischer Kommentar zum Strafgesetzbuch(SK), Bd. Ⅰ. 1992.

Spaemann, 「Was ist das Neue? Vom Ende des modernen Bewußtseins」, in: Die politische Meinung H. 203, 1982. 7./8.

Spendel, Lehre vom Schuldmaß, 1954.

Stratenwerth, Tatschuld und Strafzumessung, 1972.

Stree, Deliktsfolgen und GG, 1960.

Streng, 「Schuld, Vergeltung, Generalprävention」, in: ZStW 92, 1980.

U. Klug, 「Abschied von Kant und Hegel」, in: Baumann(Hrsg.), Programm für ein neuen Strafgesetzbuch, 1968.

U.S. Sentencing Committee, Fifteen Years of Guidelines Sentencing, 2004.

11.

v. Weber, Die richterliche Strafzumessung, 1956.

Ward & Wragg, English Legal System, 9th. ed. 2005.

Warda, Die dogmatischen Grundlagen des richterlichen Ermessens im Strafrecht, 1962.

Wolter, 「Schuldinterlokut und Strafzumessung」, in: GA, 1980.

Würtenberger, 「Reform des Strafvollzugs im sozialen Rechtsstaat」, in: Kriminalpolitik im sozialen Rechtsstaat, 1970.

Zipf, Die Strafmaßrevision, 1969.

Zipf, Die Strafzumessung, 1977.

Zipf, Kriminalpolitik, 2. Aufl., 1980.

찾아보기

ㅅ

ㅇ

ㅈ

ㅊ

ㅋ

바람직한 양형조사제도
— 기관갈등의 분석과 출구 —

2010년 10월 25일 초판 인쇄
2010년 10월 30일 초판 발행

저 자 김 일 수
발행인 이 방 원
발행처 세창출판사
서울 서대문구 냉천동 182 냉천빌딩 4층
전화 723 - 8660 팩스 720 - 4579
E-mail: sc1992@empal.com
Homepage: www.sechangpub.co.kr
신고번호 제300-1990-63호

정가 29,000 원

ISBN 978-89-8411-320-6 93360